启真馆 出品

罗建功打官司

（1914—1940）

乡绅权势、宗祧继承和妇女运动

吴铮强·著

浙江大学出版社
·杭州·

图书在版编目（CIP）数据

　　罗建功打官司：1914—1940：乡绅权势、宗桃继承
和妇女运动 / 吴铮强著. -- 杭州：浙江大学出版社，
2022.9
　　ISBN 978-7-308-22639-4

　　Ⅰ.① 罗… Ⅱ.① 吴… Ⅲ.① 民事诉讼—史料—中国
—1914—1940 Ⅳ.① D929.6

　　中国版本图书馆CIP数据核字（2022）第150079号

罗建功打官司（1914—1940）：乡绅权势、宗桃继承和妇女运动
吴铮强　著

责任编辑	伏健强
文字编辑	王　军
责任校对	黄梦瑶
装帧设计	毛　淳
出版发行	浙江大学出版社
	（杭州天目山路148号　邮政编码 310007）
	（网址：http:// www.zjupress.com）
排　　版	北京楠竹文化发展有限公司
印　　刷	河北华商印刷有限公司
开　　本	880mm×1230mm　1/32
印　　张	10.25
字　　数	238千
版 印 次	2022年9月第1版 2022年9月第1次印刷
书　　号	ISBN 978-7-308-22639-4
定　　价	69.00元

版权所有　翻印必究　印装差错　负责调换
浙江大学出版社市场运营中心联系方式：（0571）88925591；http://zjdxcbs.tmall.com

图 1 龙泉县（今龙泉市）、八都镇、盖竹村卫星图

图 2　李镜蓉

图中左二（穿长衫者）

图 3　吴嘉彦

图 4　八都镇李氏宗祠

图 5 李氏宗祠李镜蓉所立旗墩

图 6 八都镇今貌

羅氏家乘

庚字號　己譜

盖竹羅氏宗譜目錄

卷之首
序文
卷之一
祀事
祭田
卷之二
題居
卷之三

中華民國二十三年
秋月鐫平珍板印

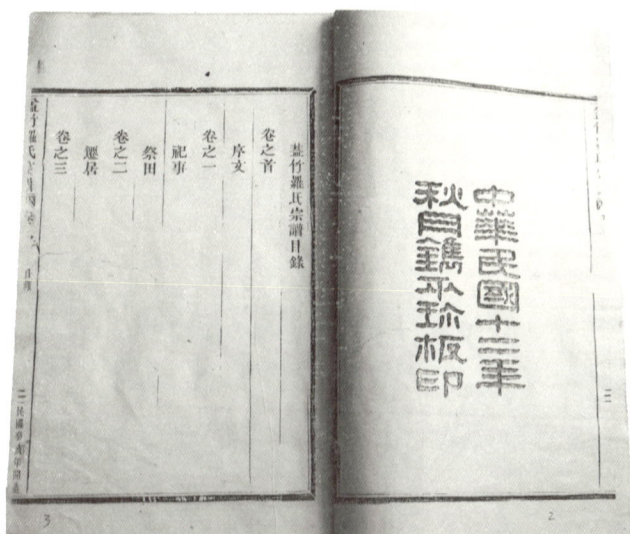

图 7　盖竹罗氏宗谱

图 8　盖竹罗氏宗谱始迁祖罗绍弼像

图 9　盖竹罗氏宗谱二世祖罗旻艺像

图 10 罗庆宗先生（右一）与盖竹罗氏三家祠堂今貌

图 12　盖竹王氏族谱始祖王毅像

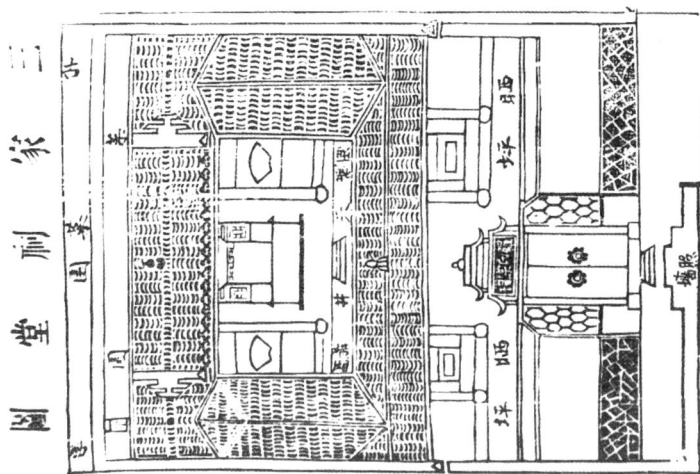

图 11　盖竹罗氏宗谱三家祠堂图

图 13　坤德桥卫星图

图 14　坤德桥

图 15 坤德桥

图 16　坤德桥碑

图 17　罗黄氏墓

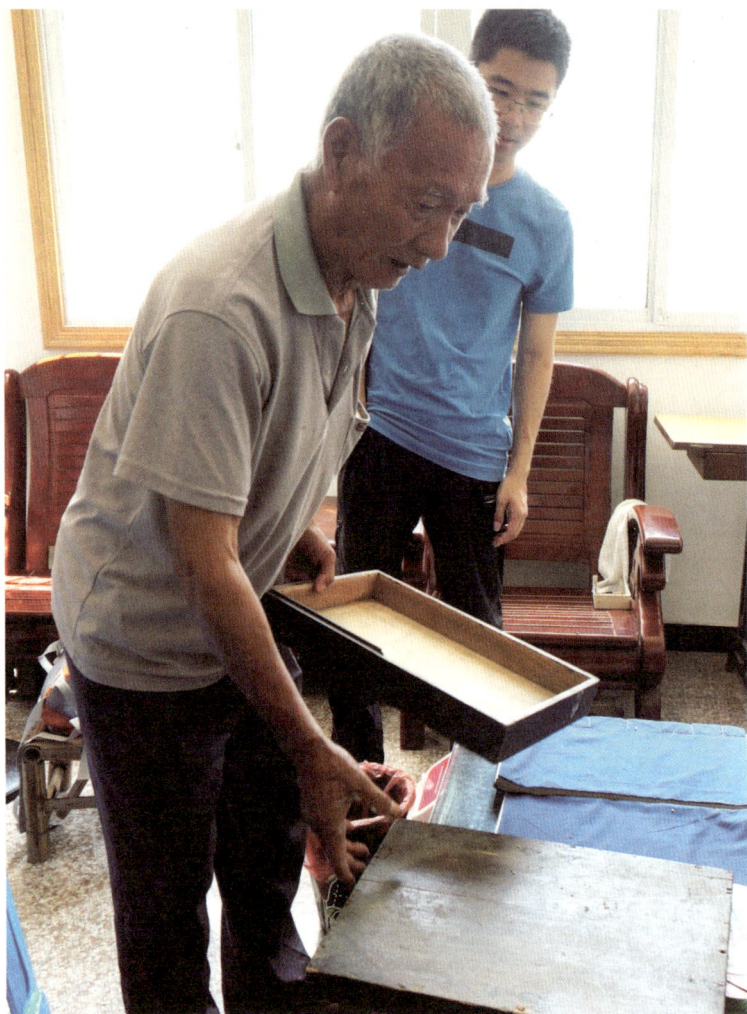

图 18　罗雷来（音）先生家藏盖竹罗氏宗谱

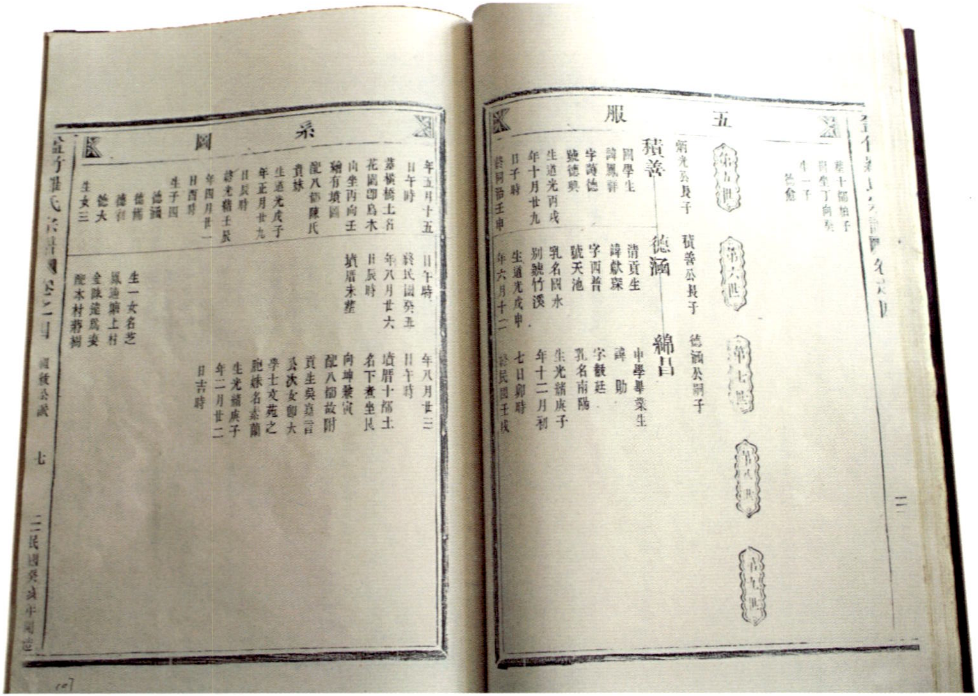

图 19　盖竹罗氏宗谱罗献琛原配吴氏空白信息

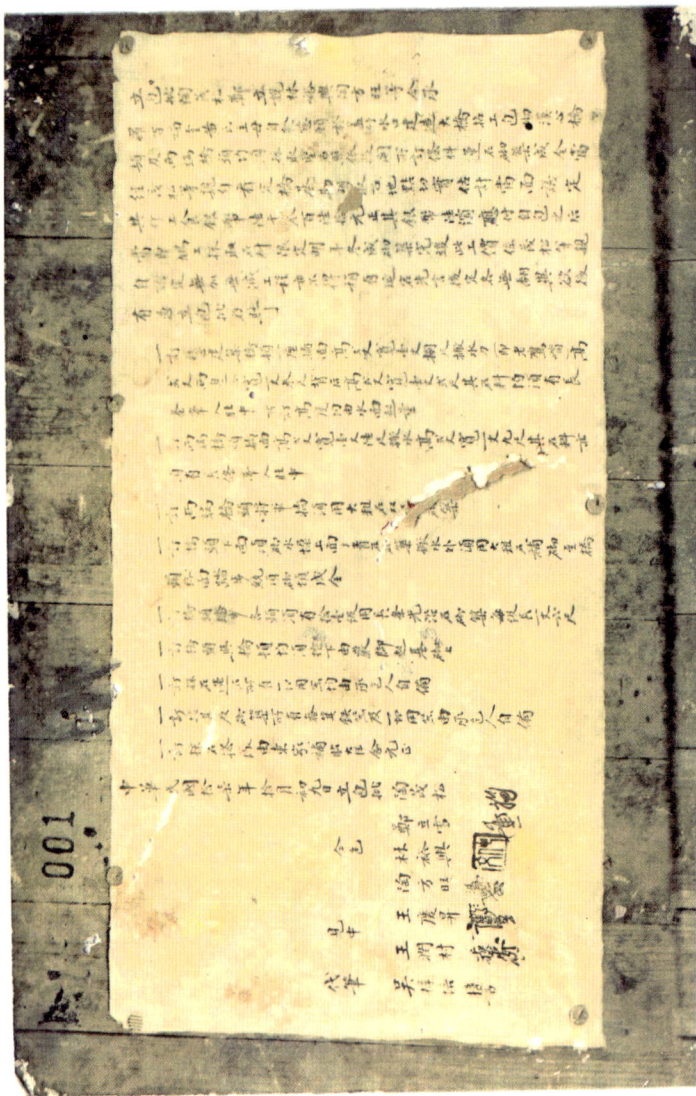

图20 龙泉司法档案中作为诉讼证据的坤德桥立包批照片

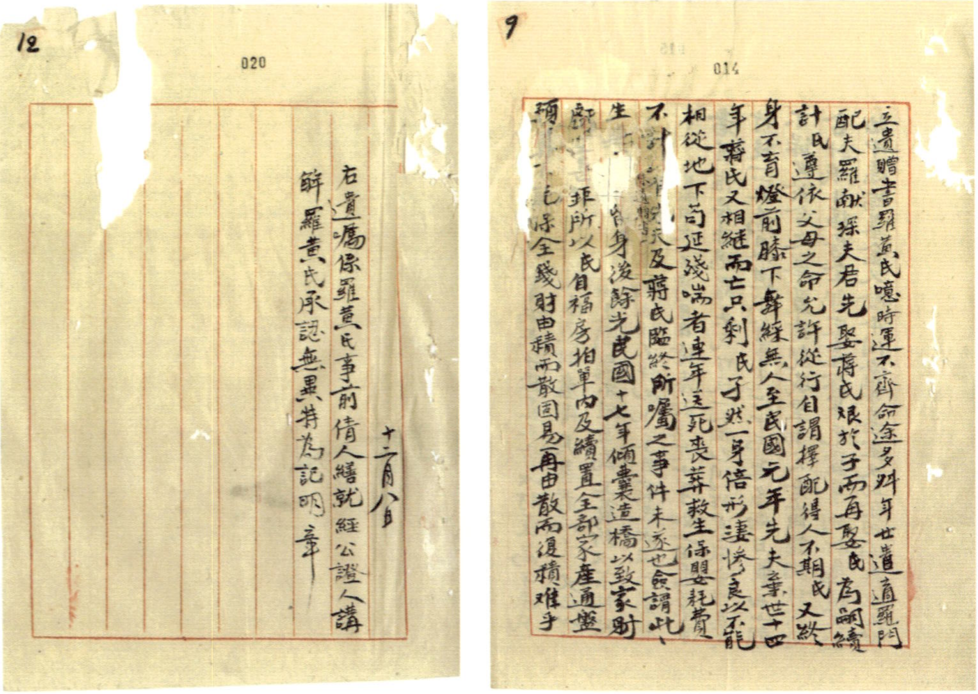

图 21　龙泉司法档案中作为诉讼证据的罗黄氏公证遗嘱抄件首尾页

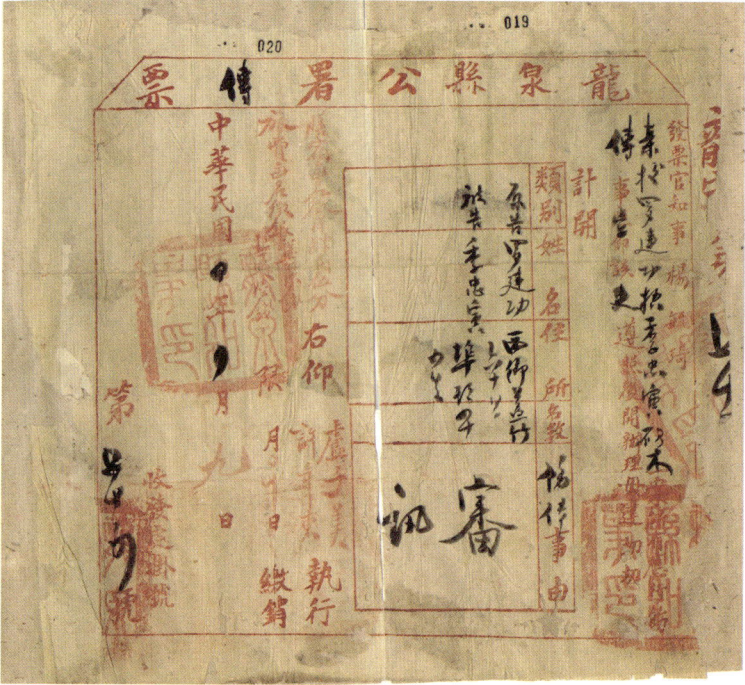

图 22　罗建功与季忠寅案收费传票

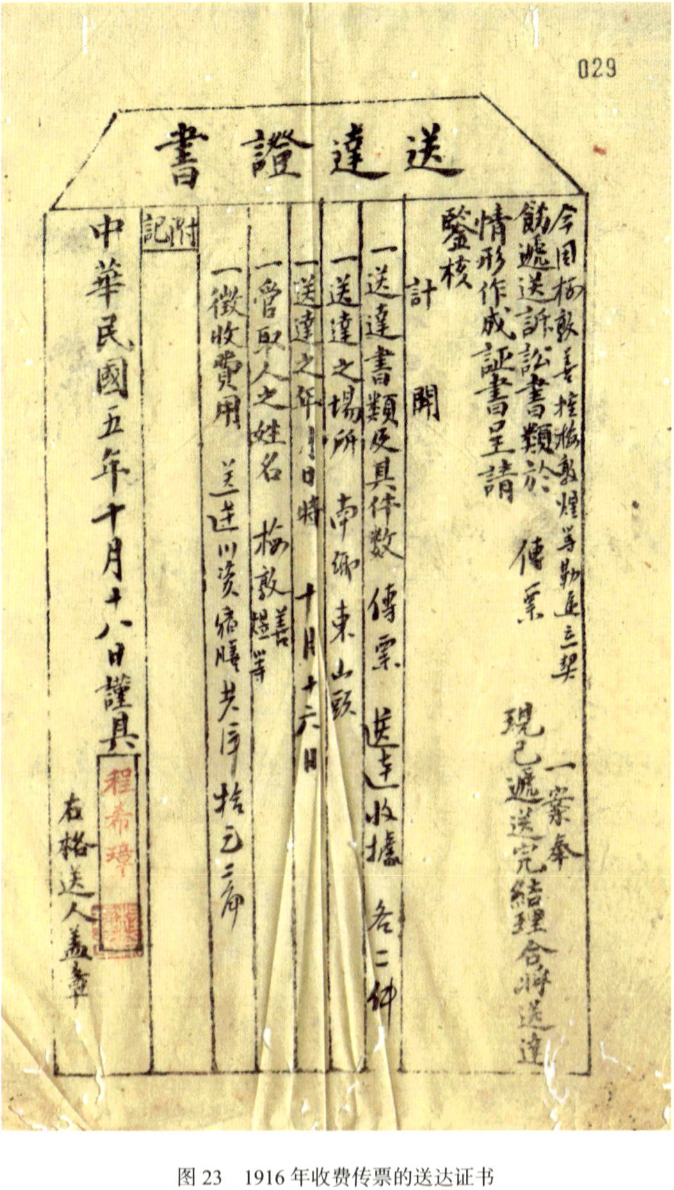

送達證書

今因楊敦善控瑞敦煜等物庭之二契 一案奉
飭遞送訴訟書類於　傳票　現已遞送完結理合辦送達
情形作成証書呈請
　鑒核
　計　開
一送達書類及具件數　傳票　送車收據　各二件
一送達之場所　南鄉東山頭
一送達之年月日時　十月十六日
一送達之年月日
一曾取人之姓名　楊敦善等
一徵收費用　送達川資痛膊共洋拾元三角

附記

中華民國五年十月十八日謹具

右格送人蓋章

程希璋

图23　1916年收费传票的送达证书

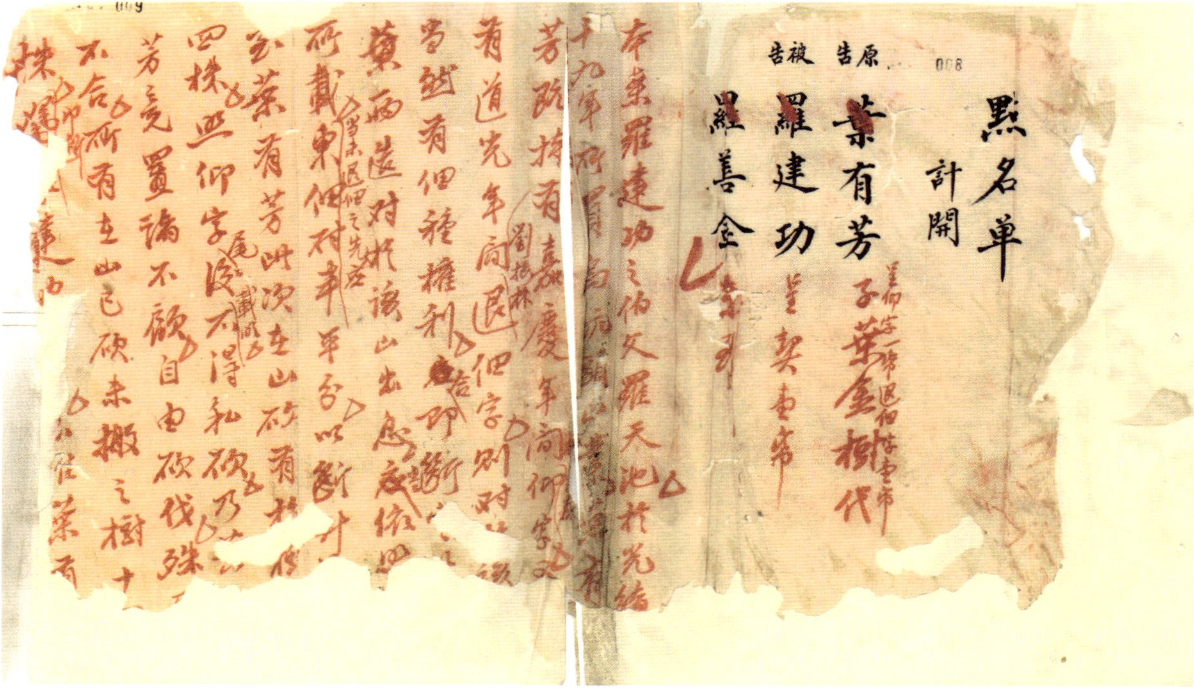

图 24　罗建功与叶有芳佃权案—审朱笔堂谕

人物关系图

相关人物简介

1. 罗献琛：罗建功伯父，富豪。

2. 罗积善：罗建功祖父，经商成功。

3. 罗炳光：罗建功曾父，反对经商，读书无用论者。

4. 罗蒋氏（蒋汝珍）：罗献琛遗孀一。

5. 罗黄氏（黄张凤）：罗献琛遗孀二，罗建功 1933 年遗产案被告。

6. 罗献环：罗建功堂叔，罗炳光幼孙，吴素兰遗产案被告。

7. 罗　勋：罗建功胞弟，罗献琛继子。

8. 吴素兰：罗勋妻。

9. 罗善根：又名罗长昇，罗建功二伯罗献球嗣孙。

10. 吴竹枝：罗善根妻。

11. 罗庆宗：罗善根孙。

12. 罗绍弼：盖竹罗氏始迁祖，族谱中称为武术家。

13. 吴绍唐：八都乡绅，积谷案被告，其父吴其太。

14. 李镜蓉：八都豪绅，龙泉首富，"健讼家"，浙江省参议员，积谷案原告，盖竹罗氏姻亲。

15. 李本华：广丰台事件首领。

16. 吴嘉彦：八都乡绅，日本留学生，浙江省议会议员，继父吴建鳌，盖竹罗氏姻亲。

17. 吴驰缃：吴素兰胞弟，吴嘉彦族侄，中央军事委员会办公厅总务处上校主任科员。

18. 林鹗鸣：前清生员，盖竹罗氏西宾、姻亲。

19. 张雨亭：罗建功岳父，富豪。

20. 练公白：罗黄氏代理律师。

21. 王延寿：盖竹王氏族人，吴素兰遗产案被告。

22. 王　毅：元代理学家，盖竹王氏始祖。

23. 李为蛟：龙泉县首任民事长，光复会会员，日本留学生。

24. 吕逢樵：光复会骨干，丽水辛亥革命首领。

25. 朱光奎：浙江青田人，光复会、同盟会成员，1912年龙泉县知事。

26. 朱　瑞：浙江海盐人，光复会成员，杭州辛亥革命首领之一，辛亥革命功臣，浙江省都督。

27. 杨毓琦：浙江临海人，1913年龙泉县知事，屈映光同乡。

28. 屈映光：浙江临海人，光复会成员，浙江省民政长、巡按使。

29. 范贤礽：浙江宁波人，1916年龙泉县知事。

30. 范贤方：浙江宁波人，范贤礽兄，同盟会成员，浙江省高等审判厅厅长。

31. 王施海：1917年龙泉县知事，盖竹王氏族谱序作者。

32. 吴　涛：1924年龙泉县知事。

33. 王允中：1925年龙泉县承审员。

34. 林　桓：黄埔军校毕业生，1930年龙泉县长。

35. 吕苾筹：1931年浙江省政府委员兼民政厅长。

36. 吴泽增：1932年龙泉县法院院长。

37. 何浩然：1933年龙泉县县长。

38. 金平淼：1936年龙泉县法院院长。

39. 季忠寅：农民，1914年罗建功诉讼被告。

40. 叶有芳：山佃，1918年罗建功诉讼被告。

41. 季马养：佃农，1925年罗建功诉讼被告。

42. 郭吉光：商人，1926年罗建功诉讼被告。

43. 梁启超：1914年北京政府司法总长。

44. 余绍宋：1914年北京政府司法次长。

45. 袁世凯：中华民国大总统。

46. 王仁铎：《天津试办审判厅章程》起草人。

47. 江　庸：1920年修订法律馆总裁。

48. 姚　震：1918年大理院院长。

49. 董　康：1920年司法总长。

50. 王宠惠：1920年大理院院长，"好人政府"内阁总理。

51. 何香凝：妇女运动领袖，廖仲恺遗孀。

52. 胡汉民：1928年南京国民政府立法院院长。

53. 郑爱诹：法律普及读物作者。

目　录

序幕

浙江省龙泉县盖竹村。

1913年，罗建功的伯父罗献琛去世，留下大量遗产，却没有子嗣。

罗献琛的遗孀蒋、黄二氏择立罗建功的弟弟罗勋承嗣。

罗勋当时14岁，因尚未成年，遗产仍由蒋、黄二氏处置。

1922年，罗勋初中毕业，迎娶当地"名门淑女"吴素兰为妻。

不料吴素兰尚未生育，罗勋便命归黄泉，不幸早逝。

依据传统宗祧继续制度，这时应该由罗勋的遗孀吴素兰与家族会商为罗勋择嗣。但各方协议，暂缓立嗣，并达成一份远期择嗣合同。

暂缓立嗣的原因：一方面，蒋、黄二氏想继续支配遗产；另一方面，理想的择嗣人选应该是罗建功之子，但罗建功仅有一子，需再育男嗣才方便出继。

现实中最合适的择嗣对象是罗勋的堂侄罗善根。

远期择嗣合同约定：

1. 待蒋、黄二氏去世后再由吴素兰自行择嗣——时间不确定；

2. 首选择嗣对象为罗建功再育的男嗣，其次是罗善根——立嗣对象不确定；

3. 如由罗善根承嗣，补偿罗建功相当部分遗产——遗产继承方案不确定。

择嗣合同原本有条件得到各方遵守，但 1926 年国民革命运动兴起，1927 年南京国民政府成立，国民政府引进西方民事法律体系，废除传统宗祧继承制度，配偶成为第一法定继承人。

预期择嗣合同是否继承执行，由此成为谜局。

罗蒋氏卒于 1927 年以前，罗黄氏卒于 1932 年。

罗黄氏去世前立下遗嘱，指定遗产由吴竹枝继承。

吴竹枝是罗善根的妻子。

档案中没有罗建功生育次子的信息，他要求罗善根按择嗣合同进行补偿，遭到罗善根拒绝。

罗建功试图起诉罗善根。

但宗祧继承制度已被废除，罗建功与罗善根已不是遗产案的当事人。

罗建功试图用新法律维护一份旧合同，官司竟无从打起。

1932 年，一·二八事变在上海爆发，反帝爱国运动风起云涌。

国民党右派大肆秘密拘捕爱国人士，各种营救行动也随之展开，吴素兰也卷入其中。

南京、上海的风云诡谲的政治斗争将对浙南山村的遗产案产生决定性影响……

一、吴绍唐

（西远乡义仓总董，议事会议长）

西远乡社仓

罗建功居住的盖竹村，有溪水自北而南流过，四五里地汇入八都溪。八都溪自西向东汇入龙泉溪，两岸分布着龙泉县西远乡五、七、八、九都的村庄与乡镇（参见图1）。八都镇的长安市是这一带的商贸中心（参见图6），镇上聚居着有势力的乡绅，包括吴绍唐与吴建鳌两大吴姓家族，以及李镜蓉（参见图2）家族。

1876年（光绪二年），清廷谕令各地整顿社仓。1879年，龙泉知县向西远乡五、七、八、九都殷富乡绅派捐，设立义仓。当时各乡绅共捐谷13万余斤，存于八都。各都又派绅董经管敛散事宜，五、七、八、九都的仓董分别为吴献道、杨儒彬、吴建鳌、吴其太，并由九都仓董吴其太出任总董。吴其太在八都镇经营着吴利和酱园店，他去世后义仓与酱园店由其子吴绍唐接管。

1893年（光绪十九年），张之洞在武汉创办自强学堂，郑观应发表《盛世危言》。罗建功就出生在这一年。[1]本来，伯父罗献琛致富之后，罗建功应该跟着族中聘请的塾师林鹗鸣读书，考取或捐得一个功名，做些铺桥架路、捐粮赈灾之事，过完他乡绅的一生。1900年，罗建功虚龄八岁时，五、七都的仓董吴献道、杨儒彬开始控告吴绍唐侵吞仓谷，而中国正遭遇千年未有之变局。先是闹义和团，列强攻入京师，皇上与太后西狩秦川。等两宫回銮，朝廷始行新政，由袁世凯在小站练兵，又派五大臣出洋考察立宪。1905年，罗建功13岁时，朝廷废科举，地方乡绅兴起留学日本的潮流。罗建功既未学成四书五经、诗词歌赋，也没赶上新式学堂的教育。

那一年，八都仓董吴建鳌的继子、20岁的吴嘉彦（参见图3）东渡日本。同时留学的还有同县南乡毛山头村25岁的廪生李为蛟，他的父亲是在大梅寺讲学四十年的贡生李方棠。

西远乡议事会

吴嘉彦在日本学习的东京弘文学院，是专为中国留学生创办的师范学校，由东京高等师范学校校长嘉纳治五郎主持，黄兴、陈独秀、鲁迅等都曾留学于此。在弘文学堂学习一年后，吴嘉彦于1906年回到家乡创办剑西小学堂。得到继父吴建鳌及义仓总董吴绍唐的大力支持，吴嘉彦从义仓的谷息中提取200元作为创办剑西学堂的经费。就在这时，五、七都的仓董吴献道、杨儒彬状告吴绍唐等侵蚀闭算、肥己害人，要求官府派员鉴盘清算。吴绍唐不甘示弱，对吴献道等提出反告。此案牵连甚广，惊动县、府、道各级官府。随着清算工作的展开，参与社仓管理的各都乡绅感到巨大压力，纷纷提出辞职。[2]

虽然诉讼缠身，清末新政时吴绍唐仍获得新的发展机会。

清廷的预备立宪有两项准备工作：一是在各省设立谘议局；二

是在各地开展地方自治。1909 年（宣统元年）浙江省谘议局正式成立，龙泉县当选议员者唯举人连正钊一人。在此之前，朝廷颁布《城镇乡地方自治章程》《城镇乡地方自治选举章程》，地方自治将在县镇乡各级实施。[3] 为培养自治人才，朝廷又颁布《自治研究所章程》，要求各级设立自治研究所，各省设立自治局。浙江省于是开办全省地方自治研究所，每厅州县招收学员 4 名，课程包括法学、政治学、地方自治章程、经济与财政、户口调查章程、相关法律等。1910 年 1 月 29 日（宣统元年十二月十九日），浙江省地方自治研究所学员毕业，回各地开办厅州县自治研究所。

龙泉县的吴嘉彦是省地方自治研究所 37 名优等毕业学员之一，毕业后任龙泉县自治研究所所长。吴嘉彦又聘举人、省谘议局议员连正钊担任研究所坐办，指导当地城镇乡各级开展自治事务。[4] 浙江各地同时成立城镇乡自治事务所，负责调查各城镇乡人口、选民等，划分各城镇乡自治区域，办理议事会选举等事项。[5] 1911 年 9 月，城镇乡议事会已一律成立，吴绍唐当选为龙泉县西远乡自治议事会议长。

广丰台事件

一个月后（1911 年 10 月 10 日，宣统三年八月十九日），武昌爆发辛亥革命。

龙泉县推举的中华民国第一任民事长，是与吴嘉彦同时留学日本的李为蛟。1904 年，云和县的魏兰随绍兴人陶成章从日本回国，在上海与蔡元培等创立光复会。魏、陶两人转至杭州，秘密进入仁和县狱，会见白布会反清首领濮振声。然后魏兰携陶成章回到云和县，创办先志学堂，宣传反清思想，培养革命干部。先志学堂的教师都是留日学生，以教授日语作为学生东渡日本的阶梯。云和、龙泉两县相邻，李为蛟闻讯报考，不久借着官派机会留学日本早稻田大学。与吴嘉彦同年回乡后，李为蛟将原金鳌书院改为剑川学堂并出任校长，与光复会也继续保持联系。[6]

陶成章在云和县活动时，结识缙云人、龙华会处州首领吕逢樵。杭州光复后，吕逢樵先率军光复缙云县，再于 11 月 25 日（农历十月五日）率军向丽水进发。丽水光复后，成立了处州军政分府，公推吕逢樵为都督，吕逢樵又任命各部部长，其中民事长是青田人朱光奎。处州各县随之光复，李为蛟被推为龙泉县民事长。

这时吴绍唐为议长的西远乡议事会仍在运作。浙江军政府都督汤寿潜颁布禁赌令，吴绍唐遵照省令禁赌。[7]1912 年 4 月 29 日，《汉民日报》刊登了一则《前清赌窟之遗毒》的消息，称龙泉县赌匪于4 月 17 日将警察局、自治所、邮政局悉数捣毁，蜂拥至自治议长吴绍唐家毁掠一光，又至议员吴嘉彦、卓丁贤家团食数日。[8]5 月 1 日，上海的《申报》也报道吴绍唐家被打砸事，标题是《处州又有保辫会出现》，声称龙泉县的尚武会、西远乡的保辫会等势力为破烟赌禁而捣毁吴绍唐家，李为蛟龙泉县民事长的职位因此难以为继。[9]

当时的舆论主要从会党破坏革命政权的角度报道吴绍唐家被砸事件。但 20 世纪 80 年代的《龙泉文史资料》有《"广丰台"事件始末》一文，将该事件描述为李本华为首的农民对地主阶级的自发抗争，出现了炮轰官兵、镇压斩首等十分惨烈的情节。[10]李本华、赖妹妹儿及许德土等农民首领拥有称为"山坡连"的火炮，应该是浙南的一股武装会党势力，或与龙泉县的尚武或宣平县（1958 年撤县）锄头会有所联系。文中称赖妹妹儿与许德土被强行剪辫，应该就是《申报》所谓的"处州保辫会"成员。

处州保辫会

处州保辫会的来历，尤其值得注意。辛亥革命时，龙华会首领、光复会兼同盟会会员吕逢樵率领三百人光复处州，又向各县富绅筹款。[11] 其中松阳首富黄秋江拒不剪辫，吕逢樵罚他银洋 5 万 5000 元充为军费。5 月 1 日《申报》对保辫会的报道，除了"破烟赌禁，阻霸钱粮"，还有一项"索还罚款"，应该是指吕逢樵的筹款。[12]

当时吕逢樵筹款的对象，除了松阳首富黄秋江，还有龙泉首富李镜蓉，[13] 有人指控龙泉县保辫会的组织者正是李镜蓉。以李为蛟为民事长的龙泉县受理此案，虽然开释李镜蓉，但别有判罚，无疑还是革命党的强摊军款。李镜蓉不甘认罚，堂而皇之为留辫辩护，官司从龙泉县打到浙江省。1912 年 10 月 7 日、17 日，《浙江公报》先后刊登两则批示，先是《龙泉民人王汝彝禀为李镜蓉辨诬批》，[14] 再是《龙泉民人李镜蓉禀为冤深悲切呈久无批请再检呈核示批》，[15] 但省府始终不愿受理此案。

民国标榜自由，强令民众剪辫是否合理，大有商榷余地。早在 1912 年 1 月 18 日，绍兴的《越铎日报》就报道《剪辫之风潮》，称"有议员某言去辫与否系人民生命自由权之一，拟发起保辫会"。[16] 剪辫令固然有侵犯自由的嫌疑，但李镜蓉借保辫表达对革命党的不满，进而捣毁吴绍唐酱园店、暗中酝酿广丰台事件，绝非争取发型自由这么简单。[17] 李本华被镇压后，李镜蓉浮出水面，被人指控"违令束发"等。李镜蓉上诉无门，便指使李本华的二哥李本芬逐级上告，为李本华喊冤。在《"广丰台"事件始末》的叙事中，李镜蓉此举是为民申冤、揭露吴绍唐积谷弊案。[18] 李镜蓉从此咬住吴绍唐的积谷案不肯放过，即使 20 世纪 30 年代吴绍唐去世后，李镜蓉仍提起诉讼，要求吴绍唐的子嗣代赔欠谷。吴绍唐则指李本华是李镜蓉族侄，李镜蓉诬告他侵吞积谷，目的是抵制自治会及警察所执行烟赌禁令，而且早在吴绍唐 1911 年当选西远乡自治会议长时，李镜蓉已对他恨之入骨。[19]

李镜蓉与吴绍唐之间无非是地方乡绅的权势之争。辛亥革命爆发后，吴绍唐、吴嘉彦、李为蛟等人的势力进一步扩张。李镜蓉忍无可忍，这才酿成广丰台事件，保辫会、禁烟赌云云，不过是辛亥革命之后的地方乡绅集团权势之争的新说辞。

二、朱光奎

（光复会、同盟会会员，龙泉县知事）

养正学校

李镜蓉与吴绍唐的矛盾始于 1879 年（光绪五年）西远乡社仓建立之时，彼时清末地方自治已进入新的发展阶段。李镜蓉出生于 1859 年（咸丰九年），晚清贡生，原籍江西省乐安县垟坎村，随祖父李承祚经商而定居龙泉县八都。据其子李盛唐等的追忆，1879 年，李镜蓉也捐谷 1 万 2000 斤以助龙泉县西远乡建立社仓，但没有成为仓董，八、九都仓董是他的邻居吴建鳌、吴绍唐。

李镜蓉既非土著，又不安分，与本地乡绅关系十分紧张。民国初年，李镜蓉大肆兴讼。本地乡绅忍无可忍，集体指控他是"浙江著名之健讼家也"。[20] 这些指控涉及的具体时间并不清楚，某些环节应该与建立义仓有关，比如"屏不许入龙泉籍""前清光绪时高腾米价，为合乡所攻击"。本来，本地乡绅说他"侥幸青一衿，虎而冠，威势百倍"，李镜蓉可以凭借低等功名维持社会身份。不料 1905 年朝廷废科举，吴建鳌送继子吴嘉彦去日本留学，贡生李镜蓉就显得低人一等。1906年，吴嘉彦回乡后创办剑西学堂，吴绍唐以义仓收息为剑西学堂注资，二吴的绅权在当地进一步扩张。作为龙泉首富，李镜蓉迅速创办了另一所小学。据《先父李镜蓉生平》一文追述，1908年，李镜蓉创办八都私立养正国民完全小学，校址就在八都李氏宗祠内（参见图4、图5），有高初级学生近百人，设住宿生（8至10人），均免收学杂等费。[21]

李镜蓉创办的养正学校，似乎比吴嘉彦的剑西学堂更加成功。一方面，罗建功有几位比他年幼的堂叔都在养正学校上学；另一方面，吴嘉彦的剑西学堂这时遭同乡毛之麟的告发，"藉学为名，勒捐巨款，办一剑西小学堂，有名无实，且有捏报学生名额情事"，省府批示调查。[22] 然而想压倒日本留学生吴嘉彦谈何容易，第二年全省办理地方自治，吴嘉彦先从省自治研究所以优等毕业，回乡任龙泉县自治研究所所长。虽然李镜蓉也当选西远乡自治会议员，但议长是宿敌吴嘉彦的同盟吴绍唐。

李镜蓉与吴绍唐的矛盾即刻爆发。原来选举章程规定，自治会选民资格有排除条件，其中之一是吸食鸦片。当时有"议员徐杰又以李镜蓉吸食鸦片，报告监督"，等于剥夺了李镜蓉的议员资格。李镜蓉因此"怀恨徐杰，并迁怒于民（吴绍唐），身为议长，不为慎助"。[23] 旋即革命爆发，处州光复。李为蛟被举龙泉县民事长，革命首领、处州军政分府都督吕逢樵不但向李镜蓉索要巨款，进而强令剪辫。在李镜蓉看来，革命党人来势汹汹，背后未必不是吴嘉彦、吴绍唐作祟。

李镜蓉一时陷于政治险境，但时局变幻无常。地方自治以筹办公共事业为职责，但警局、邮政、学校所需经费甚巨，无一不向民众摊派，刺激民变此起彼伏。浙东会党众多，革命党人既利用会党势力，又要求剪辫、禁烟、禁赌，不仅民众困惑抵触，更惹得会党厌烦怨忿。1912年1月14日，本来很有机会被推举为浙江都督的光复会首领陶成章在上海被陈其美指使蒋介石刺杀，浙江革命党人中光复会与同盟会的矛盾迅速激化。3月，清廷的内阁总理大臣袁世凯摇身成为中华民国的临时大总统，浙江各州随之撤销军政分府，吕逢樵离职，地方情势发生微妙的变化。

李镜蓉意识到有机可乘，开始利用财富多方运作，组织保辫会（又称"圣正公会"），联络当地会党。4月，李镜蓉始而鼓动农民向吴绍唐的义仓借粮，继而"毁自治公所、殴警官、捣邮政、毁抢民家店铺、杀猪团食"。据《申报》报道，龙泉县民事长李为蛟见事情紧急，一边电报省都督派兵缉拿镇压，一边称病请就近派员代理。《"广丰台"事件始末》则称，"正巧当天下午一个名叫陈某的官员随带几名卫士来八都察访"，这位"陈某"应该就是被派来镇压广丰台事件并代理龙泉县知事的丽水人陈蔚，事后李镜蓉连续数年状告陈蔚勾结吴绍唐。[24]

李镜蓉始终是广丰台事件的幕后指使，事后才以为民请命的形式走向前台，为李本华鸣冤告状。当地革命党及士绅集团除了指控李镜蓉组织保辫会，一时也无计可施。等到9月陈蔚去职，青田人朱光奎继任龙泉县知事，局势变得更加复杂。

朱瑞投袁

杭州光复之初，浙江军政府成立，首推浙省保路运动领袖、浙江谘议局议长汤寿潜为都督。1912年1月1日中华民国成立，汤寿潜出任交通总长，并推荐在章太炎、陶成章、陈其美中择一人继任都督。1月14日，陶成章遇刺，光复会与同盟会矛盾激化，陈其美成为众矢之的。同日，诸暨人蒋尊簋被推为第二任都督。蒋尊簋是日本陆军士官学校骑兵科毕业生、浙江讲武学堂总办、光复会兼同盟会会员，辛亥革命时在广东任职，出任广东省都督府军事部长，权摄广东都督。但领导杭州光复的浙江新军对蒋尊簋出任浙省都督并不满意，蒋尊簋急于摆脱。2月12日，清帝下诏退位。次日，孙中山辞临时大总统。3月10日，袁世凯在北京就任临时大总统。

然后，龙泉县发生广丰台事件。

7月，袁世凯准蒋尊簋辞职，任命朱瑞继任浙江都督。朱瑞（1883—1916），浙江海盐人，清末考中秀才，入秀水（浙江嘉兴）学堂及南京陆师学堂学习，1906年毕业后加入浙江新军，由秋瑾发展成为光复会会员。1907年，徐锡麟、秋瑾在安庆、绍兴等地发动起义，失败后相继遇害。此次活动朱瑞似有参与，他所在新军第二标受到特别注意，虽未受牵连，朱瑞仍离开浙江，至安徽督练公所供职。辛亥革命前朱瑞重回浙军，1911年11月5日发动新军起义，一举攻下抚署，光复杭州。此后朱瑞出任浙江陆军第六师师长、江浙联军浙江军支队长，率领浙军浴血奋战，攻克南京。浙江都督汤寿潜赞颂此役，"诸君为倾覆专制政体而战，为造一般人民幸福而战，此为20世纪我中国最可尊可敬之军人"，"世界共和政体无不以血战得之，诸君实行其铁血主义，何功勿成，何战勿克"。[25]

南京一役，载誉而归的朱瑞却对革命党人有所失望。据朱瑞在秀水学堂的同学、后来"作彼之幕僚"的陈文浩回忆，"民军由会师而攻克南京。奈因无能统属，各不相干，意见迭出，虽一度举苏军林述庆为首，亦被反对而取消"。朱瑞与光复会首领秋瑾关系紧密，与同盟会素无渊源，陶成章遇刺，朱瑞对同盟会怀恨在心。等到袁世凯大权在握，朱瑞积极谋求依附，陈文浩说朱瑞"一面派张栩

（后为浙江盐运使）赴京，组织机关报，为伊宣传；一面联络袁之秘书浙人陈仲恕、陈叔通兄弟，以结纳袁氏"。[26]

朱瑞依附袁世凯的同时，处州军政分府被撤。处州都督吕逢樵被迫离职后，与反对袁世凯的宋教仁合作，于 1912 年 8 月出任国民党浙江支部参议。而处州军政分府民事长朱光奎，也于 1912 年 9 月改任龙泉县知事，取代镇压广丰台事件的陈蔚。

朱光奎（1878—1963），浙江青田人，清廪贡生。曾参加光复会、同盟会，留学日本宪兵专科学校，回国后任湖南陆军师范学堂测量教官，与蔡锷同事。20 世纪 20 年代参加过北伐，又在浙江各县任职，抗战时期回乡赋闲，新中国成立后受聘为浙江文史馆馆员。朱光奎在龙泉县的任职时间是 1912 年 9 月至 1913 年 6 月，这时国内已出现孙、袁两大总统的分化，省内光复会与同盟会矛盾激化，二次革命即将爆发，具有光复会、同盟会双重会员身份的朱光奎便以禁烟作为在龙泉县施政的重心。

禁烟罢市事件

禁烟的成绩最容易得到各派政治势力的一致肯定。

清末，浙江省已有禁烟运动。据《浙江省禁烟史略》，1909 年（宣统元年），浙江省有烟民（有吸烟牌照者）18 万余人。以后历年递减，1910 年减至 77500 余人，1911 年减至 54000 余人，杭州海关在 1910 年 8 月以后、宁波海关在 1911 年 4 月以后，再无进口鸦片（洋药）。辛亥革命后，浙江军政府禁烟更为严厉。1912 年 2 月间，浙江省临时议会公布禁绝鸦片议决案，以当年 2 月 17 日为禁绝期限，废止各种鸦片场所及吸烟许可，并设戒烟局，限吸烟者于 1912年 5 月末戒绝吸烟，1912 年 7 月以后查获烟片土浆一律销毁，并按新刑律惩办吸烟罪犯。民国初年，浙江有种烟田地 429000 余亩，主要集中于温州地区，其中永嘉、瑞安、乐清、平阳 4 县各有烟地 8 万至 10 万亩，而龙泉县并无种烟情形。为禁种鸦片，浙江省颁行取缔种烟条例，有烟苗犁拔田亩充公之规定。禁烟条例又规定，遇有聚众违抗禁烟者，以抗拒官兵论处，许调拨军队剿捕。至 1913 年 1 月，禁种鸦片大获成功，"凡山谷海岛，幽深穷僻之处，无不搜拔净尽"。1914 年，浙江省由外交部公布为无毒省，省府为此在西湖旁藏书楼设宴庆祝。[27]

禁烟当然不会一帆风顺，烟店、烟民随时鼓噪抵制。朱光奎在龙泉县雷厉风行，查封烟店，以新刑律惩办鸦片罪犯，引起龙泉商绅罢市，烟民鼓动饥民暴动。1912 年 12 月 8 日，《申报》刊登了一则《龙泉县禁烟罢市》的新闻，称当时温州、处州两地遭遇重大水灾，"饥民遍野，人心浮动"，导致禁烟"异常困难"。龙泉县知事朱光奎蛮横执法，"禁烟手续不甚灵敏，以致扰及无辜，激成商界公愤"，导致 11 月 28 日至 30 日龙泉县全城罢市。后来虽经"各团体绅民双方调停，事稍和解"，但当地"种烟农民借端鼓噪"，竟"联合数十村倡议暴动"，加上水灾"饥民附和"，以致"人心惶惶"，地方"骚乱"，朱光奎不得不电呈省府，"转令吕统领迅速派兵弹压矣"，吕统领即后来的浙省都督吕公望。[28]

《申报》的描述恐怕不太准确。表面上看，罢市风潮因朱光奎查封汤德荣烟店而起，但龙泉司法档案 14764 号卷宗有一件 1913 年 11 月 15 日呈文草稿显示，罢市风潮另有隐情。呈文由龙泉县知事黄黻及审检所帮审员金蕴岳发出，受文者省民政长屈映光及省高等检察厅检察长王天木，内称罢市风潮的确发生在禁烟之时即 1912 年 11 月 14 日，"法警在汤德荣烟碗店查获烟饼，经朱前知事饬封店屋，致起聚众殴警、罢市风潮"。但骚乱起因并非烟民鼓噪或饥民附和，而是另外一桩"花会案"的意外纠缠，"此案发生之日，有花会案犯蔡秋琳被逮，蔡断要求保释，不允，扬言三日内必演出恶剧之语"。不知蔡秋琳如何运作，"适遇汤德荣碗店查出烟饼，店屋发封，以致牵连滋事，酿成巨案"。被"电准从军法枪毙"的"拒捕首要蔡玉眉"似乎并非烟犯，逃亡在外被悬名通缉的烟店经理汤彰勋与"拒捕罢市固不得谓全无关系"，但"究竟有无主动情事，当在疑似之列"。[29]换言之，查禁烟店未必是罢市的起因，更像是幕后主使嫁祸朱光奎的借口。龙泉县之所以向省府呈文，是因为汤彰勋的母亲汤叶氏不断申诉，称自己媳亡子散、衣食无措，又筹措呈缴150洋元"以助地方公益代子赎罪"，请求审检所撤销通缉，以便汤彰勋归家，"可免母子永隔之忧"。帮审员金蕴岳认为汤彰勋乃"通缉之犯，案情较重，未便轻予摘销"，但又觉得"吁求罚金赎罪，似可网开一面"，拿不定主意，这才请示重新调查汤德荣烟店案。[30]

　　殴警罢市的真正发动者花会案主犯蔡玉眉或蔡秋琳很可能受李镜蓉指使。"花会"是盛行于浙东以及上海等大城市的一种赌博形式，《汉民日报》1912年4月17日报道打砸吴绍唐家事就称主犯是"赌匪"，标题是《前清赌窟之遗毒》。[31]吴绍唐又称李镜蓉吸食鸦片，并为破烟赌禁而与警察局、自治所作对。因此李镜蓉与警察局的矛盾也难以调解，1913年6月又发生李镜蓉之子与警员卓识互殴的事件，被殴致残、郁郁而死的卓识，还可能与1912年4月打砸事件中被"团食数日"的自治会议员卓丁贤有关。在这次直接针对警察所的冲突中，具有商会商董身份的李镜蓉还发动八都郭吉兴等九家商号联名公叩，指责乡区警察"似狼似虎，敲诈银钱，冶游土妓，站岗则沿街打坐，休息则聚类猜拳，买卖极不公平，窃盗谩不加察，处事不依警律，罚金不示街衢，而且动辄殴人"。[32] 因此，所谓禁烟罢市风潮，更像是广丰台事件以后，吴绍唐、吴嘉彦、李为蛟等人借助朱光奎禁烟运动继续打压李镜蓉，而李镜蓉联合地方会党（赌匪）与商家势力以罢市风潮予以坚决回击。结果警员卓识身亡，吴绍唐积谷案遭到重判，而县知事朱光奎随即离职。

这时的李镜蓉可谓声势炽盛。

吃亏一点，方可保家

吴绍唐等人本来想借助朱光奎打击李镜蓉，结果在李镜蓉的反击下，朱光奎不得不重判吴绍唐的积谷案。

积谷案在清末始终无法裁断。1913 年 5 月，朱光奎突然判决吴绍唐亏短仓谷 50458 斤，折合 1402 元，匿息 10362 斤，折合 288 元，并处罚金 1000 元及诉讼费 150 元，合计 2840 元。吴绍唐不服，提起上诉。后来吴绍唐申诉称，朱光奎对积谷案的态度前后发生重大转变，"初时非不持平，后见镜蓉声势赫赫，挥霍巨金，因而别有用心"，赤裸裸地要求吴绍唐忍受冤屈，"此案总须尔吃亏一点，方可保家，否恐尔怨结不休也"。[33]

1913 年 6 月朱光奎离职时，查封汤德荣烟店引起罢市事件的定性问题，交到浙江省民政长屈映光手上。屈映光的处置相当讲究，一方面隆重嘉奖朱光奎以查封汤德荣烟店为标志的禁烟功绩，另一方面不得不考虑如何处理朱光奎龙泉禁烟的善后事宜。朱光奎离职后，大量被拘烟犯无不希望减轻刑罚。汤彰勋是引发罢市风潮的汤德荣烟店的经理，其母汤叶氏呈请捐钱赎罪、法外开恩，县知事黄黻与帮审员金蕴岳不知所措，转呈省府民政长屈映光。屈映光于是决定让同乡杨毓琦接替黄黻出任龙泉县知事。

　　龙泉司法档案 11440 号卷宗集中保存了 1913 年 4 月至 1914 年 4 月禁烟案的相关档案。最早是朱光奎的堂谕，最晚是杨毓琦批准的保状，尤以请求保释的刑辩状及保状最多。1913 年 11 月杨毓琦到任之前，禁烟案的辩诉理由一般是遭仇人诬陷，如谢永明辩称因琐事龃龉突遭烟犯王陈富诬陷，经审讯后获准开释，这是 1913 年 8 月间帮审员金蕴岳处理的案件。10 月 14 日，烟犯王成满辩称自己因病吸烟并自行戒断，请求减免罚金无罪释放，县知事黄黻斥其"送戒辄自逃回，实属咎有应得"。杨毓琦接任县知事后，王成满于 12 月再次呈状请求开释，仍被驳回，不过这次王成满提出了全新的理由，声称"母病危急"，"求残生而全孝道事"。

　　发生这种变化的原因，应该是王成满了解到县官的风格发生重大变化。与革命党出身的朱光奎根本不同，杨毓琦刻意强调旧伦理与情理诉讼观念。杨毓琦认为，王成满"称母病危急、求减保释各情，本应照准"，但王成满态度不够诚恳，无以体现对县府的绝对服从，"有意尝试，殊堪痛恨"，这才未准开释。一周以后，被判处监禁二年的烟犯李学遏声称自己病急，请求狱外就医，"倘幸病体得痊，再行补足刑期"，获得杨毓琦批准。1914 年 2 月至 3 月间，王成满、刘东霞、王陈富、张锡鳌、钟世镛、潘德寿、刘良辰、刘廷锡、钟刘氏夫、吴陈齐等烟犯纷纷请求减刑开释，凡以贫病或孝亲为由，服刑已满二分之一以上，状词极其卑恭者，杨毓琦无一不准。[34]

浙江省巡按使屈映光

　　1913 年 6 月，朱光奎因禁烟罢市事件从龙泉县知事任上离职。时任浙江省民政长的屈映光处理禁烟罢市事件，一方面隆重嘉奖朱光奎以查封汤德荣烟店为标志的禁烟功绩，另一方面从家乡罗致杨毓琦出任龙泉县知事，善后朱光奎龙泉禁烟的遗留问题。

屈映光是浙江临海人，与朱瑞同龄。清末就读杭州赤城公学时，屈映光经秋瑾、陶成章介绍加入光复会。1907年，屈映光回乡创办耀梓体育学堂，以为光复会在台州的秘密机关。秋瑾殉难后，屈映光充安徽督练公所书记，与朱瑞结成莫逆，1909年往上海办报。辛亥革命后，屈映光参加江浙联军会攻南京，任浙军兵站参议。1913年7月二次革命兴起，朱瑞镇压革命党人，屈映光出任浙江省民政长（1914年改为巡按使），颇有政绩，"禁烟理财为各省冠"。1915年袁世凯称帝时，朱瑞、屈映光联名劝进，被封一等侯、一等伯。

护国运动随后爆发，浙军童保暄、夏超等主张独立，驱赶朱瑞。屈映光受情势所迫，配合驱朱，被推为临时都督，却密电袁世凯请求谅解，引起浙省各方大哗，"洗尽西湖之水，不足以灭此污点"。1916年5月，屈映光被迫辞职。这时朱瑞已逃到天津当寓公，不久病逝，年仅34岁。屈映光归卧故乡，1917年居沪学佛。此后重归政界，一度出任山东省省长。1929年受密宗灌顶法，抗战期间出任国民政府赈济委员会副委员长，多方赈灾并兴建交通水利。新中国成立前夕回到临海，曾谋起义，后出走香港，晚年居台湾桃园县大溪福份山（法鼓山）斋明寺，1973年圆寂，享年92岁。[35]

1920年辞去山东省省长后，屈映光曾经回到家乡临海。1921年浴佛节前两日（5月13日），屈映光偕友往临海巾山游览，并在原巾峰寺前石壁题写"通幽"两大字。题壁左有长跋，[36] 题名中就有杨毓琦，他在屈映光署理浙江省民政长不足两月时出任龙泉县知事。屈映光主理浙江民政时期，曾经回到临海发表宣言，提出县政七事：曰充生计（扩充平民习艺所）、兴水利、宏教育、兴实业、正民俗、

19

备灾荒、剔陋习。受屈映光的影响，杨毓琦在龙泉县城戴公祠创设
"贫民习艺所"，以解决当时社会上一些无业闲散贫民的生活出路。习
艺所最初聘请技工传授织布、纸伞、棉纸技艺，在县城店家及各区乡
销售。1917 年生产逐步扩大，改名为"平民习艺所"。1925 年发展
成为"日新织布公司"，是屈映光县政"充生计"的成功实践。[37]

　　龙泉县安仁镇连接云和县的永和桥，1912 年被洪水冲垮。民间
苦无资金重建，"本区自治会即以此桥冲倒情形绘图入告"，向杨毓
琦求助。杨毓琦当即拨款 500 余元，并以县公署名义向城乡诸绅劝
捐，募得 6000 余元。自 1914 年 3 月兴工，至 1915 年 12 月永和桥
修复，可谓杨毓琦在龙泉县"兴水利"的政绩。杨毓琦又主持龙泉
铸剑精英大比武。有七家剑铺参赛，其中沈庭璋（字号沈广隆）所
铸硬剑剁断三枚铜钱而剑刃无损，一举夺魁，有力推动龙泉铸剑技
艺改进，这也归为屈映光县政"兴实业"的重要体现。此外，或是
为了"备灾荒"，杨毓琦在龙泉组织开荒，结果掘得古瓷，引来大量
文物贩子。

　　朱瑞、屈映光因拥袁称帝而为革命史所不齿，治理地方实多成
绩。在零星的地方资料中，杨毓琦也给人开明务实、仁善雍容而广
受拥戴的印象，龙泉司法档案中杨毓琦为理讼焦头烂额的情形本来
也不会被写进历史。

三、梁启超

("名流内阁"司法总长)

任公附和袁氏

1929年1月，梁启超在北京协和医院去世时，国民政府视之为腐化分子。国民党所谓梁启超的政治污点，指其在袁世凯称帝前后，出任熊希龄、段祺瑞政府的司法总长、财政总长。其实梁启超直接参与"护国运动"，反对袁氏称帝，支持段祺瑞对德宣战，政治上可圈可点，章太炎挽联甚至说他是"共和再造赖斯人"。启超去世后，北平（北京）、上海两地分别在广惠寺、静安寺设席公祭。只是江山易手，南京国民政府对梁氏丧礼相当冷淡，胡汉民甚至反对襄扬梁启超，连中医也乘机指梁启超死于西医的医疗事故。这不算奇怪，毕竟梁启超很久以前就是孙中山的政敌。

不过司法独立是共和革命的原则之一，出任司法总长的梁启超主动提出恢复帝制时代的县知事兼理司法体制，不仅令人困惑，更有附和袁世凯之嫌。梁氏去世后，丁文江决意编写一部《梁启超传记》。为了收集史料，丁文江向相关人士广泛征求梁氏遗札，四处寻

访梁氏事迹。5 月 28 日，梁启超在司法部的老部下余绍宋致信丁文
江，追忆梁氏在司法部的作为。他说时任司法次长的江庸对梁"知
之最深"，请丁文江"就近往询"，又讲对于梁启超"尽废新法院，
恢复旧制"有必要特别做出说明。据余绍宋讲述，当时各地大量成
立"法院"（审判厅），有些地方已成立县级"法院"，由于没有经
验，缺少司法人才，加之用人不当，结果弊端很多，"遂贻旧派人口
实，攻击甚烈"。梁总长与属下们商量，不如"缩小范围，徐图扩充
办法"，这才"下令将各县初级法院亦酌量归并"，但仍主张"法官
回避办法"，并"慎选法官"。余绍宋为此曾"奔走国务院多次"，深
知梁总长的苦心，"其间几费周折，司法新制始保存以有今日"。现
在有人认为"任公附和袁氏"而裁并新法院，余绍宋疾呼"大误
也"！[38]

梁启超提出恢复司法旧制，当然不是为了依附袁世凯，而是出
于对司法变革失败的恐惧。1913 年 3 月，组建中国国民党的宋教仁
在上海遇刺，二次革命爆发。9 月，袁军陷南京，二次革命失败，熊
希龄随后公布"名流内阁"成员，由梁启超出任司法总长。10 月 6
日，国会选举袁世凯为正式大总统。这时，熊希龄内阁发表"全出
先生（梁启超）一人之手"的《政府大政方针宣言书》，其中表达出
对司法变革的深度忧虑。

过渡时代论

二次革命中双方的首领孙中山与袁世凯，十余年前都是梁启超
的政敌。梁启超对中国变革的恐惧，也在那时与双方的论战中产生。
1900 年，八国联军攻入北京，慈禧太后与清德宗（光绪帝）等逃往
西安。年末（1901 年 1 月 29 日），正当李鸿章等与列强谈判之时，

清廷发布上谕（《光绪帝关于筹谋实行新政的谕旨》），宣告"取外国之长乃可补中国之短"以求变法。为了驳斥戊戌变法的"妄分新旧"，上谕强调，传统伦理秩序亘古不变，变法不过是统治的常态，移植西方制度不过是"取长补短"而"不分新旧"，统治经验遵循着普世的根本法则而不分中西，"往圣之遗训，即西人富强之始基"。[39]

1901 年，慈禧太后自行宣布新政，否定康梁乱党而承袭戊戌变法。这个消息让梁启超且喜且惧、异常敏感。数月之后，先是 6 月 7 日他在《清议报》上发表《立宪法议》一文，提出"预备立宪"的建议，"自下诏定政体之日始，以二十年为实行宪法之期"，此议日后为清廷所采纳。6 月 26 日，他又发表《过渡时代论》一文，其中称"数月以来，凡百举措"，实指清末新政。其实当时清末新政尚未铺开，只是 4 月 21 日设"督办政务处"为综理新政特设机关，并且预备废除科举。但《过渡时代论》说新政有"自动力者""他动力者"，其实是将戊戌变法与清末新政的对举。又说"老朽者流"之"被有形无形之逼迫""不得不涕泣以就过渡之途者"，"青年者流"之"受外界内界之刺激""未得实把握以开过渡之路者"，正是慈禧太后与光绪帝当时处境的生动写照。《过渡时代论》既是对清末新政的评述，也表达了梁启超对变法可能失败的恐怖心理。他说，谋求变法的过渡时代"又恐怖时代也"，能否抵达"彼岸"难以预料，渡水之舟且有颠覆之虞，率众"过渡"更有族群灭亡之风险，"故过渡时代，又国民可生可死、可剥可复、可奴可主、可瘠可肥之界线，而所争间不容发者也"！

梁启超最担心因"过渡"而新旧俱失，导致社会秩序的崩溃，"故今日中国之现状，实如驾一扁舟，初离海岸线，而放于中流，即俗语所谓两头不到岸之时也"。他列举了社会失序的种种乱象，其中提到司法变革的败象，"例案已烧矣，而无新法典"。对于"过渡"的败局，梁启超并无万全之策，只能寄望于"时势造英雄"，"惟望有崛起于新旧两界线之中心的过渡时代之英雄"。[40]梁启超没有等来英雄的出现。1913 年出任司法总长时，梁启超陷入"两头不到岸"的恐惧之中，滋生了让司法变革暂时停航、返航的念头。

人民不感司法独立之利

司法独立是以南方孙中山为代表的革命势力的政治原则之一，但梁启超从未接受革命党的政见。1902 年，梁启超停办《清议报》，创办《新民丛报》，鼓吹君主立宪。1905 年，清廷表示有意仿行宪政，梁启超撰书拥护，《新民丛报》也转向与中国同盟会机关报《民报》展开论战。

1905 年 10 月 20 日，《民报》在东京创刊。在发刊词中，孙中山以线性历史观阐释三民主义，认为三民主义按时间顺序先后出现：罗马之亡→民族主义、专制主义→十八、十九世纪之交民权主义→二十世纪，民生主义。参照"三民主义"，孙中山将传统中国定义为专制与被殖民，认为只有纳入普世的历史进程，"吾群之进步适应于世界"，中国才能获救。[41]与孙中山的革命乐观主义不同，梁启超对进化论始终怀着"过渡时代论"的恐惧，这使得他在北洋时代的政治立场十分暧昧。民国成立之后，建立"法治国家"成为有识之士的共识，但晚清实行司法独立若干年来效果不甚理想，"乃颂声不闻，而怨吁纷起"，导致"人民不感司法独立之利"，反而留恋官府兼理司法的"从前陋制"。梁启超认为，这种情况下实行司法独立非常危险，"循此以往，恐全国之生命财产，愈失其保障之具，法庭之信用日坠，而国家之威信随之，非细故也"。特别是如果赋予不合格的法官过多的权力，"恐法官权利保障愈严，而人民权利保障愈弱，其祸之中于国家者宁堪设想"。所以他认为不如恢复行政、司法合一的旧制，"暂责成行政官署兼摄"，等将来审判厅建设有了成功的经验"乃图恢张"。

这就是梁启超"以消极的紧缩主义行积极的改进精神"的"司法行政方针之大凡也"。以退为进，是否只是梁启超的遁词，丁文江也没有绝对把握，他猜想："大概先生最初计划积极整顿的事多，后来因为经费的困难，各方面对司法现状的攻击，和袁世凯的消极态度，所以才改从维持现状上努力，不过反对的势力太大了，所以结果消极方面的努力，也没有得到很大的成绩。"[42]《政府大政方针宣言书》刚发表，1913 年 11 月 4 日，大总统袁世凯下令解散国民党，撤销国民党籍国会议员资格。1914 年 1 月，袁世凯正式恢复县知事兼理司法制度，并宣布停止参、众两院议员职务。在恢复县知事兼理司法制度的大总统令中，袁世凯标榜自己是清末司法变革的先锋，"本大总统昔任疆圻，首为提倡，黾勉迄今，不渝此志"，只是条件尚不成熟才不得不恢复旧制。[43]

2 月，梁启超请辞司法总长之职。

县知事兼理司法

1907 年（光绪三十三年）12 月，京师各级审判厅开始设立。至宣统三年（1911）六月，浙江省除高等审判厅之外，又有杭州府、宁波府商埠、温州府商埠等地方审判厅 3 个，以及仁和县、钱塘县、拱宸桥商埠、鄞县商埠、永嘉县商埠等初级审判厅 5 个。龙泉县从未成立审判厅，辛亥革命以前，龙泉县始终按传统惯例审理诉讼案件，有限的变化仅体现在诉讼文书的形式上，比如废除官代书制度，统一状纸，等等。[44]

民国成立之初，龙泉县的审判机构是县执法科。1912 年 1 月 22 日，浙江省临时议会公布的《中华民国浙江省约法》第 2 条规定"本军政府以都督及其任命之政务员，与议会、法院三部构成"，随后公布的《法院编制法议决案》也要求浙江省设立"三等法院"即"县法院、地方法院、省法院"。浙江省多数地区未成立县法院，而依据《浙江各府县暂定编制简章》"凡各属司法机关未成立以前，县知事暂行兼理执法长，并得以设执法科"的规定，各县以执法科负责审判事务，由县知事兼任执法长，延续清代行政长官兼理司法的制度。

龙泉司法档案显示龙泉县执法科存在的时间，大约是 1912 年初至 1913 年 5 月间。1912 年初，李为蛟以民事长兼执法长处理司法事务，《龙泉法院志》记载当时又有执法员程步云。直至 1913 年 5 月 9 日，还有一件呈状由县知事兼执法长朱光奎与执法员金蕴岳共同签署。

朱瑞接任浙江都督后，政治上开始依附袁世凯，浙江省的司法体系也开始与中央统一。1913 年 1 月 13 日，北京政府命令浙江省划一地方行政机关，改浙江省提法司为司法筹备处，此后浙江省依据中央官制，将各级法院与检事厅改为审判厅与检察厅，1912 年的《浙江省法院编制法》就此废止。对于原本没有设立法院的各县，1913 年 1 月，北京政府颁布《划一现行各县地方行政官厅组织令》，其中规定"各县地方之未设有审判厅者，除依现行法律办理外，得酌设帮审员一至三人，管狱员一人"，各县帮审员由县知事提名。[45] 2 月 28 日，司法部又颁布《各县帮审员办事暂行章程》，浙江省据此开始设立审检所，各县执法员一律改为帮审。审检所制度具有一定的司法独立倾向，但随着司法总长梁启超与大总统袁世凯主张恢复县知事兼理司法制度，龙泉县在 1914 年 3 月已经撤销审检所，审检所"帮审员"职位随之从诉讼文书中消失。4 月 5 日，《县知事兼理司法事务暂行条例》颁行，全国范围内的县知事兼理司法制度正式实施。

　　这时县知事杨毓琦正在开释一系列被朱光奎判刑的烟贩。李镜蓉谈不上仇视杨毓琦，但也没把杨毓琦放在眼里。

四、李镜蓉

（浙江省著名之健讼家也）

以债务与王朝信讼

1914 年 4 月 5 日，《县知事兼理司法事务暂行条例》颁行，全国范围内的县知事兼理司法制度正式实施。4 月 18 日，李镜蓉用另一个名字"李承纶"起诉王朝兴、王朝信兄弟欠债不还。

1933 年，74 岁的李镜蓉去世时，当时已在杭州以书画、方志自娱的前司法次长余绍宋为李镜蓉撰写墓志，因广丰台事件辞去龙泉县民事长的李为蛟为李镜蓉撰写讣闻，前国民党中央政府主席林森也为李镜蓉题写"旧德遗荫"碑文。其子李盛唐等编写的《先父李镜蓉生平》一文，称李镜蓉一生热心慈善与办学，是一个"为人耿直，好鸣不平，排忧解难，为乡人信赖"的人。[46]

不过，龙泉司法档案 1917 年的一件禀状中，一批本地的乡绅将李镜蓉描绘成"豺狼当道，鸡犬不宁"的土豪、土痞。乡绅们指，李镜蓉办学，不过是"从中有间接或直接之种种渔利"，"间阎被其扰害，共流毒殆不可胜言"。又说，温州、处州地区十六县中，"惟龙泉一县讼案为最多，统龙泉一县中，又惟李镜蓉一人为最多"，并为李镜蓉送上"浙江省著名之健讼家"的雅号，指李镜蓉"逞其刁健惯技，又加以金钱魔力，当其锋者，莫不披靡，诚一世之雄也"。乡绅们统计，仅1917年上半年，李镜蓉的诉讼"简略计算，已有七八案"。其中第一件就是1914年开始的王朝信债务案，李镜蓉一直告到1917年王朝信破产为止。[47]

1914年4月18日，李镜蓉起诉状称，1899年，王朝兴、王朝信兄弟因木材生意向李承纶借款英洋700元，承诺木材出售后"算还本利"。1900年与1902年王氏兄弟各年还款100元，1906年王氏兄弟以财产抵偿200元，尚欠300元债务，经证人调解，换成1907年至1909年三期债票，每年兑洋100元。王氏兄弟到期未能兑现，于是李镜蓉起诉，要求偿还300元债务，并按2分利率追缴利息。

这时县知事兼理司法制度刚刚恢复。按传统的理讼方式，县知事一般先要求当事人自行调解，直到当事人第三次呈状才会正式受理。不知是否杨毓琦有意逃避，这件诉讼由"代理县知事钱"批示，"仰即邀公听候饬理"，即从县府派人调解。5月6日，承发吏卢子美、法警谢复邦报告，王朝兴"赴温贸易不家，无从接洽"，案件无从调解。

5月28日，李镜蓉再次呈状，声称王氏兄弟故意躲避调解，并称王氏兄弟恶意拖欠债款，"饶有资财，力能偿而不偿"，而且用借款"置买田山各业"获取大量收益，"递年出息取得洋银数百元，以及常年运青竹木，每次动以数千金为经营，富有之家不过如斯"。杨毓琦开始审理此案，于6月10日批示待王朝兴回乡后继续调解（饬理）。6月13日，李镜蓉再次呈状告发王朝兴其实在家，请求迅速审理此案。杨毓琦仍未准理，6月27日仍批示"仰再邀公听候饬理"。

7月15日，承发吏赵侠报告称他"实难理处"，一方面，王朝兴陈述1900年木材被洪水冲走，损失高达五六千元，因此无力偿还借款，"过后破产，偿债尤属不敷"，另一方面，其兄王朝信仍在温州，自己无法代表王朝信参加调解。

庭外调解不成，杨毓琦正式受理该案。8月13日，承发吏赵侠与法警许年东报告传讯情形，称李镜蓉因其他案件赴宁波上诉，委托其子李兴唐代理，王朝信因其他案件往鄞县应讯，王朝兴则"推诿不来"。10月7日，李镜蓉之子李兴唐提请拘押被告王氏兄弟，杨毓琦批示"王朝兴等既不呈辩，又不应传，殊属可恶"。不久王朝信被拘押。

10月28日该案有一次堂讯。王朝信呈状辩称无力偿债，请求"俟树拚出如数还清"。杨毓琦要求原告代理人李兴唐呈交被告具备偿债能力之证据，王朝信则"交保待质"。10月31日，李兴唐呈交王氏兄弟家产清单。11月2日，杨毓琦裁断李镜蓉"让利归本，计收三百元者"，即免除王朝信债务的利息部分（据11月7日李承纶诉状），王朝信则"出屋抵债"，偿债之前先行将王朝信拘押。[48]

而王朝信破产矣

日本学者寺田浩明等研究传统中国的法律秩序，对清代的民事诉讼提出了"拥挤列车"的比方，"虽然不清楚自己'正确'的应占有面积，只求在互让互推操中谁也不因此而争执的状态"[49]。传统中国社会缺乏明确的权利边界，民事诉讼的目的不是维护法定的权利，而是通过利益平衡消除社会冲突，"各让一步，不再争吵"正是传统官员处理民事纠纷的终极逻辑。既然中央已经恢复县知事兼理司法制度，杨毓琦以传统理讼的逻辑就不应该存在任何问题。对王朝信债务案，杨毓琦裁断"让利归本"，要求李镜蓉放弃利息就是典型的"各让一步"。

如果李镜蓉接受这种"各让一步"的判决，"浙江省著名之健讼家"的称号就是浪得虚名。11月7日，李镜蓉呈状声明不服判决，要求王氏兄弟偿还本息并承担诉讼费，"否则国家神圣之法律等于戏耍"。这里，就暴露出司法总长梁启超、大总统袁世凯恢复的县知事兼理司法制度的明显漏洞。传统"各让一步，不再争吵"的调解式诉讼，是以不得上诉作为制度性前提，否则谁又愿意"让一步"呢？但晚清新政中颁行的《各级审判厅试办章程》不但明确规定诉讼的上诉程序，而且适用于未设立审判厅的任何审判衙门。只是按当时的程序，上诉不是由当事人直接提起，而是在声明不服判决后，由一审审判衙门向上级机构提出。11月17日，对李镜蓉不服判决的呈状，杨毓琦批示"状悉，已送达矣"，即将王朝信债务案移交浙江省高等审判厅，案件进入上诉阶段。

1915年8月30日，浙江省高等审判厅分庭（温州）审理该案。李镜蓉聘请代理律师季观周出庭，提出变更原判四项请求，被控诉人王朝信"于言词辩论日期未曾到庭辩论"。分庭认为李镜蓉"所主张之理由充分，且证据亦确"，判决王朝信等偿还本钱294元以外，按5厘利息偿付李镜蓉，第一审全部及第二审90%诉讼费由被告王朝信等承担，合计金额约600元。

第二审判决形成时杨毓琦早已离任，龙泉县知事是对李镜蓉"有特别感情"的王宗海。[50]9月28日，龙泉县才将二审判决书送达当事人，当时县知事已是张绍轩。王朝信拒不执行。李镜蓉呈状开列王朝信财产，要求强制执行。1916年（洪宪元年）1月22日，王朝信呈状称无力偿债，可以抵债的财产只有"现住清零之房屋"。张绍轩要求查明房屋"所值几何"以及"有无余产可抵"。3月，李镜蓉向高等审判厅分庭（温州）诉请拍卖王氏兄弟财产，以强制执行偿债判决。5月，张绍轩下令调查王朝信财产。7月，李镜蓉将龙泉县调查的王氏兄弟9处田产开列清单，要求龙泉县强制执行，获得张绍轩批准，但不了了之。8月，李镜蓉再向高等审判厅（杭州）诉请强制执行。

9月，厅长范贤方命令龙泉县"仰即查照，迅予依法执行"。范贤方介弟、新任龙泉县知事范贤礽随即批示"准予依照不动产执行规则办理可也"，并正式下达执行令，将李镜蓉开列王氏兄弟财产查明后"查封拍卖"。承发吏叶熙然报告，李镜蓉所列第二、四、五、六、九等项产业均可拍卖，足抵二审判决应偿款项合计英洋602元6角。李镜蓉又诉请追偿后续诉讼费。王朝信则辩称查封过程中有"非我业产混入发封"。查封王朝信等部分财产后，李镜蓉诉请榜示拍卖，并指所封财产不足抵偿。王朝信称病要求延期，又指李镜蓉开列产业已抵押他人，并由王朝兴应对后续诉讼。12月23日，范贤礽审理该案，王朝兴称"民家迫不能偿还，求恩宽缓"，范贤礽下令"着将该被告发押，候判款缴楚后再行释放"。第二天，李镜蓉随承发吏程希璋以及乡警王礼信向王朝兴租户们收租并拍卖租谷。王礼信收得租谷850斤，以42斤1元英洋的价格，拍得英洋20元2角3分9厘，由李镜蓉收领。

12月26日，王朝兴以"患病沉重"为理由，由龙泉城内开客栈的吴茂养具保，获准保外养病。1917年1月4日，李镜蓉再次诉请拍卖王朝兴财产以偿债务。王朝兴苦苦哀求，李镜蓉毫不让步。该案的最后一件文书是王朝兴1917年4月13日的辩诉状，事由是"为结草有心，立锥无地，泣求恩赐提留赡家之费，偿以十分之五事"。状称他向李镜蓉借款 900 元，已累计偿还 1016 元，但依据判决尚须偿还 294 元；王氏兄弟产业已"变卖净尽"，李镜蓉所指产业早已抵当于他人，即便强制拍求，也恳求依据"破产律"第 66 条"偿以十分之五，免还余债"的规定执行，"稍留馆粥，以赡一家"。此时正值浙江省重建审检所，专审员张济演批示"碍难照准"，并未接受王朝兴的请求。

至此，李镜蓉追还本钱有余，依判决尚有近 300 元债权未偿，王氏兄弟则陷入贫病之中。这就是李镜蓉"以债务与王朝信讼，而王朝信破产矣"的故事。

逞其刁健惯技，又加以金钱魔力

那些仇恨李镜蓉的乡绅指，"浙江省著名之健讼家"的手段，主要是"逞其刁健惯技，又加以金钱魔力"。这在王朝信债务案中表现得淋漓尽致。龙泉司法档案 17000 余卷宗，20 多万件诉讼文书，诉状估计有近万件，其中就数 1914 年 4 月 18 日李镜蓉起诉王朝信的诉状最为神奇。

首先，这件债务纠纷的状词中出现"辨济"一词，"屡屡违背其履行辨济之义务"。[51]"辨济"即"清偿"，在民法中属于"债权消灭"的形式之一，但《大清民律草案》、民国《民律草案》、《中华民国民法》均未使用"清偿"一词，"辨济"从未在中国成文法中出现。1906 年 11 月，日本法学家松冈义正接受清政府聘请，来华担任修订法律馆顾问并起草民律，同时在京师法律学堂讲授民法、民事诉讼法、破产法，其讲义《民法债权总论》由清末民初法学家熊元楷记录整理后，结合松冈义正的其他著作以及日、德、法等国民商法文献，由安徽法学社于 1912 年作为"法律丛书"第十册公开出

版。该讲义第五章《债权的消灭》第二节即以"辨济"为标题，定
义"辨济"为"乃实行为债权目的之给付而使债权消灭之行为也"，
这或许是在中文法律文本中"辨济"一词的唯一出处。

其次，这件状词出现了"事实、理由、请求"三段式叙述结构。
民国初年，"事实、理由、请求"三段式民事状词在司法实践中确有
出现，但非常罕见。当时有位畅销书策划家吴兴（今浙江湖州）人
凌善清，他编撰的图书，从中华武术到美术教育，从太平天国野史
到戏曲诗词选，市场所需无所不有。20 世纪 20 年代他看好诉讼图书
市场，主编《全国律师民刑诉状汇编》，按天干分十编，自 1923 年
至 1929 年陆续出版。他曾在《申报》刊登绝妙广告词，宣称无论
法官、律师、法政学者、诉讼当事人乃至普通公民，购得此书无不
如获至宝，战无不胜；诉讼当事人"置备此书"，不但"可以自作
诉状，无须请教他人，可以熟悉诉讼情形，不致受人欺蒙，可以考
证某案何以失败、某案何以取胜而知趋避"，还"可以于一字一语
之中得转败为胜之诀"。[52]

这部《全国律师民刑诉状汇编》保留着民国初年各种诉状及判
决书的实例。如在甲编《甡丰钱庄等与郭永丰南货店股东债务纠葛
案》中，1914 年 4 月 3 日由代理律师吴华撰写的《郭陈氏上诉状》
就是"事实、理由、请求"三段式结构。但 1916 年以前，即便律师
撰写的上诉状也较少采用这种状词模式，遑论第一审的当事人自撰
诉状。在乙编《爱新觉罗氏与胡庆余堂存款纠葛案》中，1915 年 10
月原告爱新觉罗氏聘请两位代理律师吴华、胡纪熙撰写的起诉状尚
采用传统形式，倒是未聘请律师代撰的《庆余堂店主施凤翔辩诉状》
呈现了"事实、理由、请求"三段式结构。[53] 至于龙泉司法档案中，
即使 1929 年 11 月龙泉县法院成立之后，标准的现代民事状词也不

过占一成左右，在此之前则未见 1914 年李镜蓉状词以外的第二件。

没有材料说明李镜蓉获取现代法律知识的途径，但李镜蓉的确精通新旧诉讼技巧。作为健讼家的李镜蓉，他撰写三段式状词，自然是为了"于一字一语之中得转败为胜之诀"。4 月 5 日，中央颁行《县知事兼理司法事务暂行条例》，司法现代化进程出现倒退。4 月 18 日，李镜蓉偏偏撰写一件特别现代化的"事实、理由、请求"三段式状词，反其道而行之。李镜蓉绝非不识时务。清代状词也有固定的叙述结构，可以归纳为"无异、突出、非沐、乞叩"四个部分，适用于"拥挤列车"模型的诉讼理念。李镜蓉的"逞其刁健惯技"体现在 4 月 18 日的状词，不但出现了非常现代化的"事实、理由、请求"三段式结构，也保留着传统"无异、突出、非沐、乞叩"的叙述模式。在"事实"之前，状词中还有这样一段陈述：

> 窃以富飞（非）石崇，固不免于借债。而欠债还钱，普通一理。故债权债务发生以后，债权者有请求偿还之权利，债务者有负履行辨济之义务。不料本乡黄渡村王朝兴、朝信兄弟等，前向民借去英洋叁佰元，当立有期票三纸为据，乃过期不还，屡讨不应，反恶语相加，意图赖债。私人业已屡次请求偿还，终归无效，不得不回官厅，提起证书诉讼焉。

在"请求之目的"之后，又"呈请批准"：

> 谨提出证书诉讼，附粘借票三纸，呈请县知事察核俯赐批准，饬警追缴，确保债权，不胜感激。[54]

这里"普通一理……不料……不得不……呈请……"，就是传统状词"无异……突出……非沐……乞叩……"结构的白话文转述，"呈请"启动诉讼程序是传统"准理"制度的产物，在现代民事诉讼中毫无必要。"富非石崇，固不免于借债"一语，则是传统"情理"诉讼观念及李镜蓉旧学背景的体现。

李镜蓉1914年4月18日的这件诉状，不是纯粹的现代状词，而是将现代状词套嵌于传统状词。这样做不是防守性的万全之策，而是进攻性的机关算尽。现代化的三段式状词为上诉程序准备，传统状词则为喜欢"和稀泥"的杨毓琦所准备。[55]这样机巧的设计，才显得出李镜蓉"逞其刁健惯技"。

不过没有"加以金钱魔力"，仍然不能成就"浙江省著名之健讼家"。李镜蓉在上诉及强制执行程序中大获全胜，所凭借者不只是诉讼技巧。李镜蓉有两次决定性胜利，一次是1915年8月30日浙江省高等审判厅分庭判决王氏兄弟偿付利息，当时龙泉县知事是对李镜蓉"有特别感情"的王宗海。据仇人们的禀状，李镜蓉在龙泉县经常吹嘘"王汉卿（王宗海）是伊在省垣为之运动所得"。另一次是1916年9月高等审判厅厅长范贤方命令强制执行。这时龙泉县知事范贤礽是高等审判厅厅长范贤方的三弟。可以想象，李镜蓉的胜诉除了"逞其刁健惯技"，更是省城政界深度运作的结果，这需要龙泉首富"加以金钱魔力"。

五、罗献琛

（经济大家，罗建功的伯父）

万山蓊茜，茂林修竹

八都镇各个家族，相互之间多少有姻亲关系。李镜蓉对王朝信的债务案，一审阶段主要由其子李兴唐代理。李兴唐有个弟弟，就是《先父李镜蓉生平》的作者、李镜蓉五子李盛唐。李盛唐的妻子是盖竹村的罗芝兰。罗芝兰的祖父罗积明与罗建功的祖父罗积善是亲兄弟，罗芝兰的父亲罗献环就是罗建功的堂叔。

1905年废科举以来，八都镇的吴嘉彦、吴绍唐与李镜蓉两股势力斗得不可开交。罗建功发现李镜蓉通过诉讼斗败了吴绍唐，吴绍唐在积谷案中被处罚金高达近3000元。1913年9月26日，罗建功的伯父罗献琛去世，并留下大量遗产。1914年4月18日，李镜蓉起诉王朝信，为李镜蓉代理诉讼的李兴唐是罗建功堂妹夫的哥哥。这年罗建功虚龄22岁，经管着伯父留下的各处山林。可能是仰慕李镜蓉的诉讼技巧，罗建功对打官司也跃跃欲试。

林木是龙泉县传统时期最主要的产业。1920年，植物学家胡先骕教授在龙泉考察，龙泉县知事赖丰煦接待胡教授。在酒席中赖丰煦告诉胡先骕，龙泉粮食生产不足，农业主要依赖山林竹木以及香菇种植，而且"此间山林与山田皆无税。盖在明初，朱太祖以刘诚意伯故，蠲免处州全境山税，清季与民国皆仍其旧也。亦以此故，至官厅无存案可稽，诉讼遂极多，且十九皆须上诉至三审始止云"。[56] 龙泉县山地无税，是否与朱元璋、刘伯温有关，仍需专题研究。但山林纠纷独多却是事实，占龙泉司法档案三成以上。

龙泉地处浙南山区，有龙泉溪自西南向东北贯穿全境，群山在东南、西北平行于河谷对称分布，丘陵和低、中山带分别有 854、1453、663 平方公里，占总面积 97.09%，河谷平原仅 89 平方公里，占 2.91%，"九山半水半分田"尚不足以形容耕地之僻隘。明清赋税，各地不同。乾隆《龙泉县志》记载，该县实存田 1725 顷，实存地 29 顷，实存山 133 顷，山田比不及 8%。[57] 但光绪《处州府志》记载，通府实征田 12664 顷，实征地 1076 顷，实征山 3373 顷，山田比超过 26%。[58] 康熙《衢州府志》记载，合府田 15811 顷，合府地 5338 顷，合府山 6368 顷，山田比超过 40%。[59] 至于光绪《严州府志》记载，田 9340 顷，地 6403 顷，山竟达 11901 顷，山田比竟是 127%。[60] 这就意味着，龙泉县山税确实很少，而处州其他县仍有相当部分山税，赖丰煦的朱元璋"蠲免处州全境山税"的说法未必可信。山税情况因地而异，严州府（府治在今浙江省建德市梅城镇）是山亩多于田地。但不征山税的情况也并非龙泉县独有。如与龙泉县相邻的福建省浦城县，乾隆《浦城县志》记载顺治七年（1650）额派官民田 5517 顷，地 55 顷，山仅 21 顷，山税又远少于龙泉县。

龙泉县几乎不征山税，可能是当地林业特别发达的重要原因。1936 年，浙江省建设厅侯杰在瓯江流域调查山林发现，"大溪沿岸，自小梅至龙泉县城会秦溪、樟溪、锦川诸水为浙森林最发达之处。其林相之整齐与林木材积之丰实，实为东南诸省所鲜见。人工杉林自十余年至三四十年者，遍山都是。吾人身历其间，惟见万山翁苗，茂林修竹，蔚为大观"。[61] 龙泉当地的富豪，无不以经营山林为根本，所占田地多不过千余亩，而山林动辄以数十万计。土地改革时调查发现，罗建功的岳父张雨亭，全族 57 口人，占有耕地 400 余亩，山林近 20 万亩。抗战期间将曾家大屋提供给浙江大学龙泉分校作为校舍的曾水清，全家 7 口人，有良田 1500 余亩，山林近 10 万亩。[62]

开辟利源者唯山

住溪村张雨亭是罗建功的岳父，号称全族有山林 20 万亩。张家晚至咸丰年间（1851—1861）才从福建上杭县（罗氏祖籍连城的邻县）迁至浙江龙泉县住溪村。张氏可能是破产农民，初到住溪只是搭棚落户，烧炭谋生，据称后来开山育林，家境渐好，本着勤俭持家、粗衣简食的古训，稍有积蓄，即用来购置山场田地。

张雨亭父亲张天水一代，张氏在住溪的山场已经相当可观。张雨亭在兄弟六人中居长，读过私塾，为人精明练达，善于筹划管理。张天水去世后，张雨亭成为家长，秉承祖业，巨细躬亲，以勤为本，杜绝奢侈浪费。他培养子侄读书，家务事交给妯娌轮流分管，自己则穿山袜草鞋，带领兄弟上山育林。

1930 年以前，住溪张家有山场 56 处，面积 57000 余亩，号称占全县林地的六十分之一。新中国成立后，张氏后裔及老佃户等追忆张氏的山林管理经验。张雨亭先是选买土地肥沃、交通方便的小片山场，后来低价大量购买交通闭塞、山界不清的深山老林，逐步连成大片山林，十分便于管理。凡经砍伐的山林，都要重新开山、插苗、育林，一般山地种植杉木，阴山潮湿地带培育柳杉，岩多山陡则扦插松树。

规模扩大后，开山育林主要由山佃负责。主佃订立"仰字"协议，内容包括开山插苗、山林管理、收益分成等方面，一般是三七分或四六分。开山初期，山佃生活如有困难，则预付生活费用，并允许在林苗间种植玉米、桐等三年。三五年后，树苗长成幼林，这时每年秋冬，山佃负责"刹山"一次，砍除杂木、野草，让枝叶就地腐烂，用为肥料，同时砍去树木杂枝，促使粗壮匀直。成林之后，排列整齐、疏密有序。山佃还要经常巡视林区，以免山林遭受盗伐，一旦发现应立即报告山主。

成材山林，视山场远近，或片伐，或间伐，分片、分年轮流采伐。伐木多在秋冬，这时树木停止生长，树干干燥，树皮易剥。运木则在开春，先将砍伐树木截去枝丫，剥除树皮，加工成段，然后抬运至溪边埠头，整扎成排，沿水道由乌溪港至衢州樟树潭，或径运至杭州。放运排筏一般限于春夏两季，衢州樟树潭附近水坝更规定农历六月初一以前放水通航，过时溪水灌溉农田。张家木材盖"张同源"钢印以为牌号，由于长自深山密林，质地坚硬，木纹细密，粗壮匀直，在市场上大受欢迎。[63]

罗建功的伯父罗献琛经营山林的方法，应该与张雨亭大同小异。族谱中称，罗献琛形质魁伟，内刚外柔，智深识远，举止异于常人，工治生，善居积。龙邑最宜以开辟利源者唯山，罗献琛不惜本钱广置山业，见其有可造林之处，地非不毛，均出资购置之，佃农垦殖之，荒者辟之，栽者培之，不数年由青青而森森，斧斤以时，材木不可胜用矣。又说罗献琛勤劳俭朴，稍暇则登山履田，督课树艺，间或灌园去莠草，其习勤类如此。平居寡言习劳，自奉俭啬，衣不求华，居毋求安，居平在村市间，见途中有片纸必拾之，见竹头木屑必一一收之，说"此亦天物，可暴殄之哉"？商界流传着罗献琛买裘皮大衣的吝啬鬼故事：一年寒冬，他在杭经营木业，冻得寒栗栗摇颤不自禁；有客户劝其购裘皮御寒，罗献琛得知需价三十金，便忍冻不购，说"劳动家"终岁胼手胝足，尚不能博三十金，奈何仅以易一衣。

民国成立，平等观念深入人心，好以专家相互尊称。不但有科学家、法律家，罗氏始迁祖罗绍弼习武则称武术家，李镜蓉好讼就是健讼家，甚至普罗大众也以劳动家称之。罗献琛经商成功，则被誉为"经济大家"。其实罗氏原来是农耕家庭，罗献琛的祖父罗炳光十分反对经商、读书，认为那都是导致家族破产的邪路。罗献琛的父亲罗积善弃农经商，为此不惜与祖父罗炳光决裂。罗献琛是罗积善的长子，很早就协助父亲经营两港木业商旅，获益多金，罗积善全家门第焕然一光，主要是罗献琛的功劳。[64]

兄弟分房析产

罗积善于 1872 年（同治十一年）去世，年仅 47 岁。当时长子罗献琛 25 岁，次子罗献球（1853 — 1878）20 岁，幼子罗献琳（1862 — 1923）才 11 岁。幼弟毫无商业经验，于是兄弟三人同居共财，家产由罗献琛一人经理收益。本来有长兄治生，昆弟子侄理应投身儒业，但命运不济，罗献琛并无子嗣，二弟罗献球于 1877 年（光绪三年）诞下一子罗建廷，次年辞世，年仅 26 岁。罗建廷自幼失怙，既不事封殖，又性不嗜读，整日散财使气，遇远近有公益，倒不惜捐巨金以身作倡。喜为乡里鸣不平，常与人奋争而相持不下，唯闻慈母一呼辄敛身而退。又兼浪游无度，风潇雨晦，朝夕过从，遇名胜处相与搜奇探险，作竟日游无倦意。1910 年（宣统二年），罗建廷因豪饮无度而病入膏肓，不治时年仅 34 岁。罗建廷留下两个孩子，长子罗烈，次子罗善根。

罗献琛的三弟罗献琳就是罗建功的父亲，他对生活同样感到迷惘。罗献琳厌恶读书，父兄安排他跟同村的乡先生王树人习举子业，结果辍不肯读。为了躲避读书，罗献琳一度宣称"武人之博高官易于文士"，想重操祖先旧业，"弃文就武技，剑法颇冠童军"。但又患得患失，认为"自来武人将官之得大位、崇袭荫，不知牺牲多少性命而始换出一己之声名，为子孙计未尝不厚，而对于天地好生之心则未免失之偏"。结果习武不了了之，"数奇运蹇，李广难封"，文不成、武不就的罗献琳一度也纵情于游览山水。族谱记载，罗献琳后来钻研岐黄之术，风雨鸡鸣，手不息卷，凡乡邻之抱疾患者，亲为之诊断脉息。对于贫而无力者，罗献琳施力圭、赐汤药，不索人之谢，不谔己之长。罗献琳因此在乡间博得名声，"乡人咸德之"。

虽然山业靠罗献琛一人经营，但兄弟同财共居终非长久之计。20 世纪 30 年代罗建功提起遗产诉讼，据状词陈述，"1906 年，罗献琛兄弟分为福、禄、寿三房，分析田租"，但山场等产业仍由罗献琛代管经理。1913 年罗献琛去世，1914 年福房罗献琛的遗孀蒋氏就邀请禄房罗献球的遗孀吴氏以及寿房罗献琳分析山产。当时请亲戚徐迪斋、罗献琛的季叔罗积明在场写立山场拍单。这次析产主要是将罗献琛遗留的山产分三股分拍，但据罗建功后来的诉状称，土名水碓坑、马鞍山、净信三处山场，"因未经估价，一时不能分割，协议作共有财产，有历年收益平均分配各共有人"。

当时，罗建功的父亲罗献琳 52 岁，22 岁的罗建功血气方刚，四处巡视从伯父那里继承来的各片山林，由此开启他二十余年的诉讼史。

六、罗建功

（伯父罗献琛的财产继承人）

原系权宜办法

1908 年（光绪三十四年），罗献琛向季徐氏、季忠宸购得坐落于十三都松渠的大片、杨坞等山场，这处山场后来由罗氏寿房继承、罗建功经营。据罗建功称，1914 年 8 月 31 日，埠头庄"顽民"季忠寅（樟德）见该山场杉木茂盛，乘人不备，盗砍 100 余株，因为山场距盖竹村 20 余里，一时未被发觉。9 月 7 日，罗建功发现盗砍并确认数目之后，邀请"公人"季锡铭出面向季忠寅理论。据说季忠寅自知情亏，表示愿意接受惩罚，但口是心非，出尔反尔，"佯为许罚，实行偷运"。

1914 年 9 月 15 日，罗建功提起诉讼，状告季忠寅盗砍。状词采用传统模式，保留"无异、突出"之类句式，也出现了些不新不旧的词语，比如"视他人所有既不在意"中的"所有（权）"。县知事杨毓琦知道所谓盗砍不过是"管业"纠纷。中国古代没有产权观念，"普天之下，莫非王土"，民众对耕耘的田土本质上只是经营管理，用"管业"来形容恰如其分。按传统的理讼方式，杨毓琦也没必要立即审理此案，"姑念木既被搬，准予饬理，尔可邀公静候无违"，并质疑罗建功"季樟德与尔卖主是否亲房"。

9月26日，罗建功呈状开始狡辩，说该案"无关亲房不亲房"，但又称卖主季徐氏、季忠宸的山场由父亲季为桢继承而来，季忠寅"非为桢生也"，这只能说明季忠寅与季忠宸不是亲兄弟，却不能否定是"亲房"的疑问。杨毓琦开始受理此案，一边让季忠寅准备书面辩诉，"着候取辩"，一边让罗建功提交证据，"补具正墨"，同时派吏、警展开调查与调解。10月5日，承发吏卢子美与法警余绍金报告称，季忠寅声称所砍树木并不在罗建功山内，"似系刁猾之徒，实难理息"。10月16日，季忠寅请李文华代撰辩诉状，称季徐氏与季忠宸都属明房，两家合卖山场的二分之一，另外一半由悠房管业，并提出卖契、细契等作为证据。罗建功则坚称，季徐氏与季忠宸各卖山场的二分之一股份，两家合卖整个山场，并要求季忠寅提出"悠房如何分拍之证据"。

11月，卖主季徐氏及佃户罗林养加入诉讼。季徐氏称其所卖山场只占山场的四分之一。罗林养称曾于1888年（光绪十四年）"向明房忠案、忠宸，悠房忠寅等"领种荒山，说明季忠寅是山场共有人。12月1日、2日，杨毓琦"开庭讯判"，裁断季忠寅并非山场共有人，"并无悠房合半之名"，但同时要求罗建功出价40元以赎回季忠寅手上的废契。这是典型的"和稀泥"式的各让一步，由罗建功补偿价格买断有争议的山场，以此杜绝山场再生争议。按现代的产权观念，杨毓琦的判决十分荒唐，如果季忠寅没有产权，让罗建功出价赎买废契就毫无道理，而且这次判决没有处置季忠寅8月所砍150余株杉木。

罗建功开始对赎回废契的裁断未置可否，只是催促裁断"盗砍"杉木。不料此举引起杨毓琦强烈不满，他在批示中教训罗建功：虽然买卖契约所载四至包括涉讼山场全部范围，但季忠寅称这是"故兄忠国背卖"，将山场产权判归罗建功的理由并不充分，因此罗建功应该有所补偿，"堂断饬尔补价收回废契，原系权宜办法"。还说季忠寅所砍木价不过10元，山场购价又不过50元，因此让罗建功出价40元赎回季忠寅手上废契合情合理。

法律无两可之条文

杨毓琦应该受过良好的旧学教育，也是回归传统的忠实奉行者，试图在龙泉县恢复传统"和稀泥"的理讼方式。但引进新法律仍是大势所趋，地方多有利用新法律维护私权或兴讼谋利者。和稀泥的理讼方式不断受到挑战，杨毓琦穷于应付，举措失当，竟至于不知所谓。杨毓琦将裁断季忠寅案的"和稀泥"逻辑和盘托出，认为他的裁断合情合理，罗建功理应叹服感恩。他还提醒罗建功，季徐氏已以另案控诉罗建功，暗示罗建功立即息讼，不要再纠缠所砍杉木。

罗建功多少钻研过一点现代法律知识，也认识一些精通法律的人士，除了李兴唐，还有妹夫翁远凡。罗家的族谱记载，翁远凡是"本邑城西法政毕业生"，而龙泉司法档案呈示，翁远凡在20世纪30年代已是活跃的执业律师。

1914年12月23日冬至，袁世凯在北京祭天。这天，罗建功提交一件呈状，从新旧诉讼两方面"缕晰陈之"，即逐务批驳杨毓琦"补价收回废契，原系权宜办法"的裁断。罗建功先讲客气话，说杨毓琦本意是好，"着民'出洋收回废契，免致久延讼累'，本属问官为民息讼之厚意"，但即使按传统的诉讼逻辑，杨毓琦的裁断也不符合"情理"，因为季忠寅所为属于利用上手契混争产权，出价赎回等于是放纵"无赖之徒"，"为地方无赖之徒开一生面，而藏废不缴者，尽可效尤"。罗建功还肆无忌惮地攻击相关人季徐氏，"至民此案，卖由徐氏，端开徐氏，实钻营家之祖母，为受业家之瘴疬。以诛心之法责徐氏，徐氏何辞"！接着又搬出新法律观念，驳斥杨毓琦裁断中的"权宜办法"，"况法律无两可之条文，若以此为权宜，在习惯上虽可借词推诿，在法律上实难故事优容"。最后罗建功还夸大其词，声称地方祸福在此一案，"万□□以不正当之金钱□出，不为地方造幸福，反为地方患害也"*。呈状全文接近两千字，杨毓琦读得晕头转向，大骂罗建功"公牍文贵简明，来呈□逾千字，可厌"！

此后的情节比较诡异。两造继续缠讼，直到1915年4月，杨毓琦决心重新审理此案。4月9日，杨毓琦签发传票，据承发吏卢子美与法警许年东的报告，传讯后罗建功已"在城候讯"，季忠寅则答应"限于五日内来庭授（受）讯"。杨毓琦直到4月26日才批示该传票，"定三十日讯核"。但季忠寅是否参加过4月的审讯，是一桩谜案。龙泉司法档案12166号卷宗第62页有一件供词，落款时间"民国四年四月"，理论上只能出自"定三十日讯核"这次审讯。据供词，双方围绕前次裁断未处置的150余株杉木展开辩论：

> 罗建功供：民被季忠寅砍去山木一百五十多株，除被□□□□□株经警存在松渠庄河次，点明尚有一百十二株，每株约值洋五角，合计五十余元，今蒙庭讯，所供是实。
>
> 季忠寅供：杨麻坞突山场系民另契向瞿贵郎价买□□□有

---

* 原始文献中的缺文以方框代替，余皆同。个别通假字亦保留。

祖坟四穴，杨坞屋后之山系由廖姓出卖，现有三手契据存在，本年砍木一百十五株，在民自己坟禁内，与罗建功契买明房山场无干，今蒙庭讯，所供是实。

然而 1915 年 5 月 3 日罗建功的诉状称，4 月以来季忠寅一直逃避庭审：

> 当本年四月十日现奉票传一次。据承吏卢子美等谓，伊讨限前月廿三日一定到庭对讯，使民听说即于先期来县奉候判决结案，无如廿三日忠寅竟不到来。
>
> 又沐钧署牌悬三十日开庭审理，忠寅又不到案。
>
> 此承吏之约限、钧署之牌示，不过如此之宽，民之守候时期，不过如此之久，虚糜旅膳，又不过如此之多，忠寅辄敢逍遥事外，藐视命令者，实属至顽且玩也。

杨毓琦 5 月 8 日的批词：

> 已催传矣，尔其暂候勿离。

同日法警吴升的报告：

> 再传季忠寅，伊眷云出外讨账，始其回家，即便来城等语。

也说明 4 月 30 日季忠寅没有到案。

4月审讯谜案

7月15日，罗建功再次指控季忠寅拒绝传讯，并提出缺席审判的请求：

> 虽经钧审本年四月十号经传一次，嗣后再单方传过两次，乃传□自传，如忠寅不听何，藐法违令，莫甚于此……惟有请求钧审迅赐按照定章"三传不到缺席裁判"条文执行。

对此杨毓琦批示"准行"。但据1916年12月罗建功诉状追述，该案于1915年7月22日曾有判决。季忠寅不服，提起上诉。上诉时间是1915年10月，离7月判决已有两三个月，季忠寅是否参加了7月22日的审判也不得而知。而据1915年8月季徐氏诉状，季徐氏另案起诉罗建功，结果"续后功与寅连审数堂，案悬未给"。就是说县官为审理罗建功与季忠寅的案件耽误了她的诉讼。这么说的话，季忠寅应该参加过1915年4月30日及7月22日的审讯，罗建功就没有理由提出"三传不到缺席裁判"的请求。

更不可思议的是，1916年12月、1917年1月罗建功两次诉状追述称季忠寅也没有参加上诉：

> 申送二审审理，民遵传答辩外，随赴高等分庭听审，无如忠寅自处于控诉人地位，反致两传不到，业已分庭照章撤销上诉状，现在决定书于本年二月廿五日送到。
>
> 对于洪宪元年二月廿四日高等分庭判决内开主文云"上诉状撤销"等判，是季忠寅对于二审既处控诉人地位，乃两传不

到，分庭照章将其上诉状撤销，俾得维持初审判决，准予执行完案可知。[65]

罗建功言之凿凿，问题是季忠寅"既处控诉人地位"却"两传不到"，明显违背情理。

季忠寅既然没有参加上诉，二审判决显然对他极为不利。1917年初，季忠寅与罗建功分别提起再审与执行之诉。再审之诉中季忠寅没有解释缺席二审的原因，他的请求也被驳回，罗建功的执行请求同样没有下文。罗建功指季忠寅三传不到及二审缺席，季忠寅从未否认。但季忠寅始终积极辩诉，上诉也由他提起，几乎不存在逃避、抵制审讯的理由或动机。在积极应诉的情况下缺席庭讯，莫非是受到人为阻力，比如恐吓、收买、诈骗、误导？现存诉讼文书中最奇怪的地方，是季忠寅没有否定他缺席4月的审讯，档案中却出现了季忠寅的口供，季徐氏也称季忠寅多次应讯。这实在难以解释——莫非季忠寅参加了虚假、无效的审讯？

虽然难以置信，但这种可能性无法完全排除。因为4月9日的传讯非常奇怪，传票明示20日以前缴票，罗建功称23日有一次庭讯，承发吏的报告只说季忠寅答应在5日内到案，杨毓琦批示在26日，并决定在30日开庭讯判。如果季忠寅在20日接到传讯，5日内，即24日或25日到案受讯，那么他将完美错过23日与30日的庭审。如果真的出现这种情形，只能是罗建功与承发吏或杨毓琦精心设计的陷阱。

罗建功几乎穷尽李镜蓉对王朝信债务案中使用过的诉讼技巧，但他无法像李镜蓉那样拍卖被告财产以强制执行。毕竟，李镜蓉才是龙泉首富，才有能力在诉讼中充分"加以金钱魔力"。

七、王仁铎

（枉死的清末司法变革功臣）

大本未立，民惑已滋

　　杨毓琦的传统理讼方式连续遭到李镜蓉、罗建功的挑战，是因为民国初年沿用晚清的《各级审判厅试办章程》，已根本改变传统理讼的制度条件。

　　《各级审判厅试办章程》脱胎于王仁铎起草的《天津府属试办审判厅章程》，但比后者更加简陋。1906 年，为改善传统诉讼制度，沈家本奏呈《刑事民事诉讼法》。清廷对这部前所未有的诉讼法颇有疑虑，下令各级大臣讨论是否合理，结果引发张之洞等重臣广泛质疑。张之洞认为该法规"似有碍难通行之处"，并建议在修订正式诉讼法之前，先"暂订诉讼法试办章程"。但袁世凯认为《刑事民事诉讼法》总体上比较合理，可以修正改进，不必全盘抛弃。诉讼法一时难以施行，清廷推进司法独立已是离弦之箭，先后改刑部为法部，改大理寺为大理院，又在各地试办审判厅。于是袁世凯在天津先行试办地方审判厅，并在《刑事民事诉讼法》基础上，组织人员制定

《天津府属试办审判厅章程》。

清末司法变革，以袁世凯在天津的试验最有成绩，但在日本记者佐藤铁治郎眼中却是彻底失败。袁世凯邀宠揽权，向朝廷奏称天津试办审判厅及章程大获成功，"臣于上年迭饬天津府县暨谙习法律并法政毕业各人员拟议章程，稿凡数易，至本年二月初十日始克成立。现经试办数月，积牍一空，民间称便"。[66] 当时清廷已经决定移植德、日诉讼法编修大清刑、民诉讼律，但耗时良久。清廷迫切需要一部诉讼法规，便简化袁世凯奏呈的《天津府属试办审判厅章程》，2个月内便出台了一部《各级审判厅试办章程》。《各级审判厅试办章程》本来就是临时法规，正式的《大清刑事诉讼律》《大清民事诉讼律》起草工作同时展开。从 1908 年开始至 1911 年初，由日本法律顾问松冈义正主笔的《大清民事诉讼律草案》正式完成，并计划于宣统四年即 1912 年颁行。

结果辛亥革命爆发，以袁世凯为大总统的中华民国不但没有施行清廷已经起草完成的《大清刑事诉讼律》《大清民事诉讼律》，反而继续沿用《各级审判厅试办章程》，甚至恢复县知事兼理司法制度，从当年天津试办审判厅的有限变革中不断倒退。在 1914 年恢复县知事兼理司法制度的"大总统令"中，袁世凯大言不惭地吹嘘"本大总统昔任疆圻，首为提倡，黾勉迄今，不渝此志"，其实袁世凯深知当年天津试办审判厅情形极为不堪，"大本未立，民惑已滋……下驷滥竽，贪墨踵起……宿案累积，怨讟繁兴，道路传闻，心目刿怵"，[67] 故而恢复县知事兼理司法制度也毫不含糊。

日本记者笔下的袁世凯

天津试办审判厅的不堪情形，在当时的日本记者佐藤铁治郎笔下有生动描写。

1908 年 11 月 14、15 日，光绪皇帝与慈禧太后相继去世。12 月，溥仪即位，其父载沣监国。载沣决心处死袁世凯，奕劻、张之洞等坚决反对。1909 年 1 月 2 日，载沣发布谕令，以袁世凯患足疾为由将其免职，"回籍养疴"。1 月 30 日，在天津租界经营报馆的日本记者佐藤铁治郎写成《袁世凯》书稿。5 月 5 日，该书已经印刷、准备装订，并在当地新闻杂志广为宣传。

袁世凯长子袁克定及天津海关道官员等知情后，要求停止出版。时任农商工部参议的袁克定通过日本驻华公使伊集院彦吉进行干涉，伊集院又与日本驻天津领事馆总领事小幡西吉商议。小幡认为，袁世凯已被免职，当时只是一个普通人，即使该书将其个人事迹公开发表，也不会对"日清邦交"造成影响。又顾及"新闻报纸言论自由"，因此认为由政府出面、以"国交为理由阻止本书发行"并不妥当，难保"不会引起新闻界的物议"。不过该书出版，主要是"暴露袁世凯一生秘事私行"，"满足世人之好奇心，以图获取经济利益"，没有特别的政治目的，因此他建议可以通过私人途径解决引事。伊集院采纳小幡的建议，最后商定，由袁克定"以现金全部收买本书的印刷物，将费用交给佐藤铁治郎，印刷物在两三天中送交给租界警察署，再在两三天之内由袁的代理人作证烧毁全部印刷物"。

小幡西吉当时读过《袁世凯》一书，认为"所述内容应有可供参考之处"，可"俟检阅之用"，特别保留此书并随报告交给日本外务大臣小村寿太郎，还叮嘱对处置该书背后的"收买关系"尽量保密。佐藤铁治郎的《袁世凯》从此销声匿迹，直到 20 世纪 70 年代日本学者岛田虔次教授从日本外务省外交史料馆将此书全册复印，并在 80 年代将复本赠送给中国学者李宗一教授。

2002 年，孔祥吉等学者也在外交史料馆发现该书。经戴逸教授的介绍，书稿以《一个日本记者笔下的袁世凯》为题，由天津古籍出版社于 2005 年公开出版。孔祥吉教授阅读该书后，发现佐藤铁治郎对袁世凯评价极高，认为袁克定不遗余力销毁该书，原因是书中大肆批评与揭露了清宫及北洋一些高官的丑陋及腐败行为，可能给已经免职的袁世凯进一步带来灾难。

作为崇尚维新变法的日本人，佐藤铁治郎特别关切袁世凯在清末举办新政的成绩。袁世凯的司法变革，特别依赖日本法政速成科的清朝留学生。佐藤在这方面的消息特别灵通，在该书《培养裁判官人材为改良法律及监狱之预备》一节，详细记录天津府属试办审判厅筹办以及王仁铎起草章程的实际情形，与袁世凯向清廷奏折中宣称的"试办数月，积牍一空，民间称便"大相径庭。

全从程度着想，未敢高谈法理

佐藤记述，袁世凯欲"仿效我邦维新之初，收回领事裁判权之手续，先养成裁判官人材"。日本法政大学专为清朝学生"设速成特科班"，袁世凯便让杨士骧、朱家宝、凌福彭等人"考选官绅五十人，送往我邦（日本）学习"。杨、朱、凌等人"各选一二私人，以敷衍塞责而已"。其中有邓永煊、徐永楶两人，"系凌、朱之私人"。他们对日本"政治、法律一切制度"毫无兴趣，"皆所不取"，却对日本东京之色情业"待合所""大为欣羡"，竟合资贷屋经营。邓永煊被日本警察"拘获，送至裁判所审讯"，由日本法政大学勒令退学，袁世凯又请旨将其即行革职。

佐藤把袁世凯试行审判厅失败的罪魁祸首归于凌福彭，"凌与一班候补官，皆茫无措手，不但不明法理，即使改良裁判之用意，亦不能知"，对于袁世凯"天津府县暨谙习法律并法政毕业各人员拟议章程"，凌福彭等人"虽在我邦食粟年余，究竟于法律定义，均茫不知为何物，焉能起草，以致面面相视，延迟多日"。在茫然无措的情况下，"幸有浙江举人王仁铎，亦由我邦留学归来者，学问本有根柢而又潜心研究，颇有所得。见凌与诸人皆互相推诿，遂慨然担任起草事，始得有百四十六条裁判规则"，这就是袁世凯称为"试办数月，积牍一空，民间称便"的《天津府属试办审判厅章程》。

袁世凯据王仁铎的章程才有条件"奏明试办"审判厅，但仍委任凌福彭为厅长。凌福彭"遍置私人"，任用"一事无知之辈"，遭到袁世凯严厉训斥。凌福彭"怀有鬼胎"，"与唐绍仪等侵占官民地千顷，夺尽下游水利，民间切齿，屡控不直"，害怕试办审判厅揭开弊案，"一旦讼直，不仅其兴业公司数千顷占来之产不能保存，而首领官阶亦都可虑"，因此利用职务之便，"于拟派各员中，苟非凌之私人概不录用"。在这种情况下，王仁铎因"有起草之劳，为袁世凯所特委"，反而成为凌福彭的眼中钉，佐藤感叹"呜呼，仁铎吾恐其死期近矣"！

天津审判厅"开办未数日，弊端百出，人言啧啧"，佐藤主持的报馆连续收到数十封举报信，揭露贿选审判厅职位的种种丑行。而"热心办事疾恶如仇"的王仁铎，"遂痛陈其害，上改良裁判所十二条，密陈于袁"，其第一条即是"委员宜甄别"。佐藤认为，王仁铎所指即报馆举报信揭露的"胡中英受贿，李骏、龚世昌当堂出丑及各劣员之现状"，因此担心"仁铎欲求死矣"。袁世凯据此"严饬"凌福彭等整顿审判厅，凌福彭等"无非具官样文章，欺瞒掩饰，丧心病狂，力阻新政之进步。袁世凯遂为其蒙混，至审判厅败坏不堪言状，凌实罪之魁也"。

不久，凌福彭侦知上条陈者乃王仁铎，"衔恨切齿而丝毫不露，转与王益加亲切，乃阴施狠毒"，逼迫王仁铎辞去差使。王仁铎提出辞呈时，为赞助袁世凯的司法改革事业，将自撰审判厅章程《理由书》呈献给袁世凯。他说"起草之际，亦既煞费苦心，全从程度着想，未敢高谈法理"，但"厅局各员，半属旧日发审，开会讲习，为时未久，对于章程实少研究。其旧日之一切作为、习惯，已成自然，欲其一朝骤改不可得矣"，因此"编成审判厅章程《理由书》一册"，"似于研究不无裨益"，并称"明知多言易于获罪，厅员皆属同寅，不知者甚且目共人为邀功。然正惟知是，卑职知而不言，窃恐更无一人为宫保言者。卑职又蒙逾格之殊遇者乎"！袁世凯对此大加赞赏，也深为同情，下令一面将《理由书》刊载于《北洋法政学报》，"并单印二百本，发交高等、地方两厅，分派研究所各员悉心评议"，一面将王仁铎"改委地方审判厅审判官"。

不料此后王仁铎"境界更不堪设想，公私交迫"，"一日群小暗使人从楼上泼秽水浇其顶，仁铎万难忍耐，诉于部长张良进。张曰：审判厅自官至役，无一当君意者，只有请君密禀袁宫保，悉行裁撤，以君一人任两厅官吏，兼书役等差可也。仁铎孤掌难鸣，气愤填胸，归寓后呕血斗余，遂至不起。嗟呼！仁铎遂长辞群小矣"。[68] 王仁铎枉死于小人逼迫的悲惨经历，可以部分解释袁世凯为何对试办审判厅其实毫无信心。王仁铎经日本法政速成班之学习，起草章程"全从程度着想，未敢高谈法理"，说明他虽然领会西方法律精神，却不敢施行之于中国官场。王仁铎忍辱负重、直道而行，以生命为代价形成的《天津府属试办审判厅章程》，仍不过是对传统理讼及西方法律的双重扭曲。

八、江庸

（修订法律馆总裁）

本国固有法源，未甚措意

1906 年王仁铎从日本法政速成班卒业时，江庸正是清廷委派的速成班学务兼翻译助教，不久也从早稻田大学毕业回到国内，被直隶总督袁世凯聘为天津北洋法政学堂总教习，未到任即改调学部普通司任职，兼京师法政学堂总教习。[69] 辛亥革命后，江庸作为袁世凯全权代表唐绍仪的随员参与南北议和。民国成立后，任大理院推事、高等审判厅厅长。1913 年熊希龄组阁，梁启超任司法总长，以江庸为次长。1917 年张勋复辟失败，江庸任王士珍内阁司法总长，创立京师第一模范监狱，不久因拒绝副署赦免复辟要犯张镇芳而辞职。1920 年，江庸任法律编查馆（不久恢复晚清旧称"修订法律馆"）总裁。

1922 年，《申报》创办 50 周年，以"最近之五十年"为题向各名家约稿，胡适撰《五十年来之世界哲学》，李大钊撰《一八七一年的巴黎》，梁启超撰《五十年来中国进化概论》，孙中山撰《中国之革命》，等等。时任修订法律馆总裁的江庸应约撰《五十年来中国之法制》一文，分根本法、中央行政组织、地方制度、司法机关及适用法令等四方面介绍清末民初法制变革进程。时值修订法律馆重修前清民商法草案。江庸在述及"民商法"部分时，提纲挈领地回顾了中国民商法立法史及前清草案的缺点。

江庸指出，中国传统法律与民商法相关部分，"以立继婚姻为详"，其他经济权利"如钱债市廛"，"不过寥寥数条"。1902 年以来修订的《民律草案》《商律草案》及其他专门法草案不便施行，原因包括：

1. 旧草案移植德日法律，"偏重个人利益"，而时代变迁，"以社会为本位"已成为世界立法之潮流；

2. 继受外国法律与中国传统社会习惯多有冲突；

3. 旧亲属继承制度与民国"社会情形悬陋天壤"；

4. 适应民商法的配备制度极不完备。[70]

在列举继受法与传统习惯之冲突时，江庸特别指出，旧草案之"物权编"于"老佃"等"本国固有法源，未甚措意"。

所谓"老佃"，是中国自宋代以来逐渐形成、至清代臻于烂熟的"一田两主"制度，也称"佃权"或"永佃制"，即土地的使用权从所有权中独立出来，除向所有者交纳固定租金之外，无论所有权如何买卖，所有者是否知情，土地使用权可以自由交易，从而成为一种独立的物权。这里的土地所有权有"田底""田骨"等名称，对应的使用权称"田面"或"田皮"等。

永佃权与永小作权

"一田两主"这种中国社会普遍存在的土地产权形态，在清末

制定的民律草案中没有得到准确的体现。1907 年，清朝民政部奏请
"斟酌中土人情政俗，参照各国政法，厘定民律"。此后经过两次修法
部门之间的权属之争，清廷将修订民律草案的任务交由修订法律馆与
民政部共同完成。1908 年末，修律大臣沈家本确定以日本、德国民法
为范本制定民法，因日本最好的民法学家梅谦次郎难以聘得，退而求
其次，决定聘用已在国内的日本法学家松冈义正协助编纂民律草案。

按修订法律馆的计划，制定民律草案应以民事调查作为基础。
民事调查又包括三方面内容，即外国民事法资料、本国礼制、全国
各地民事习惯。民事习惯调查集中在 1910 年至 1911 年开展，事先
制定《民事习惯调查章程》10 条及《调查民事习惯问题》213 问，
部署周详，但进展缓慢，调查资料的运送以及甄别采纳更加困难。
结果调查报告汗牛充栋，对自 1907 年即已开始的民律起草工作却没
有产生直接影响。

1911 年 2 月，民律草案条文稿 1596 条修成，总则、物权、债权
三编由松冈义正负责起草，亲属编与继承编由修订法律馆与礼学馆
共同制定。其中第三编"物权"下有"永佃权"一章 16 条（1086 至
1101 条）。这里的永佃权，是松冈义正以日本民法"永小作权"为参
照，与中国民事习惯中的"一田两主""永佃制""田面权"相似而
有实质差异。相似之处在于两者都可以由承佃人转让或转租，不受
所有权人的约束。区别则包括：

1. 永佃权要求以书面契约形式产生，传统"田面权"则多由开
荒、久佃等习惯形成；

2. 永佃权名不副实，规定存续期间为 20 年至 50 年，田面权一
般无期限；

3. 永佃权可以欠租为由撤佃，田面权则不允许。

永佃权与田面权的区别，正是江庸所指"本国固有法源未甚措意"的重要体现。江庸在修订法律馆总裁任上时，修订《民律草案》的工作早已开始，但直到 1926 年才告完成。1923 年曹锟以贿选任总统，江庸立即辞去修订法律馆总裁之职，开始其设立律师事务所、创办《法律评论》周刊等独立的法律社会活动，没有机会审定《民律草案》的重新编订工作。

1926 年的民国《民律草案》，相当程度上接受江庸在《五十年来中国之法制》中对清末民律草案的批评，特别是削弱个人主义色彩，重新规定中国固有的典权制，亲属编则更多因袭传统礼教的内容，扩大家长权，在继承编中增加了传统宗祧继承等制度。但是对于永佃权，可能因为与传统的田面权有相似之处，没有做出实质性的修改。

1927 年，江庸更与汪有龄等创办私立朝阳大学并自任校长，培养大量司法人才。1929 年，丁文江向余绍宋了解梁启超司法总长任上事迹时，余绍宋建议他"就近往询"时任司法次长的江庸。此后，江庸于 1936 年受聘任国民政府法制委员会委员。日军入侵，先后迁居上海、汉口、重庆，抗战胜利后回上海任律师。1948 年，拒绝国民党政府的"国大代表"竞选及大法官的任命。1949 年李宗仁任总统时，与颜惠庆、章士钊、邵力子等以私人身份赴北平试探和平，2 月在西柏坡与毛泽东会面，同年以特邀代表身份参加中国人民政治协商会议。新中国成立后先后任政务院政治法律委员会委员、华东军政委员会人民监察委员会委员、上海市文史馆馆长。1960 年去世，享年 82 岁。

现行法律永佃权断绝之时效

无论是《大清民律草案》，还是民国《民律草案》，既称草案，即未实施，在司法实践中意义不大。当时司法的依据，按效力强弱依次为法律、习惯、法理、条理。民事法律主要是指大清刑律民事有效部分。法理指西方法律学说的理念、原则。条理"乃推定社交上必应之处理"，类似于传统诉讼中的"情理"。至于未实施的《大清民律草案》等，也可以作为"条理"使用，唯效力最低，远不及民事习惯。因此江庸对《大清民律草案》的批评，主要针对成文法的修订而言。北洋时期的司法实践，还有一种重要的法律依据，即大理院的判例。大理院判例属于判例法、习惯还是条理？这是众说纷纭的问题。[71] 无论如何，时任大理院院长的姚震主编、1919年发行的《大理院判例要旨汇览》，所收判例对司法审判具有很强的指导意义。

姚震的早期经历与江庸类似，也是日本早稻田大学的法学学士，曾在日本司法省及裁判所实习。1910年回国后，被授予法科进士，任清法部员外郎、大理院推事。民国成立后，任大理院民一庭庭长，1918年至1920年间任大理院院长，1927年出任司法总长。姚震主编的《大理院判例要旨汇览》收录永佃权案件24例，其中在民一庭庭长任上亲自做出的判决多达10例。这些判例，主要依据民事习惯，承认由开荒、久佃形成的永久的田面权，未采用《大清民律草案》关于永佃权20至50年存续期限的规定，但支持在欠租等情况下田底权主人撤佃的权利。

大理院的判决，虽然在1919年姚震汇编并公开发行之后才广为流传，但作为最高审判机构的判例，从来就应该为下级审判机构所遵循、援引，当然也引起涉讼者强烈关注。大理院自1912年即逐月编纂的判决记录并不公开发行，晚至1915年至1917年间，才有北京、上海两地民间编纂的大理院判决例在市场上流传。从那时候起，有条件研读《大清民律草案》的人士，应该也有机会了解大理院判决中有关田面权的审判规则，知晓《大清民律草案》没有成为田面权诉讼的法律依据。

或许是罗建功并没有及时看到早期民间编纂的大理院判例，他在1918年与山佃叶有芳的诉讼，援引《大清民律草案》永佃权的相关条文，要求向叶有芳撤佃。罗建功说，叶有芳依据的刘接林仰字已"百有余年"，"与现行法律永佃权断绝之时效亦大相背戾"。"现行法律永佃权断绝之时效"，是指《大清民律草案》第1089条对永佃权存续期间的规定："永佃权存续期间，为二十年以上五十年以下。若设定期间在五十年以上者，短缩为五十年。永佃权之设定得更新之，但期间自更新时起，不得过五十年。"[72]但大理院1913年有判例（二年上字第140号）明确指出："永佃关系本属物权性质，故其所订特约，如不能解释为有一定期间或已声明为永久者，则法律上既无最长期之期限，即得永远存在。"[73]按说大理院判例的效力高于《大清民律草案》，罗建功误引法律，这场官司恐怕打不赢。

九、叶有芳

（不知死于何时的山佃）

查缉叶有芳

在龙泉县的一审，罗建功的确没有打赢与叶有芳的佃权官司。

该案最初是罗建功以盗砍山木案向八都警察分驻所报警。1902年，直隶总督袁世凯任命赵秉钧在天津试办警务，设巡警总局。1905年，袁世凯建议清廷推广巡警制度。不久，清廷改工巡总局为巡警部，总理京师及全国警务，并督促地方设立警察行政机关。1906年，龙泉县由地方集款筹建巡警局。1911年，龙泉县巡警局改警务长公所。1912年，龙泉县设立警察署，并在八都设警察分驻所，这也是李镜蓉养正学校与巡警卓识发生冲突的背景。1914年，警察署改警察事务所，所长由县知事兼任，设警佐为所长助理。[74]

1918年初，广州军政府与北洋政府的护法战争仍在进行。1月4日，因浙江督军杨善德、省长齐耀珊呈请，北京政府下令通缉上年参与宁波自主运动的蒋尊簋等人。2月5日，农历十二月廿四，南方小年，八都警察分驻所接到罗建功报警，称其坐落在八都垄窑的

"乌坑头"山场被叶有芳盗砍杉木三株，一再请求派警员缉拿。2月7日，分驻所巡长李益祺派警员胡增佑、吕文佐前往溪口庄芭蕉埼叶有芳家中搜查缉拿。

接下来的情节有点罗生门。

按叶有芳的说法，他被两名警察拘留了。2月9日，除夕前一日，由其子叶正树代递，73岁的叶有芳向龙泉县提起刑事诉讼。叶有芳称，自祖父辈以来一直承佃"乌坑头"山场。山场转卖给罗献琛后，因罗献琛"砍多分少"而备受剥削。罗建功接手山场后，更是不拣砍，意欲灭佃、分息全噬，并故意在该山场砍下杉木数株，向八都警察分驻所诬告其私砍，致其在2月7日被八都分驻所两名警察"拘留"。由于林木种植周期较长，不如田谷每年收成，山佃主要收入并非来自林木，而是山林套种玉米等杂粮归其所有。山林部分或由山主另付工资，林木全归山主所有，或不付工资，林木出售时主佃分成。据《龙泉县志》记载，山佃份额仅有二至三成，或山主几十年不拣砍，佃户终生育林而一无所得。叶有芳讲的就是罗建功故意不拣砍，试图用这种方式掠夺他育林的成果。时任龙泉县知事兼警察事务所所长的湖南湘乡人王施海接到诉状，意识到该案不过是佃权纠纷，应以民事状另行起诉。令王施海震惊的是，八都分驻所擅自发票拘人，于是他命令警佐张沅"查明核究"。因时值年节，调查令拖至2月16日大年初六才予签发。

按罗建功的说法，八都警察放走了叶有芳。调查令发出两天后，2月18日，王施海就接到罗建功的刑事辩诉状。罗建功声称，年前派遣工人吴谢客巡山时，发现乌坑头山场被人盗砍。他绘声绘色地描述：

适有"丁丁"伐木之声出自山中，迨至工人奔赴近前，已闻风远飏，追之不及。回查盗砍之所，见有砍倒杉木十余株，又树皮已剥未砍倒者七八株，统计二十余株。树脑之旁，别无所有，尚遗下箬笠一顶，书有"叶有芳办"四字。民工人不知"叶有芳"究系何人，即往该山附近密访，确查得芭蕉埧村实有"叶有芳"之名。民工人旋至伊家根究，讵叶有芳野蛮成性，非特不知自悔，胆敢大肆咆哮，声称"世间同名同姓尽多，况吾是'叶有方'不是'叶有芳'，安能张冠李戴，诬民为盗"等语。民工人无奈，只得回报。民查附近村方，惟有芭蕉埧确有叶有芳，别处并无所谓叶有芳者，且叶有芳的系"叶有芳"，实非"叶有方"，村邻可质可查。[75]

罗建功又称，由于年终期促，来不及奔辕具诉，年前先具情禀请八都派出所先行从权查究。分驻所巡长李益祺虽然查获叶有芳，却放弃职权，不肯根究。而叶有芳诡计多端，将盗砍之木以油烟大书"主佃同号"四字，"冒充民佃，希图卸罪"。

王施海调查则发现，八都警察对叶有芳先抓后放。2月21日，奉命调查的警佐张沅提交报告，指八都分驻所确有派员"查缉"叶有芳，当时本打算解送到龙泉县警务所，因适值旧历年终，遂要求叶有芳自行赴县起诉，并没有拘留或签发传票。张沅认为，未经县警务所批准擅自执行职务，"实属冒昧"，依据《浙江全省长警赏罚规则》第十七条第三项，巡长李益祺应被"记大过二次"。

当然有佃种权利

不出王施海所料，所谓盗砍案，不过是佃权纠纷。叶有芳诉称

"无论伊砍民砍，全系民事问题"，就是默认砍树。罗建功辩称"即使叶有芳纵系民佃，而背主盗砍毁坏森林，亦官厅所不许、法律所不容矣"，等于承认叶有芳是佃户。

1817年，原山主梅庆森将该山场仰佃于刘接林，约定佃户刘接林应该在三年间将当时的"荒熟山"乌坑头栽满杉苗，并每年交纳"苞萝租"（苞萝即玉米）一石。三年后免纳"苞萝租"，杉木出拚时主佃五五对分。规定刘接林承佃后"不得抛荒失佃"，如果造成"抛荒"，山主有权"另佃"，以及主佃双方未经对方同意不得"背拚私砍"。刘接林承佃四年后（1821年），因欠租，立"退字"将佃权转与叶赐海，叶赐海向刘接林支付（找出）转租费（工本银）十二两五钱整，叶赐海应该就是叶有芳的祖父。

叶有芳起诉罗建功，就提出刘接林、叶赐海两件字据（仰字、退字）作为佃权证据。在刑事起诉被驳回，又被罗建功反诉盗砍后，叶有芳于3月初以"欲灭佃权、吞没分息"为由提起民事诉讼，请求维护佃权。3月14日罗建功提出答辩，认为叶有芳佃权无效，理由是：

1. 未与新山主罗献琛重新签订佃约；

2. 未尽"加工整理培植繁盛"及及时报告杉木被盗砍等山佃义务；

3. 叶有芳依据的刘接林仰字已"百有余年"，"与现行法律永佃权断绝之时效亦大相背戾"。[76]

罗建功的主张均无法成立。首先，按中国习惯，所谓"永佃权"即田面权，属于物权，可以独立转让，无须因所有权转让重新订立。罗建功认为佃户应该与新业主罗献琛重新订立佃约，其法律依据应该是未曾施行的《大清民律草案》第1087条"以契约设定永佃权者，须立设定书据"，[77] 但大理院 1914 年即有判例（三年上字第 305 号）明确指出"佃权本系物权性质，无论业主更换何人，当然永久存在，不受影响"。[78] 其次，罗建功以山场"杂木参差蔽日"指山佃未能"加工整理培植繁盛"，显然十分牵强。最后，所谓"与现行法律永佃权断绝之时效亦大相背戾"，指《大清民律草案》第 1089 条对永佃权存续期间的规定，但大理院 1913 年有判例（二年上字第 140 号）明确指出"永佃关系本属物权性质"，时效上"永远存在"。

作为"条理"的《大清民律草案》的法律效力远低于民事习惯，在诉讼中无须理会。县知事王施海裁断，依据叶有芳提交的字据，确认其"当然有佃种权利"，佃租"当依照所载，当未退佃之先，应东佃对半平分"，而叶有芳私砍树木断归罗建功所有（参见图 24）。罗建功不服判决，向永嘉地方审判厅提起上诉（控诉）。永嘉地方审判厅先后决定于 8 月 10 日、9 月 4 日开庭审理。据此后诉状的追述，9 月 7 日永嘉地方审判厅判决撤销龙泉县"两造对于该山出息当依照仰字所载应东佃对半平分之部分"的裁断，认定佃权"应由控诉人收回"，二审讼费也判归叶有芳负担。

王施海的裁断本无懈可击，二审何以予以撤销？二审判决书未存，只能分析推测。二审机构不可能依据《大清民律草案》进行判决，其他罗建功提出的叶有芳抛荒或盗砍的指控，须经勘查予以认定，相关程序应发回龙泉县实施。二审直接判决，显然别有原因。后续档案显示，叶有芳未到永嘉（今温州）参加二审，所以二审判决是未经辩论的缺席审判。

二审判决在 9 月，罗建功在 12 月请求执行，包括涂销叶有芳提供的仰字、退字等字据，交还叶有芳私砍树木，并偿还二审讼费十元余等。但龙泉县知事王施海认为，二审判决只是提出罗建功有权收回佃权，"并非断令佃权销灭、将仰字涂销也"，因此罗建功只有经与叶有芳一致，或官府另行核断，才能收回佃权。

叶有芳两次死亡之谜

不过王施海也认为，私砍树木及讼费部分应立即执行。龙泉县可能有意拖延，时隔一年后的 1919 年 9 月才派警执行树木、讼费等，叶有芳又以"奈刻青黄交接之际无从指办"为由"恳求宽限"。9 月 24 日，叶有芳之子叶正树呈状请求免缴讼费，称颂龙泉县的一审公正高明，"去年四月蒙本县判决，固属持平之极，无损于贫佃，亦无损于富主"，并控诉二审中所受冤屈与压迫，"罗建功自恃财豪，必欲压倒贫佃……明欺贫佃无钱容易压倒……自思佃种主山，忠而被告，心实难甘"。不过叶正树陈述的重点，是无力承担二审的诉讼费用，"票费罗掘俱穷……何堪受此衙蜂严逼……无已典出无数对象，票费始付清楚"，叶有芳因此病倒，"民父已贫病在床……民父受此刺激，病益加剧"。叶正树还说，叶有芳在二审判决后病故，他也因而错过上告，"接到第二审判决后，旋父又病故，经济状况异常竟蹶。待得丧事告竣，询知上告期间过已久矣"。

诡异的是，二审宣判时间是 1918 年 9 月 7 日，叶正树称"二审判决后，旋父又病故"，叶有芳死亡时间当在 1918 年。但 1919 年 12 月 5 日龙泉县公署签发拘票，仍要求将叶有芳拘案，12 月 21 日法警叶钦的报告也称，叶有芳"患病在家不能行走"，要求宽限执行时期，说明叶有芳并未病故。1920 年 1 月，叶正树再次呈状，强调之前因父病重无暇上告，并引用司法部新订《清理不动产办法》第 9 条所定"各省已另有习惯者，仍从习惯办理，以为例外救济"的规定，哀求"再审另判"。承审员刘则汤批示"听候执行，毋庸多渎"，拒绝了叶正树的请求。在这件呈状中，叶正树强调其父在二审后"一病不起"，"霜上加雪，贫苦极点，无化金之术，何暇再行上告"，[79] 这里也没有提到叶有芳已经病故。2 月 26 日，法警王炼鑫提交传讯叶有芳的报告，称叶有芳于"前月去世"，叶正树无力措办票费。在 1918 年"二审判决后""病故"之后，又出现了叶有芳的第二个死亡时间 1920 年 1 月。

法警宣告叶有芳死亡之后，罗建功仍要求强制执行，法警两次强制执行均因叶正树不在家而不了了之。可以想象，龙泉县对罗建功及二审判决相当不满，对叶有芳充满同情之心。无论死于何时或是否死亡，叶有芳死亡叙述反映的核心问题是叶家难以承受"巨额"票费。问题是，叶正树称二审时"无已典出无数对象，票费始付清楚"，说明叶家即使倾家荡产也要坚持应诉，而叶有芳如果参加庭审，似乎没有败诉的可能。在这种情况下，叶有芳怎么可能没有参加二审庭审呢？

第一种可能，叶有芳缴清票费后，出于贫病等原因无力到庭。该案始终由其子叶正树代理，这种可能性似乎较小。但温州（永嘉）距龙泉 220 公里，全程山路或水路，对终生难得进城、交通主要依靠步行的山民而言，或许是重山叠水、遥不可及的地方。何况来回及应对诉讼耗时多日，食宿开销不菲，对于已经典卖家产、家中有病父需要照顾的叶正树而言，赴瓯或许就是不可能完成的任务，他反复申诉罗建功"明欺贫佃无钱容易压倒"的真实含义或在于此。

第二种可能，叶氏父子或许以为应付诉讼的重点是缴清票费而非参加庭审。考虑到传统中国并不存在缺席审判程序，不应诉本来可以中断诉讼进程，不排除叶氏父子不了解新诉讼规则而放弃应诉的可能。当时施行的《各级审判厅试办章程》只有一审当事人"无故不到案"情形下缺席审判（第39条）以及"上诉人经两次传案不到者，其上诉状即行撤销"（第67条）的条款，未对被上诉人缺席庭审的情形进行规定。作为"条理"参考的《大清民事诉讼律草案》第553条则规定"被控告人不于辩论期日到场，控告审判衙门因到场控告人之声请，以其所陈述之事实与第一审判决所记载之事实不相抵触者，视与被控告人自认同，并于控诉人声明合法之证据调查视作能得预期之结果，而认该控告为有理由者，应为缺席判决"。[80] 据此，由于一审裁断将叶有芳所砍树木判归罗建功，如果罗建功在二审中坚持"抛荒""盗砍"等陈述，二审机构可以视为"不相抵触"而被认定，进而认为罗建功的请求"有理由"而缺席判决。

问题是这种当事人主义原则的诉讼程序，对仅有传统诉讼经验的叶氏父子而言，可能难以理解、不可接受甚至是无法想象的。因此面对二审，叶氏父子在无力应诉的同时，或许还抱着根本不会败诉的信念，只是结果完全出乎他们的意料。

当时法政界所奉之领袖也

没有参加庭讯，应该是叶有芳二审败诉的主要原因。不论缺席二审的原因是无力支付旅费，还是不理解参加庭讯的重要性，出现这种情况，首先是由于传票费用过于昂贵，导致叶有芳陷于贫病之中。

现代民事诉讼中，让当事人为传票付费是完全无法想象的情形。即便传统社会，当事人一般都会向执行传讯的差役提供一定的财物，但这属灰色收入，既无收费规则，更不可能明码标价，贫困之中无力提供规费理论上不会妨碍诉讼的推进。但叶正树说"无已典出无数对象，票费始付清楚"，可见当时传票收费无可避免，而且价格高昂。

这种奇怪的收费制度的来历说来话长。传统的诉讼程序，由差役负责将被传人带到县衙，理讼需要双方当事人的招供以及对县衙裁断的确认，因此当事人如有缺席，诉讼就无法推进。民国初年，传统理讼模式被抛弃，吏警不再负责将被传人带到，但传讯时不确定庭审日期，送达传票无须当事人签押，并仍由吏警负责报告传讯情形。在未建立传票签押制度的情况下，吏警收受一方当事人的贿赂而故意漏传另一方面当事人，就完全无从查证，如此严重的制度漏洞，无疑为传讯舞弊大开方便之门。罗建功可能一直在利用不合理的传讯制度，与季忠寅诉讼时，季忠寅莫名其妙地缺席审讯，甚至出现虚假的庭审，明显是罗建功勾结吏警在传讯中舞弊的结果。

各级审判官与司法部门主管对此不可能一无所知，变革传讯制度的需求极为迫切。1916 年，在短暂的浙江独立运动中，浙江省的司法系统一度重建审检所制度，传讯、传票制度也随之发生重大变革。这次浙江省司法变革的主要推手，是辛亥革命中光复宁波的领导之一、时任浙江省高等审判厅厅长的范贤方，他的弟弟范贤礽也在此时出任龙泉县知事。

范贤方领导光复宁波时，在上海《天铎报》任主笔的慈溪人陈布雷曾短暂回乡，待他返沪，又遭排挤。这时宁波士绅创办效实中学，家乡长辈认为十里洋场不宜青年独居，劝陈布雷勿再留沪当作者。陈布雷遂返乡任教于效实中学。1913 年 3 月，同盟会甬支部成立，陈布雷加入同盟会，每逢会集，好登坛演说。《陈布雷回忆录》述及这段往事，称当时曾被师友教训："尔自视身体精神视范壶公何如？彼一食能尽一豚肩斗酒，尔能之乎？尔岂亦将步彼等后尘，为政治活动乎？以尔之身体，如奔走政治，不数载必劳瘵以夭其年。"

范壶公就是范贤方，陈布雷自注"当时法政界所奉之领袖也"。[81] 范贤方自日本法政速成班学成归国，浙江光复后出任司法筹备处处长，以司法独立为志业，对袁世凯裁撤审判厅、审检所耿耿于怀。1913年宋教仁遇刺，国民党人发动"二次革命"，浙江都督朱瑞观望。范贤方回到宁波，联系驻军旅长顾乃斌、县知事沈祖绵等通电讨袁，旋即失败，顾、沈二人被撤职查办。范贤方遭通缉，改名慕莲逃亡日本。1916年袁世凯称帝，浙江都督朱瑞附袁，南方发起"护国运动"。范贤方见时机成熟，回国在上海联合浙籍国民党人，运动嘉湖镇守使吕公望、省警察厅长夏超、第三旅旅长周凤岐等反袁，逼迫朱瑞出逃。4月12日，浙江宣布独立。5月5日，暂代都督的屈映光因态度暧昧被迫辞职，吕公望出任都督兼省长，[82] 参加护国运动并成立护国军政府，并由范贤方接任浙江省高等审判厅厅长。[83] 5月接任厅长之职，6月范贤方即请设立代行大理院上告法庭，恢复金华、瓯海两地检察厅及各县审检所。

在范贤方的主导下，浙江省以财政较为充裕为由，为司法独立计，全省恢复审检所制度，并于1916年8月公布《各县审检所办事暂行章程》十三条。龙泉司法档案显示，当年9月主审官已由县知事改为审检所的专审员。但到10月8日，或许受孙中山邀请，北京政府已命范贤方改署广东审判厅厅长。1917年7月护法运动起，孙中山在广州建立军政府，范贤方出任国法院院长，不幸次月病逝于任所，年仅40。

送达川资、宿膳共洋拾元二角

范贤方在浙江省高等审判厅厅长任上短短四月，对浙省司法变革产生深远影响。表面上看，进士出身的旧官僚齐耀珊出任浙江省省长后，审检所旋遭裁撤，浙江各县恢复县知事兼理司法制度，浙省重建审检所时间不足八个月。但在司法实务层面，重建审检所时期形成的一系列新的诉讼程序却保留下来。同样是县知事兼理司法，在传统细故审理与现代当事人主义民事诉讼之间，1916年之前主要沿袭传统审理方式，1916年重建审检所之后却最大限度采用现代诉讼规则，传统诉讼的标志性文书"遵结状"在龙泉司法档案中几乎消失。具体而言，重建审检所之后，传票、讯问笔录（供词）、判词等诉讼文书都发生明显变化。针对漏洞百出的传讯制度，就有重新设计传票样式，制定收票人签押制度等措施，以杜绝漏传现象。

"法政界所奉之领袖"范贤方对县知事兼理司法制度的种种弊端应该了如指掌，也充分掌握现代传讯制度的相关知识，在他主持下的传讯制度变革可谓成效显著。当时施行的《各级审判厅试办章程》对传讯的规定非常模糊，但1910年仿模日本修订的《大清民事诉讼律草案》第214条规定传讯应先定庭审日期，"审判长定日期后，应由书记送达传票于诉讼关系人令其到场"，第196、197条规定送达应制作"送达证书"，记明"应受送达人"并"由送达吏签名"。

范贤方出任浙江省高等审判厅厅长并恢复各县审检所时，应该就是依据《大清民事诉讼律草案》重新设计浙江省的诉讼传票之时。据龙泉司法档案所见，新传票格式如下：

浙江龙泉县审检所传票
起诉事实摘要：（ ）
浙江龙泉县审检所为传唤事。因（   ）案件定于（ ）月（ ）日（ ）午（ ）时开庭讯审，该被传人应谨守日时到本所候审。切切。

被传人：（　　　　　　　）

中华民国（　）年（　）月（　）日

发票官：（　　　）持票人：（　　　）

注意：此票由被传人到庭时缴销。[84]

新式传票中，被传人正式成为传票的受文者，传票写明预定的庭审时间，持票人的职责只是送达，传票其实是庭审通知书。

与新传票配套的，还有一种新的文书"送达证书"（参见图23）：

送达证书

今因（　　）一案奉

饬递送诉讼书类于（　　　　　）现已递送完结，理合将送害情形作成证书呈请鉴核。

计开：

一、送达证书及其件数（　　　　　　　）

一、送达之场所（　　　　　　　）

一、送达之年月日（　）年（　）月（　）日

一、管取人之姓名（　　　　　　　）

一、征收费用（　　　　　　　）

附记

中华民国（　）年（　）月（　）日谨具

右格送人盖章[85]

1916年8月，即浙江省恢复审检所制度的次月，范贤方的三弟

范贤礽出任龙泉县知事。龙泉县审检所同时恢复，不知龙泉是否因此成为恢复审检所的模范县。但1917年1月范贤方抵粤就职，浙江都督杨善德、省长齐耀珊同时赴任。齐耀珊强令3月12日撤销审检所，龙泉县知事范贤礽也被解职，由王施海继任。此举在浙江省议会引起轩然大波，4月中旬以沈定一为议长的省议会通过弹劾齐耀珊案，但因为北京政府府院之争、国会被解散，弹劾案不了了之。

　　从龙泉司法档案的情况看，龙泉县的新式传票、送达证书正是范贤礽任县知事时创制的。不知是何原因，开始送达证书"受取人之姓名"一栏未规定由被传人签押，传讯多人仍只用一票一证书，送达证书由送达吏签押，并不能发挥传票送达证明的作用。直到王施海继任，最晚至1917年9月，传讯开始实行一人一票一证书制度，"受取人之姓名"一栏由被传人签押，从而排除了漏传的可能，确立了当事人对参加庭审的责任，为缺席审判提供了传讯制度的前提。查阅龙泉司法档案，稍不留意，会误认为1922年《民事诉讼条例》颁行之时，审检所时期的传票形式得以沿用，新出现的传票"存根""回证"取代原来的"送达证书"只是形式上的变化，并没有实质的意义。1922年上半年短暂出现的传票存根可能因为没有设计被传人的签押栏目而被淘汰，下半年出现的传票回证不但设计了"被传人印或押"的栏目，而且在上方空白处印有"注意"事项专门指导被传人如何签押回证。但之前的送达证书已经相当普遍出现被传人签押的情况，回证上的被传人签押并不具备突破性意义。

　　送达证书与回证的真正区别，在于"征收费用"栏目的消失。清代差役执差均按惯例收受"规费"，但并无明文规定合法收取的费用。核算并合法收取诉讼费用是晚清司法变革的内容之一，《各级审判厅试办章程》第91条规定"承发吏递送文书及传票，每件征收银一钱，作为承发吏办公费"，第 92 条又规定"承发吏递送文书及传票，于十里以外者，每五里加征银五分。路远不能一日往返者，每日加征食宿费银三钱。火车轮船已通或未通之处，其川资由审判厅酌核实数，标明该文书之表面，向收受文书及奉传票者征收之。如有多索，准人告发"。[86]

龙泉县的 1913 年审检所传票上就出现用朱笔写明的传讯费用，这种情况一直延续到 1915 年。1915 年传讯罗建功、季忠寅的传票就收费"膳宿每名征洋四角五分，旅费每名征银盖竹□钱、埠头陆钱"（参见图 22）。[87]1916 年重建审检所时期虽然形成了新的传票格式并出现了送达证书，传票收费制度并未废除，送达证书尚有"征收费用"一项。1916 年一件传达多人的传票，送达证书所填"征收费用"竟是"送达川资、宿膳共洋拾元二角"（参见图 23），[88]大约相当于当时上海普通工人的月工资，费额之高实属惊人。正是在这骇人的传讯收费制度下，出现了叶有芳两次死亡事件。

罗建功与叶有芳的佃权诉讼发生在王施海任上。在新的传讯制度下，罗建功没有机会通过送达使的舞弊漏传叶有芳。可笑的是，经过范贤方变革，传讯仍然保留着高额的收费制度，这是现代民事诉讼无法想象的事情。诉讼本来就是昂贵的游戏，罗建功可能早就料定，山佃叶有芳在贫病之中根本无力承受一场远在温州的上诉审判。

一〇、王施海

（龙泉县知事，1919年盖竹王氏谱序作者）

伤溷浊不清之世风

审理罗建功与叶有芳佃权案的王施海，是1902年（光绪二十八年）的湖南举人，清末曾以"旅浙湘绅"身份参与湖南的保路运动。辛亥革命以后，王施海重新通过考试取得任官资格，长期在浙江各地任县知事。王施海属于开明绅士之流，1918年龙泉县知事任上曾倡议筹建占地五千余平方米的公众运动场，这是龙泉县公众体育的肇端。佃权案发生时，十月革命刚刚发生，新文化运动进入新的阶段，不久之后五四运动也将发生。作为前清举人，王施海反对新文化运动。

新文化运动一般以1915年9月陈独秀在上海创办《青年杂志》（《新青年》）为标志。当时袁世凯尚未称帝，基于对辛亥革命以来政局与社会情势的极度失望，陈独秀、鲁迅、胡适等人号召彻底抛弃旧文化与旧道德。1916年2月《新青年》发表易白沙《孔子平议》，首开批孔先河。受新文化运动的刺激，文化保守主义兴盛一时，主张政治变革的杜亚泉、章士钊、梁启超、梁漱溟、张君劢、吴宓等，反对新文化运动抛弃传统文化的立场。以孙中山为代表的南方革命势力对新文化也态度消极，甚至主张维护旧道德，旧官僚、旧学者、旧乡绅更视新文化为洪水猛兽。

辛亥革命以来，浙江基本维持浙人治浙、保境安民的局面。掌控浙江政局的辛亥光复功臣群体，多是因时局刺激参加革命党并且从军的前清秀才，一般都加入过光复会，与南方孙中山势力若即若离。这个群体政治上倾向宪政，文化上相对保守，多服膺旧道德。朱瑞、屈映光对袁世凯的依附以浙人治浙为前提。吕公望督军时亲近孙中山，结果1916年12月旋遭解职，浙江治权由此落入北洋军阀杨善德、卢永祥手中。

与督军杨善德搭档的浙江省省长吉林人齐耀珊是光绪二十年进士出身的旧官僚。齐耀珊在浙始终遭到以省议会议长沈定一为代表的浙江地方势力的激烈抵制。五四运动作为一场政治危机登上历史舞台，各地各界掀起政治运动，激进青年开始挑战政府权威，引发各种冲突，各级官僚不得不有所因应。随着浙江各地各界积极响应五四运动，即使是军阀杨善德与旧官僚齐耀珊，也急电北京要求解除曹汝霖、章宗祥、陆宗舆的职务，以免激起民变。

五四运动更促进新文化的传播，受此影响，浙江第一师范校长经亨颐实施教育改革。1919年11月，学生施存统发表《非孝》一文。当局无法容忍，《非孝》遭齐耀珊查禁，校长经亨颐也被调查，酿成一师风潮。1919年12月，齐耀珊电请北京政府教育部禁止白话文，坚决抵制新文化运动。1920年，浙江学生等各界掀起"驱齐"运动，齐耀珊又遭浙江省议会弹劾。

与齐耀珊一样，审理叶有芳佃权案的龙泉县知事王施海，是典型的旧官僚、旧学者、旧乡绅。在按传统习惯维护叶有芳佃权的同时，王施海对批孔、非孝的新文化运动极度恐慌，哀叹人伦泯灭、斯文断绝，试图通过表彰旧乡绅挽救世道人心。1918 年 8 月，浙江一师美术及音乐教师李叔同（弘一）落发出家，浙省前都督吕公望参加西南护法运动，王施海则为龙泉县的前清举人连正钏撰写墓碣铭。连正钏出身书香门第，1894 年（光绪二十年）中举，课徒为生，清末当选浙江省谘议局议员，出任龙泉县自治事务所坐办。借着连正钏的墓碣铭，王施海感叹世风日下："抚不绝如缕之斯文，谁其振之？伤溷浊不清之世风，孰与浚之？惟先生文范群经，故能师表后进；惟先生品立圭璋，奈何天不稍憖？"[89]

这年年底，王施海开始处理罗建功与叶有芳的佃权案。在王施海眼中，罗建功就是道德败坏的贪利健讼之徒。

理学家王毅

就在审理该案时，罗建功同村的盖竹王氏重修族谱，族人请县知事王施海撰序。盖竹王氏将先祖溯至太原王氏，说起来与王施海同族。更重要的是盖竹王氏的元代始祖王毅（参见图 12）乃程朱理学的重要传人，正符合王施海树立旧道德典范的需求。

王毅是元代理学史及明代开国史的重要人物。据宋濂《王先生小传》，王毅字刚叔，号木讷斋，受业于金华许谦（1269—1337）。曾游京师，得大臣黄溍、揭傒斯、欧阳玄、危素等人举荐，不就，固辞还乡。此后王毅教授乡里，其发明本心之学往往直击人心利欲沉冥处，多有感泣者。又以躬行实践为教，多次赈灾及组织乡兵捍卫里党。1355 年（至正十五年），王毅命弟子章溢等率乡兵抵抗青田民军的进攻，并斥责县达鲁花赤台宝忽丁畏战潜逃。台宝忽丁挟恨，集恶少年将王毅谋害于家中。王毅遇害，举县哀痛，他的弟子胡深为师报仇，组织武装攻击台宝忽丁。两年后师仇得报，胡深等葬王毅于盖竹乡之西山，并建祠祭祀。盖竹乡即今天龙泉市竹垟畲族乡盖竹村，在龙泉市区西南约30公里，王毅墓遗迹至今尚存。

现存旧方志中，乾隆与光绪年间编纂的《龙泉县志》，人物志均以"理学"为首篇，其中收录叶适与真德秀两位宋代人物，叶、真以下便是王毅。其实叶、真两人均因祖籍龙泉而添入，叶适出生在温州永嘉，他是浙江事功学派的集大成者，反对程朱理学，真德秀则是福建浦城人。顺治《龙泉县志》，"理学"之前又有"元勋"篇，专述明朝开国功臣胡深与章溢两位王毅弟子，胡深以龙泉、庆元、松阳、遂昌四县投降朱元璋，封爵缙云郡伯，章溢受朱元璋礼聘，官拜御史中丞，与刘基、宋濂、叶琛并称"浙东四先生"。无论如何，王毅成了龙泉地方史叙述中首屈一指的人物。即使在整部宋明理学史上，王毅也被当代学者考订为"元末金华之学被遗忘的重要一支"，学术上甚至比宋濂更为纯正。[90]

然而王毅对后世影响甚微，龙泉地方也无人传承王毅的理学。王毅牧童出身，家境贫寒，宋濂《王先生小传》记载王毅因读书而耽误放牛、春米的故事："父机命牧牛，挂书牛角而读之，随牛而东西行，日入忘归。复使之视春溪滨，挟册坐辐车侧，则米成粉不悟，父怒，逐之出。世父与明怜之，为代偿其米。"[91]王毅被害时52岁，曾娶叶、娄二氏，皆无子，以兄之子彦珣为嗣。王毅以不慕仕宦闻名于世。明初，继子王彦珣因宋濂等举荐而获朱元璋征召。王彦珣拒绝征召。他的辞表保留在宗谱中。王彦珣说，嗣父去世时他才三岁，虽稍有知识，寡母因为嗣父遇难，以读书为祸根，因此不能传承家学。更兼老病之母需要奉养，忠孝不能兼顾，故而力辞招聘。[92]

王毅之后，盖竹王氏既未传承儒学，更无子弟出仕。宗谱所记列祖列宗事迹，除王毅修学、王彦珣辞官以外，仅有明正统年间（1436—1449）的一篇朝廷敕文，记载当时发生饥荒，族中王文蕭出粟数千石以助赈邑之贫者，有司上闻，诏赐羊酒，旌为义民，免其徭役，以励乡俗。[93]

王氏于剑川为望族

王文蕭应该只是一介富民，王氏在明代早已断绝儒学传统。甚至整个龙泉县，元代以后文脉趋于衰微。龙泉县在宋代涌现过众多进士，光绪《龙泉县志》，北宋进士榜上有 97 人，南宋多达 148 人，而明代仅 5 人，清代直接归零。即使计入举人数量，也仅有明代 23 人、清代 2 人，丝毫不会改变明、清两代龙泉县科举人才急剧衰落乃至枯竭的事实。当然，县志中保留着明清时期生员的冗长名单，意味着明清科举制度在龙泉县仅具备培育地方士绅的功能，而丧失了为帝国选拔官僚的意义。

在宋代众多的进士中，龙泉县还曾涌现出何执中、管师仁、何澹、汤思退、叶绍翁等朝廷重臣或著名文人。这些人没有明显的理学色彩，甚至是攻击理学的代表人物。换言之，龙泉县的科举或文化高峰并不由程朱理学培育，元代龙泉出现理学家王毅并培养了两位明朝的开国元勋胡深与章溢，然而随着理学成为明清两朝的统治工具，龙泉县的文运却由盛转衰。方志编纂者们早已意识到这个问题，顺治《龙泉县志》就指："当日之衣冠文物甲于诸邑，而今儒术稍衰，或亦盛极则敝，剥而未复欤？"[94]不但儒学衰微，而且龙泉地介万山，民气刚劲，尚武而健讼，常令地方官侧目与厌倦。

结果元代理学家王毅就成了当地难得的儒学典范，盖竹王氏也有意利用祖先提升家族的地位。康熙（1662—1722）晚期，盖竹王氏重修宗谱。为撰谱序者有礼部尚书许汝霖，处州知府刘起龙，前遂昌知县、中书舍人缪之弼，以及龙泉县教谕汪守湜。为表彰儒学，海宁人许汝霖说"王氏于剑川为望族"，又说求序的王氏族裔六人"彬彬皆庠士也"。不过处州知府刘起龙是一介武夫，对王氏子弟颇有几分傲慢甚至不屑，说他们的主要优点是"本分外不滋一事"，"王生试事到郡，必曲尽弟子礼不惮烦，寒温外无他语，亦并不以他事干"。[95] 王氏宗谱也胡乱收入苏轼《王氏三槐堂序》、《王仲仪真赞》（《宋学士苏题懿敏公真并赞》）等无关文献，还有一篇来路不明的"大宋景祐二年"的"谱叙"，将王羲之六世孙"王肃"、五代的王朴、北宋的王沔构建成一个世系，称作者大中祥符七年（1014）举进士不第后，"奉使辽北二十五年"。

盖竹王氏无心学问，由来已久。但对于王施海而言，为盖竹王氏族谱撰序，是宣泄对新文化不满的一次机会。谱序追述盖竹王氏渊源，借王毅旧序强调旧伦理的终极价值："刚叔所序……所言不过百十字，而人之大伦，如宗族、父子、昆弟、夫妇皆赅括，若日月经天，江河行地，甚矣。"然后表达对时局绝望，将恢复旧道德的希望寄托于盖竹王氏这样的旧乡绅："时至今日，国基初造，礼教未遑，人伦至性，几于澌灭。所赖在野贤哲，有以维持于不坠耳。"[96] 事实上，盖竹王氏各方面的实力，已比不上康熙年间才迁入龙泉县、太平天国运动之后暴发的同村罗氏。

所请应无容议

1919年末，赖丰煦继王施海出任龙泉县知事。按说应该接手处理罗建功与叶有芳佃权案上诉事宜，但他似乎把司法事务交给谢伯熔、刘则汤两位承审员。次年9月，赖丰煕接待南京高等师范学校农林专修科植物学教授、中国植物分类学奠基人胡先骕。1919年3月，胡先骕在《东方杂志》发表《中国文学改良论》，批评陈独秀、胡适、鲁迅等倡导的白话文和文学革命。1920年胡先骕在浙江考察植物，又发表《浙江采集植物游记》，结果遭到新文化运动主将鲁迅的嘲笑："还有《浙江采集植物游记》，连题目都不通了……例如这记中也说起吃饭睡觉的事，而题目不可作《浙江采集植物游食眠记》。"[97]

胡先骕对龙泉的第一印象，"县亦无城，惟颇殷富"。中秋节那天（9月26日），他记录龙泉市场上所见土名"京梨"的猕猴桃类植物。[98]第二天参观瓷业传习所之后，便与县知事赖丰煕会晤。当天晚上"赖君招饮"，"席次谈及县中状况"，胡先骕了解到龙泉粮食生产不足，农业主要依赖山林竹木以及香菇种植等情况。赖丰煕还告诉胡先骕一个特殊现象，即明初以来处州（今浙江丽水地区）全境蠲免山税，官厅无山田档案，因而相关诉讼极多。这个解释并没有确切的史实依据，不知赖丰煕这么说是否受到罗建功与叶有芳案的刺激。

赖丰煕没有亲自处理罗建功的案件。因长期未获执行，1920年12月，罗建功要求领回与叶有芳佃权案的书证，除了他提交的卖契，还有叶有芳提交证明佃权的仰字、退字。承审员刘则汤批准罗建功领回卖契，驳回了其他请求，"至仰字、退字，查照判决，并无涂销或准该民领云之字样，所请应无容议"。[99]至此，获得二审胜诉的罗建功并未获得任何利益。

罗建功下一次提起诉讼即与季马养的欠租诉讼已是1925年9月间。在此期间，罗建功家中发生了特别重大的事件。罗建功的胞弟、出继给伯父罗献琛做嗣子的罗勋，于 1922 年病逝。可能与罗勋逝世密切相关，1923 年，应该是在罗建功的倡议下，盖竹罗氏第一次编修族谱（参见图 7）。

一一、罗勋

（罗建功胞弟，罗献琛的继子）

武术家罗绍弼

清末民初，因受列强欺侮，中华武术借助强国强种、弘扬国术等名义大行其道，武侠小说也应运大盛。1923年1月，平江不肖生（向恺然，1889—1957）的第一部武侠小说《江湖奇侠传》在上海《红杂志》周刊连载。同年6月，另一部《近代侠义英雄传》也在上海《侦探世界》半月刊陆续发表，故事以霍元甲三打外国大力士为主轴，一时洛阳纸贵，平江不肖生声名大噪。

不知是否受此影响，当年8月，由罗建功倡议，浙江省龙泉县盖竹村罗氏家族第一次编修宗谱时，竟把始迁祖罗绍弼塑造成"精技击、广交游"的武术家。罗绍弼原籍福建省连城县亨子堡（今文亨镇），罗氏是连城大姓，多有武力而擅经营，连城罗氏历史上最有名的人物当数同出亨子堡的元末农民军首领罗天麟。罗天麟佃农出身，与陈积万为姑表亲，元至正六年（1346）六月起兵反元，陷长汀等数县。元廷调集多支军队镇压。闰十月，罗天麟、陈积万为部下罗德所杀。连城县原名"莲城"，镇压罗天麟后，元廷为去"草"头而改称"连城"。盖竹罗氏宗谱没有提到罗天麟，谱序会偶尔提及宋代理学家、闽学奠基人之一罗从彦，但族谱并不追溯远祖，甚至无意接续连城旧谱，径以罗绍弼为始祖（参见图8）。

族谱描述，家境富裕的罗绍弼做着游侠梦，慕朱家、郭解之为人，一心要薄游海内以访豪侠士。又说罗绍弼为康熙后期的武魁（武状元），素性高介，不图仕进。某日，罗绍弼毅然决然，抛妻弃子，闯荡江湖，一日来到浙江省龙泉县盖竹村，受到村民热情接待，"村中父老闻其名，若王、若梅、若刘诸大族，争迎作东道，使弟子执贽焉"。于是罗绍弼留了下来，成为当地的一名拳师。

福建连城文亨镇与浙江龙泉盖竹村相距476公里，步行约需130小时。罗绍弼在盖竹村过得似乎愉快，爱此山水清高，地主隆重，遂不复他适，侨寓数年，颇似《水浒传》王进逗留史家庄的情形。罗绍弼离开家乡时，其子罗旻艺尚未成年。据称罗旻艺天性至孝，父亲离乡令其深感不安，"人其谓我何"。等到弱冠之年，罗旻艺哀求母亲童氏、江氏，希望四处寻访父亲。母亲们恋恋不舍，以道途修阻劝止。经不起再三请求，母亲勉强允许罗旻艺离乡寻父。罗旻艺（参见图9）星夜奔驰，数十天后便在龙泉县与父亲相遇。

宗谱描写，罗绍弼见到儿子，勃然大怒，责其不侍奉母亲而浪游天下。盛怒之下，罗绍弼大展拳脚，"翘一足摽之"。罗旻艺倾退者数武，从地上爬起，长跪父亲，悲伤哭泣，劝说父亲回乡，"儿所以不远千里而来者，实为老亲故。儿死不足惜，其如老亲何"？心情平复后，罗绍弼留下儿子用餐，但拒绝回家。僵持之下，擅长堪舆（青囊术）的罗旻艺发现盖竹村下游月儿边之阳山明水秀，可以结庐。罗旻艺与父亲商量，用家中带来的盘缠数百金购得月儿边数亩田产，开辟一片宅园。初具规模之后，罗旻艺返回连城，打算将母亲童氏、江氏等迎至龙泉。

关于童氏、江氏的去世，宗谱的记载似有出入。据六世孙罗献环讲述，罗旻艺返回连城时，几位母亲已经抱病，数月后过世。但李镜蓉谱序中称罗旻艺回乡以前，童氏、江氏已物故矣。料理完母亲们的丧葬，罗旻艺将连城的部分田产捐给宗祠，其余作为母亲坟田留给邻居名"法旺"者。此后罗旻艺迁居龙泉盖竹村，奉养父亲以享余年，并娶妻季氏，生子祖纹、祖绂。罗旻艺在月儿边购置的宅园，早已成了罗氏的香火堂（祠堂），也就是族谱中描述的"山之麓有古屋数椽"。[100]

以上诸多记载究竟几分真实，大可不必刨根问底。

门第焕然一光

迁居龙泉后，经三世祖祖纹、祖绂，四世祖炳字辈有 8 人，五世祖积字辈有 19 人。按中国传统诸子平分财产的习惯，五世延祚，每家仅获祖产数十分之一，这时的盖竹罗氏只能过上食贫居贱、以力田谋温饱的生活。所幸五世祖中，炳富的儿子积财与积宝，炳光的儿子积善与积明，都奋起治生而大获成功。

虽然都有两个儿子经商致富，罗炳富（1795 — 1848）与罗炳光（1803 — 1866）对商业的态度迥然有别。炳富为五个儿子取名"财、源、广、进、宝"，几乎强迫他们弃农经商，族谱称"命行商，令坐贾，各成门业，为子孙者其贻谋可谓远矣"。五子中经商最成功、最有远见是季子罗积宝（1837 — 1906）。积宝出生不久，父母相继去世，生计日艰。积宝不愿依赖兄长，以农耕积累资本而后经商，[101]数年之间生意遍及温州、杭州等地，鼎盛为一村冠，财货生殖类素封家。对于起屋构堂、子女婚嫁、周恤亲邻，罗积宝都出手阔绰，"扩旧居三所，建华屋一堂，婚男嫁女，不下数万金，而翁裕如也"。他要求家中子弟勤俭生活，以忠信对待佣工，也非常重视子女教育，季子罗德裕从学于林鹗鸣，总算培养成生员，一位孙女则嫁给塾师林鹗鸣之子。

长兄罗积财（1823－1871）比积宝更早走上经商致富、子弟业儒的道路，可惜英年早逝，仲子德星（1850－1918）也因此辍学。罗德星童年时就外出求学，传记中称他颖悟过人，深得塾师器重。弱冠时遭遇丧父、兄弟分家等变故，罗德星顿时家计困难，不得不舍诗书而治生。自幼读书的罗德星无缚鸡之力，愧于耕耘，因四壁萧条，不得不往城中某南货店以账房谋生。店主张某因其诚实可靠，递岁增薪，罗德星以积攒近二十年薪水为经商本金，辞职后自行经纪小生理，终于创置了郭田数十亩以及山场、神会等产业。

与罗炳富不同，堂弟罗炳光反对经商。罗炳光一生忠厚，不务富贵尊荣，愿以耕农世其家，并坚持读书无用论者。罗炳光认为以读书谋生风险极大，"多少斯文公子变为无业游民"。他以不读书为家训，以致四个儿子大字不识。但罗炳光的长子罗积善（1826－1872）无法忍受耕农终其身的命运，公然藐视父亲的权威。罗炳光担忧长子败家，给幼子们造成恶劣影响，提前令其自立门户，任其自生自灭。罗积善求之不得，携带妻儿，独居于闹市经营商店，"所陈陆离光怪，灿如五都之市"。

罗积善的长子罗献琛更是商业奇才，迅速跻身地方豪门，"城乡绅宿争联姻好，门第焕然一光"。擅长经商的罗献琛，早年对读书、科举相当厌恶，热衷宣扬祖父罗炳光的读书风险论："以有用之心力日与蠹鱼为伍，幸则荣及一身，不幸则旷时废日，终老鸡林。"[102] 他认为光宗耀祖、发展家族，首先是要致富，"究心实业，讲求治生，裕后光前，更利及后昆"。不过成为富豪之后，罗献琛毫不含糊捐了一个例贡生。

罗积善经商成功，让父亲罗炳光显得尤为失败。跟随父亲保守农耕的次子积铨（1831 — 1901）、三子积全（1836 — 1858）不但默默无闻，而且兄弟不睦。罗积全去世时年仅 23 岁，留下寡妻汤氏及孤女，结果家产被罗积铨卖罄，汤氏改嫁。罗炳光去世之后，罗积铨又把寡母推给四弟罗积明奉养。可能是受积铨、积全兄弟的刺激，罗炳光后来改变了读书无用的观点，认为教育可以培养道德。罗炳光让幼子罗积明（1847—？）入塾读书，不料遭到强烈抵触。罗积明比长兄年幼 20 多岁，虽然不愿读书，却聪明伶俐，能言善辩，"与村中士绅论古今、谈因果，有儒者气象"。罗积明还发明了一套理论支持读书无用论，说圣王大禹、后稷也是躬耕出身，人之立品与读书并无关系。开始时罗积明志愿躬耕陇亩，中年后却弃农从商，十年之内获利巨万，"名门望族竞联姻好，轶然而称巨室"。经商成功的罗积明认识到功名的重要性，不再坚持读书无用论。晚年纳粟换得"贡生"功名，还取学名"凤章"以为"官篆"。

在构建地方士绅关系网方面，罗积明比罗积宝更为成功。族谱中以罗积明的传记最多，四位谱序作者是林鹗鸣、李镜蓉、王得人、王叙彝。四人都有前清生员功名，林鹗鸣是罗氏西宾，李镜蓉是养正学校校长，当选过省参议员，王得人与王叙彝出自盖竹王氏，王叙彝还是县立第八学校校长。罗积明也积极扮演地方长者的角色，调解乡里纠纷，"虽古之鲁仲连篾以过之"；参与慈善事业，"如水而金堤，庙而玉宇，以有桥梁道路，罔不倾橐输将，以助美举"；创建宗祠、修撰族谱更不遗余力。如此种种，罗积明在族谱传记中被吹捧为"曰未学，迹其生平，行谊贤于士大夫远矣"。

盖竹罗氏在第五代能够突然成功，可能是与特殊的时代际遇有关。积财、积宝、积善、积明四人出生于1823至1847年之间，都曾经历太平天国运动。1858年（咸丰八年），太平军进入龙泉县。旧历三月攻陷处州郡城，至六月十七日凡深林峻岭无不搜掠殆尽。1862年（同治元年）旧历七月，清廷克复郡城。当时罗氏经商的财、宝、善、明四人，年龄分别为40、26、37、16岁。而且除了这四人，盖竹罗氏的其他支派都未能延续。所以他们经商成功的主要奥秘，可能是抓住了一次战后恢复的机遇。

1923年立嗣合同

23岁的罗勋去世，造成了极其复杂的问题。

罗献琛去世时，留下两位遗孀蒋氏（1852 — 1926）、黄氏（1872 — 1934），就是谱中记载的"本村蒋树楹公女汝珍""贵溪源高山村黄天养公女张凤"。蒋氏出生于1852年（咸丰二年），与罗献琛年龄相仿。出生于1872年（同治十一年）的黄氏自称20岁时"配夫罗献琛"，她与罗献琛相差24岁。

罗献琛1913年去世时，蒋氏与黄氏的年龄分别是61岁、41岁。蒋氏与黄氏俱未生育。据族谱《蒋、黄二孺人捐租兴学事略》（简称《事略》）记述，黄氏曾有身孕，不幸"当年一产而未育"。黄氏没有被流产击倒，"坦然任运，失不慓心呕呕焉"，积极为丈夫谋置侧室以延宗祀。只是罗献琛春秋既高，无人应聘，"求者虽多方，而应之者盖绝小也"。罗献琛生前没有立嗣，生前或许有比较含糊的立嗣意愿。《事略》记载："既而夫妇自向劝诫曰：'吾患无财帛，何忧无子息。现诸孙已林立，他日犹子自可比儿也，而无如白首难期、同林折翼矣。'" 罗献琛去世后，蒋氏与黄氏择立罗建功胞弟罗勋为嗣子。罗勋谱名绵昌，乳名南阳，字黻廷，出生于1900年。当时禄房唯一子嗣罗建廷已经去世，寿房长子罗建功不便出继，罗勋便是唯一合适的择嗣对象。蒋、黄二氏也可以在成年的远房侄子中择嗣，据说蒋、黄氏为不负先夫培养读书种子的遗愿，刻意"择诸孙中之年少者"。

表面上看，这次立嗣合情合理、皆大欢喜。罗勋从中学（十一中学校）毕业后，迎娶"名门淑女""娴雅知书"的吴素兰。吴素兰是八都吴嘉言的次女，也就是留学东京弘文学院的吴嘉彦的侄女。《事略》称，这时举族夸奖黄氏"果然不负所择，嗣男更能重光前烈"，"人皆服其赏鉴之明"。不料"气数难凭"，还没等吴素兰生育，1922年8月，罗勋便命归黄泉，《事略》称"嗣男聪明小福，遂赴地下修文言乎"。黄氏"抱童孙享含饴之乐事"的愿望由此落空，罗福房再次陷入绝嗣的境地。

这种情况下，理论上应该由刚刚过门的吴素兰接管巨额遗产并重新择立嗣孙。但罗黄氏不愿意交出财产权，罗建功也希望吴素兰延后立嗣，这就给立嗣问题造成了极大的不确定性。综合龙泉司法档案以及罗氏族谱的大量信息，现在可以基本还原一份相当复杂的立嗣合同，参与方包括罗氏家族及福房蒋、黄二氏，吴素兰，禄房罗烈、罗善根兄弟，以及寿房罗建功。

这份相当复杂的合同，需要通过一系列巧妙的交易才能达成。

家族与福房蒋、黄二氏方面。由罗建功的两位族叔罗德裕、罗德乾（献环）撰写的《蒋、黄二孺人捐租兴学事略》，其实是一篇对罗黄氏的颂辞，蒋氏处于陪衬地位。1922年罗蒋氏已经70岁，罗黄氏50岁，从年龄上讲也不大可能由蒋氏经营大量产业。罗黄氏绝

非柔弱女子，她长期掌控罗献琛的大量遗产，这时不愿意交出财产
处置权。但这有悖礼法，与吴素兰、罗建功乃至整个罗氏家族形成
利益冲突。《事略》总结黄氏为人，"有过人之德、过人之行，而兼
有过人之量"，过人之德指和睦宗族，过人之行指大量施舍广种福
田，过人之量则特指其立嗣前后的种种言行。嗣子罗勋的早逝似乎
让黄氏的道德境界进一步升华，她没有因此陷入颓废，而是"介然
安之"，并将培养读书种子的目标从嗣子推广到宗族、乡里。她说：
"吾正欲择一聪明知书之士以为吾子，而天竟厄之，是亦吾命也。虽
然读书之子已短，而读书之种子不可不再加栽培，以收后来之效。"
黄氏在"族中造谱之际"，慷慨捐出田租五十五石"归入族众中作为
义田"，用以资助族中开设学校、延聘教师，"授族中或外姓凡有志
读书而无力从师之子弟者得所肄业潜修之所"，并组织管理机构、拟
订章程等。[103] 这等于黄氏向族中捐产，以换取家族同意她继续支配
遗产。

　　吴素兰方面。《大清律例》"户律"编"户役"门"立嫡子违法"
条款规定："妇人夫亡无子守志者，合承夫分，须凭族长择昭穆相当
以继嗣。"[104]1922 年罗勋去世时，清廷已经覆亡，但民国北京政府
时期，无论沿用的"现刑律民事有效部分"、未及施行的《大清民律
草案》（1911），还是尚完修订完成的民国《民律草案》（1926），都
不曾废除宗祧继承制度。罗福房由罗勋承嗣，罗勋去世后，应由他
的守志妇吴素兰"合承夫分"，并依据家族昭穆秩序，经族长同意再
次为罗勋立嗣。这也意味着遗产支配权由罗黄氏转移到吴素兰手中。
任凭吴家势力之大，作为罗家新妇，吴素兰应该意识到跟罗黄氏争
夺遗产并无胜算。从立嗣合同的内容来看，吴素兰坚持立嗣的权利
归她所有，为此做出的退让则是同意延迟立嗣。延迟的时间是一直

到罗黄氏去世那一刻，等于说吴素兰同意罗黄氏生前继续支配遗产。

禄房罗烈、罗善根兄弟及寿房罗建功方面。立嗣的对象，以罗勋的亲近关系讲，自然首选胞兄罗建功之子，但年近三十的罗建功只有一子罗长鹏。禄房早世的罗建廷倒有两个儿子，罗烈（罗长明）与罗善根（罗长昇）。如果罗勋去世后即刻立嗣，罗善根其实是唯一合适人选。如果推迟立嗣，罗建功可能再生次子，并成为比罗善根更合适的立嗣人选。当然罗建功生育次子并被择立继嗣具有不确定性，为了确保在遗产中分一杯羹，合同又约定，如果择立罗善根，则补偿罗建功田、山及现金等大量财产，"抽手择田租五十石，又抽土名大夫殿后竹木山场全处、土名木依凸头山场全处，又津贴银洋五百元与季房收管"。[105] 当时禄房罗善根年仅 14 岁，兄长罗烈已 23 岁，他们的父亲早逝，与吴素兰更加疏远，相对立嗣合同其他各方处于弱势地位。

一二、吴嘉彦

（吴素兰的叔父，第二届浙江省议会议员）

侧身议席，忽忽三年

1923 年订立的立嗣合同，获益者是罗黄氏与罗建功，吴素兰与罗善根则有所退让。罗善根年龄尚幼，无力为自己争夺权利。吴素兰出身名门，完全有实力坚持自己的主张。吴素兰可以立即择立罗善根，并以罗善根嗣母的身份支配财产。但与出身寒微的罗黄氏不同，名门闺秀吴素兰对经济可能不太敏感。面对嗣母罗黄氏及大伯子罗建功的阻力，年轻寡妇吴素兰立即择立罗善根恐怕困难重重，何况那样她还需要养育嗣子罗善根并服侍罗蒋氏、罗黄氏两位嗣母，这也可能成为难以承受的重担。

另一方面，罗黄氏与罗建功试图让吴素兰放弃立即择嗣的权利，也需要获得吴氏家族的理解与背书，毕竟吴素兰的叔父吴嘉彦是龙泉县政界首屈一指的人物。不久前卸任第二届浙江省议会议员的吴嘉彦当时正返乡闲居，他也是盖竹罗氏族谱的谱序作者之一。

吴嘉彦字梓培，1875 年（光绪元年）出生，晚清生员。1905 年与李为蛟等东渡日本留学，求学于东京弘文学院，可能于 1906 年与李为蛟一起回乡。1907 年，继父吴建鳌（驾山）倡修八都镇燕诒桥，由吴嘉彦叔伯日、月、星三房共同出资。日房家长是吴素兰的父亲吴嘉言，他是吴嘉彦胞兄，但年长吴嘉彦近 30 岁。月房吴建鳌由吴嘉彦承嗣，星房则是吴建声（鹤皋）及其子吴嘉善、吴嘉猷。吴嘉彦回乡后创办剑西小学堂，吴绍唐从社仓拨款资助，由此引发与李镜蓉的冲突。清末吴嘉彦出任龙泉县自治研究所所长，民国初年吴嘉彦仍在家乡办学。1918 年，吴嘉彦与李镜蓉竞选浙江省第二届省议会议员，结果互诉妨害选举。[106] 据龙泉司法档案 13202 号卷宗 1918 年 7 月 21 日龙泉县公署刑事判决，7 月 1 日，第二届省议会议员初选举在八都义仓投票，李、吴互诉对方派人顶替投票、殴打，涉嫌妨害选举。7 月 11 日，龙泉县公署公开审理，认定并无顶替投票行为，吴、李二人不过"对争两句，未相打过"，判决各涉案人员无罪。选举结果，吴嘉彦当选议员。

1918 年 10 月 20 日至 1921 年 6 月，第二届省议会召开过三次常年会与三次临时会，常年会会期约 2 月，临时会会期约 1 月。[107] 1919 年 11 月，受五四运动的影响，浙江省立第一师范学校出现反孔言论。省议员朱文等人为此联署质疑"《浙江新潮》提倡过激主义，非孝、废孔、公妻、共产种种邪说，冀以破坏数千年来社会之秩序，洪水猛兽，流毒无穷"[108]。并要求撤查一师校长经亨颐，遂酿成"一师风潮"。吴嘉彦参与了这次省议员联署，可见其文化保守主义立场。

1920 年秋，浙江省兴起联省自治及制定省宪运动，省议会常年会（10 月 28 日至 12 月 26 日）通过"恢复地方各级自治议决案"。1921 年 5 月，省议会通过省宪法会议组织法案，规定由省议会选出起草委员 55 人，再与各县议会所选一代表共同组成宪法会议，吴嘉彦被选为委员。6 月 16 日，省宪法起草委员会开始运作。7 月 12 日，省宪法草案形成。8 月 12 日，宪法会议通过浙江省自治宣言，9 月 7 日浙江省宪法获宪法会议通过，并于 9 月 9 日宣布，史称"九九宪法"。"九九宪法"宣布后遭遇反对浪潮，10 月新选举的第三届省议会多数议员皆以九九省宪未经全民投票表决为由，议决仅将其列为省宪法草案之一，以供需求进一步之审查。

这年秋 9 月，吴嘉彦的议员任期已满。离开杭州之际，他作长诗《武林留别》，流连在杭的议员生涯，感慨"九九宪法"的兴废，"侧身议席，忽忽三年，嗣从事于省宪，又两阅月。湖上云山，客中旧雨，均有依依之感。因以长言纪之"。[109] 该诗由松阳叶有麟投稿，1926 年发表于地方刊物《括苍》。叶有麟曾与吴嘉彦共事，应该以县议员代表身份参加过省宪会议，发表时有其"附识"称，"右诗系龙泉八都吴梓培先生于是年在省，与麟共事省宪会议。及九九告成，愿终泡影，有感而作。然近年自三色会议后，复有省自治法会议，则所谓省宪事业，已有骎骎见诸实行之势，是当日九九会议诸公之一腔热血，想不至尽付东流也"。[110] 叶有麟提及"三色会议"及"省自治法会议"，是 1922 年 6 月第三届省议会另设宪草委员会，以"九九宪法"为基础，再起草三个版本的省宪草案，以红、黄、白三色锦缎分别，史称"三色宪法"，但仍无果而终。1924 年 1 月，省议会又议决省自治程序法与省自治法会议组织法，8 月又选举浙江省自治法会议，吴嘉彦再次当选议员。

然而江浙战争旋即爆发，吴嘉彦的立宪梦再次成为泡影。这一年，吴嘉彦在龙泉县城西街兴建钢筋木材混合结构的两层半西式洋楼（即现在龙泉书画院所在），也曾发起修建北京处州会馆募捐活动

（此事或与吴素兰的兄长吴文苑等人在北京求学有关）。[111] 此后吴嘉彦多在家乡活动，1928 年被公推为八都镇长安里里长，1930 年代初曾试图筹建龙泉县中山公园，抗战前曾筹备龙泉中学。[112]

娶吴氏，生女一

从罗勋去世到罗建功创修族谱的 1922 年至 1923 年，恰好是吴嘉彦两次在杭任议员的间隙。1923 年冬，参与省宪运动失败的吴嘉彦，以"清贡生"的身份为罗氏宗谱撰写骈文谱序。文中哀叹"嗟嗟！世风不古，夏渐变夷。国倍日漓，民多忘本。过祖墓不知为谁氏之松楸，遇同族不识为何人之子弟"。[113]1923 年盖竹罗氏第一次修谱，四篇谱序作者是罗氏四位姻亲李镜蓉、林鹗鸣、吴嘉彦、张雨亭，其中林鹗鸣是罗积宝三子罗德俊的亲家，李镜蓉是罗积明长子罗献环（德乾）的亲家，吴嘉彦是吴素兰的叔父，张雨亭祖籍福建，又是罗建功的岳父，因此谱序中说"馆甥建功以由闽迁浙历略见示，并索序于愚"。

修谱时盖竹罗氏已迁居两百余年，积宝、积善、积明三房都因经商成功而成为地方势绅，完全有条件、有理由修撰一部族谱。但修谱之举似乎由罗建功首倡，事在罗勋去世之后、立嗣合同议订之时，且半年之间即已修成，内容略古详今，又反复为在世族人立传。这些现象多不合常理，让盖竹罗氏族谱显得相当怪异。

林鹗鸣是教书先生，为罗氏培养了两位秀才（罗德裕、罗德乾）。1915 年，县知事王宗海创办龙泉县立师范讲习所，林鹗鸣曾充任教员。林鹗鸣应该对社会思潮比较敏感。1919 年 2 月，胡适的《中国哲学史大纲》由上海商务印书馆出版，轰动一时。第二年，胡适的学生顾颉刚从北京大学毕业，留校任助教，此后开始撰写古史

辨伪的论文，并于 1923 年 5 月在《读书杂志》刊发《与钱玄同先生
论古史书》，正式提出"层累地造成的中国古史"学说，成为"轰炸
中国古史的一颗原子弹"。1923 年 11 月 8 日（农历十月初一），林鹗
鸣完成罗氏族谱序，为罗氏修谱提出几点指导性意见，也多少体现
疑古的精神。

罗氏修谱历时仅半年，事出仓促，不得不面对历史短、文献缺、
出身"非主流"等困境。林鹗鸣指出，其实美化祖先是修谱的传统，
他说《诗经》中《生民》《绵》等记述周人先祖并非实录，只是周武
王、周公等"孝思追崇"的追述，虽是溢美之词，却是"后人之成
式"，因此族谱中对祖先事迹有所编造，其实合乎情理，"间有颂先
人之功德，纪先世之行实，或碑铭，或传赞，征诸乡先达手，文虽
不无增美，迹有类夫贡谀，然无伤也"。因此，罗氏族谱把祖先罗绍
弼塑造成非主流的武侠形象，或许只是受了刚刚流行的平江不肖生
的武侠小说的影响。

罗氏修谱时，并未寻访接续迁出地福建连城的旧谱，造成文献
短缺、远祖失载的问题，"竹里罗氏作谱，开始疑先世达录失次，由
闽入浙之先，代远年湮，无由稽考，恐率尔操觚，脱略太多，未可
示诸后裔"。林鹗鸣认为这也不必过虑，反正古代圣王也不能准确追
述家族历史，"余谓稷、契同为虞臣，契十三传至汤而王，越商之
六百年，则由稷至古公当在三十传而外。乃考周之谱牒，稷距祖绀
不过十五传。岁仅千载，位列通侯，而脱略且如此，又何怪数千载
下列性之庶民家乎"。林鹗鸣同样反对"嫌门祚单微，不惜攀援名
宦，强引华胄，为家乘光"的行为，认为"谓他人父，谓他人母，
致为大雅所消，又何若一水之源，一木之本，有条不紊之为得体
乎"。因此盖竹罗氏的世系追述相当简单，径以罗绍弼为始祖，"不

事安攀他族，远引豪宗，为能真知敬其所尊、爱其所亲也"。受这种修谱观念的影响，《盖竹罗氏宗谱》没有提及宋代理学家、南剑（今福建南平）人罗从彦，没有追述罗氏在福建省连城县亨子堡的祖先，只是记录了始迁祖罗绍弼直系三代祖先的名讳，并称罗绍弼是连城罗氏的第二十四世孙。[114]

这么说起来，盖竹罗氏族谱的各种怪象，不过是时代变迁的产物，不足深究。至于由罗建功倡议修谱，倒也不是完全没有资格。盖竹罗氏自三世祖分祖纹、祖绂两派。1923 年修谱时，祖绂派下罗建功的从祖父、76 岁的罗积明尚在，其子罗献环（德乾）等教育程度较高。但罗建功所属的积善一支辈分更高，伯父罗献琛可能积累更多财富，不过除罗建功祖孙三代俱全，另外两房只剩两名侄子。而父亲罗献琳年过花甲，因此罗建功就是积善一支的家族代表。

在修谱与罗勋去世、议订立嗣合同之间建立某种联系似乎会显得牵强附会。但盖竹罗氏族谱有一处怪异，无论如何也不能以常理解释。族谱的世系表，都会记载族人的生卒、教育、婚育、丧葬等信息。世系表中关于罗献琛的婚育信息，在出现"本村蒋树楹公女汝珍""贵溪源高山村黄天养公女张凤"的记载之前，还有一行"生一女名芝凤"。"生一女名芝凤"既然记在蒋、黄二氏之前，自然另有所出。而在"生一女名芝凤"之前，族谱中奇异地出现了相当一片空白。从篇幅看，空白处显然是删除已编撰完成的原配夫人的信息的结果（参见图 19）。但这位原配夫人的信息，并没有从族谱中彻底消失。

族谱中有不止一篇罗献琛的传记，其中一篇是吴嘉彦所撰。吴嘉彦记载罗献琛的婚育情况："娶吴氏，生女一，适塘上。继娶蒋氏、黄氏，均未有子，以季弟之次子、中学校毕业生勋为嗣子。"[115]族谱中为什么要隐去罗献琛原配吴氏的信息？与同年议订立嗣合同又有什么关系？这位吴姓夫人，会不会是吴嘉彦的某位姊妹、吴素兰的某位姑姑？如果不是有朝一日为争夺遗产掀起诉讼大战，这些问题恐怕再不会有人追究。

县知事瞻徇势绅吴嘉彦

谱序作者的四位姻亲中，八都的李镜蓉与吴嘉彦是一对冤家。

李镜蓉在罗氏族谱中留下《豫章罗氏宗谱序》《岐山先生家传》两篇文献，署名的头衔包括"前清廪生、现省参议员、古长安后学、姻晚"等。"古长安"是指八都镇所在的"长安市"。李镜蓉因与罗积明的儿子罗献环（德乾）是儿女亲家，因此对罗积明自称"姻晚"，罗积明的几位幼子也在李镜蓉的养正小学读书。[116]

李镜蓉与吴嘉彦的冲突起自吴绍唐积谷案。[117]1913年5月，县知事朱光奎判决吴绍唐亏短仓谷50458斤，折合1402元，匿息10362斤，折合288元，并处罚金1000元及诉讼费150元，合计2840元。吴绍唐不服，提起上诉。或许李镜蓉与1917年出任浙江省省长的旧官僚齐耀珊建立了某种关系，当年8月，浙江省第一高等检察分厅监督检察官令龙泉县复查，结果认为吴绍唐确有侵占且触犯刑法，齐耀珊据此指示更正重判。[118]于是龙泉县知事王施海更正原判，依新刑律第392条处吴绍唐以三等有期徒刑三年，尚欠仓谷69560斤，仍责限期缴十分之七归仓，以十分之三归民欠。

吴绍唐仍不服，提出非常上告，虽然"沐司法部饬浙江高等审判厅查复，均以判决确定为断"，但仍有所收获：一是浙江省高等审判厅将私诉部分判决民欠仓谷69560斤，除已由新董收回外，应责成吴绍唐同原放董事向各欠户归缴，如果实有不能追缴之户，应呈请该县知事为行政上之处分等语；二是"刑诉而收讼费洋百五十元，允为拨还"。吴绍唐称"自是民冤沉海底，永无见天之日矣"。

吴绍唐无力抵御，吴嘉彦不得不直接对付李镜蓉。1918年的判决之后，李镜蓉称虽然反复提请龙泉县对吴绍唐执行判决，但"县知事瞻徇势绅吴嘉彦（嘉彦继父吴建鳌系八都董事）情面，一味玩延"。[119] 其实这时李镜蓉与吴嘉彦竞争的主战场已是第二届省议员选举，结果吴嘉彦胜出，李镜蓉忌恨在心。

1922年吴嘉彦已卸任省议员，第三届浙江省议会常年会有一项议决案是审议《浙江省参议会条例》。该《条例》通过后，李镜蓉竞选省参议员成功，于是再次向龙泉县施加压力要求强制执行吴绍唐积谷案。据吴绍唐陈述，"是年冬间，李镜蓉贿买省参议员告成，出其新势力，要求前任黄知事加害于民"。1923年，龙泉县知事黄丽中催令吴绍唐执行，吴绍唐将判决中"有如果不能追缴之户""为行政上之处分"一语"视为金科玉律"，并以"水灾之后，十室九空，民不聊生"为由，试图规避执行。1924年5月，彭周鼎继任龙泉县知事，积谷案诉讼再起，李镜蓉上诉至大理院，吴绍唐终审败诉，被勒令赔偿欠谷。李镜蓉等将大理院判词全文刻石立于八都义仓。

但这年8月，吴嘉彦又当选浙江省自治法会议议员，于是吴绍唐组织力量向政府恳请蠲免，直至1931年仅缴谷7915斤。

本来当选浙江省自治法会议议员是吴嘉彦政治上重新崛起的一次机会，但孙传芳入浙改变了浙江省的政局。当时浙江督军卢永祥外联奉粤，内托浙省地方势力，兴起废督及省宪运动，但多次尝试均不成功。9月，江浙战争爆发，浙军以5万兵力对抗直系四省10万军队。卢永祥失败后，与省长张载阳一起放弃浙江。接管浙省的本地实力派夏超等欢迎福建的直系军阀孙传芳，浙江省落入孙传芳势力范围。江浙战争中，孙传芳兵分两路，一路绕道江西省玉山县，攻陷江山、常山、衢州。另一路谢鸿勋部由福建省松溪县直捣龙泉。浙军一师驻龙泉仅一营兵力，在庆元县竹口镇大泽隘与孙传芳部遭遇，一触即溃。浙军由小梅退至查田镇下堡岭，9月7日闽军追随至查田，纵火焚掠。13日，两军在（石玄）湖麻皮岭激战，浙军撤退，闽军包抄五梅垟，14日占领龙泉县城，驻扎于育婴堂。当时龙泉县知事彭周鼎已经逃亡，城内居民大多出城避难。

商会会长徐焕章召集县议会正副议长、县农会正副会长、县教育会会长及众多乡绅出面维持社会治安，共商应付军差，筹办善后事宜。众人一致推举原浙江省立瓷业工场场长蔡龄为代理县知事，即日派员分赴各区筹募军款，计划接待闽军。结果从各区派捐军款3万余元，闽军首领谢鸿勋仍嫌不足，代理县知事蔡龄请求减款时，"在旁催索的营长立即抽出身边腰刀，猛地往桌上一掷，大而淫威"。[120] 惊吓之下，蔡龄旋即病故。[121] 而闽军派捐的3万余元军费中，4000元由罗建功岳父、住溪财主张雨亭承担。

孙传芳入浙波及吴嘉彦与张雨亭，对罗建功是政治与经济的双重打击。

一三、王宠惠

（华盛顿会议中国全权代表）

"俄侨喁望尤切"

1921 年至 1924 年，罗建功基本没有参与诉讼，他忙于议订立嗣合同、编修族谱，然后又遭遇孙传芳军队进入龙泉。这期间中国政局剧烈变化，一方面南北分裂，北洋势力又有直、皖、奉系大战，南方革命势力则是陈炯明与孙中山的分裂，另一方面以中国共产党成立及黄埔军校成立为标志，苏联开始对中国政局产生重大影响。文化上，继新文化运动刺激文化保守主义的产生，激进派内部又有亲美的自由主义与亲苏的共产主义的分化。与罗建功打官司直接相关的是另一件事——1921 年至 1922 年，北京政府先后公布施行《刑事民事条例》《民事诉讼条例》。

1921 年 7 月 23 日，中国共产党第一次代表大会在上海法租界贝勒路树德里 3 号（后称望志路 106 号，现改兴业路 76 号）召开。此前一天，北京政府公布了《民事诉讼法草案》，并很快改以《民事诉讼条例》的名义公布施行。条例的公布是一个复杂的法律问题。根据司法部的呈请，徐世昌先后发布三道大总统令。先是 1921 年 7 月 22 日提前公布《民事诉讼法草案》。司法部的理由是"现在东省法院甫经收回，俄侨喁望尤切，请将修订法律馆修正之《民事诉讼法草案》，提前公布施行"。因此大总统令宣告在国会议决之前，草案先行在东省法院施行，"应准将民事诉讼法草案自本年九月一日起，先就东省特别法院区域施行，仍于国会成立时提交议决，以重法典"。1921 年 11 月 14 日，仍依据司法部呈请，又下令将草案改称条例并局部施行。[122]1922 年 1 月 7 日，再依司法部呈请，北京政府宣布民、刑诉讼条例于 1922 年 7 月 1 日在全国一律施行。[123]

《民事诉讼法》原由修订法律馆负责起草，公布、施行的权力则归国会。但民国北京政府的国会只是摆设，当时正值瘫痪，无法正常运作。晚清以来，中国移植西方法律的主要动力始终是废除领事裁判权等治外法权，而 1921 年 7 月公布《民事诉讼法草案》的直接原因，是中东铁路及"东省法院甫经收回"。1922 年初，司法部呈请将诉讼法改为"条例"并由政府先行公布施行的特殊操作，正是为了配合华盛顿会议及《中日解决山东悬案条约》外交谈判，整个过程又与当时两位著名法学家董康、王宠惠密切相关。

《民事诉讼法草案》由修订法律馆依据清末《大清民事诉讼法草案》修正而成。修订法律馆本是清末的制法机构，民国建立后，制法机构重新设立，称"法典编纂会"，隶属法制局，1914 年初裁撤。梁启超担任司法总长时（1913 年 9 月至 1914 年 2 月），提议将法典编纂会由法制局改隶司法部，改称"法律编查会"。以上两个机构没有重要的制法成果。1918 年 7 月，法律编查会改组，并恢复清末旧称"修订法律馆"，北京政府时期大部分法律由该机构修成。修订法律馆重建之初，由董康、王宠惠担任总裁。1920 年 8 月，董康与王宠惠分别出任司法总长与大理院院长，修订法律馆总裁由江庸接任。

《民事诉讼法草案》的公布、改名、施行，均由时任司法总长董康直接推动。[124]董康是前清进士，曾任刑部主事、刑部郎中、修订法律馆提调、大理院推丞，是清末司法变革的中坚力量，移植日本法律的代表人物。1911年辛亥革命爆发，董康东渡日本。1914年回国，任法律编查会副会长、大理院院长。1918年任修订法律馆总裁，1920年任司法总长。1921年7月，司法总长董康呈请提前公布《民事诉讼法草案》，直接原因是"现在东省法院甫经收回，俄侨喁望尤切"。

"东省"指东北三省，收回东省法院，又是收回中东铁路的意外结果。1896年，清政府特使李鸿章赴俄祝贺沙皇加冕典礼，与沙俄签订《中俄御敌互相援助条约》（简称《中俄密约》），允许俄国修筑大清东省铁路，简称东清铁路（1920年后称中国东省铁路，简称中东铁路）。[125]1903年7月，东清铁路全线通车，此前沙俄发布《满洲司法条例》，将东清铁路附属地域的诉讼案件交由俄国地方法院审理。1917年十月革命之后，苏维埃政权宣布废除与中国签订的不平等条约，北京政府一时并未接受，中东铁路一度为沙俄在东北的残余势力所盘踞。1920年3月，中东铁路工人罢工，要求沙俄铁路局长辞职。9月，北京政府宣布由中国代管中东铁路，并逐步收回中东铁路主权及附属地司法权，取消俄侨领事裁判权，接收在中国境内的俄国边境法院，宣布中国境内俄侨受中国法律保护。但让俄侨适应当时的中国司法非常困难，为此北京政府决定设立东省特别区域法院，审理俄侨相关案件。这是1921年7月司法总长董康提前公布《民事诉讼法草案》及同年11月改称"条例"并"先就东省特别法院区域施行”的特殊背景。

取消领事裁判权

如果《民事诉讼条例》仅在东省特别法院区域施行，就不会对罗建功产生任何影响，但是1922年初司法总长董康呈请在全国一律施行，此举的背景是他的老同事王宠惠担任华盛顿会议中国全权代表（还有两位代表是驻英公使顾维钧、驻法公使施肇基），主导中国收回山东权益的外交谈判。1921年11月12日，华盛顿会议开幕。14日，董康呈请紧急实施诉讼条例。15日晚，王宠惠等对远东太平洋问题提出中国的十项原则，几天后美国代表提出尊重中国主权与领土完整等四大原则。25日，王宠惠在远东委员会上正式提出取消各国在华领事裁判权议案，其中特别提到，二十年来中国修订法律馆制定大量符合现代法理的法律，中国法制状况非同昔比。在董康、王宠惠的努力下，《关于在中国之领事裁判权决案》顺利通过，中国取消领事裁判权的进程由此开启。此后王宠惠又在华盛顿会议提出日本应当取消“二十一条”，1922年1月7日董康呈请《民事诉讼条例》在全国一律施行，2月4日《中日解决山东悬案条约》签订，中国在山东的主权也得到一定程度恢复。

与亲日的前清官员董康不同，王宠惠则是倾向革命的留美博士。王宠惠籍贯广东东莞，父亲王煜初曾是香港的一位牧师，也是中文标点及注音符号的首倡者，与香港求学时代的孙中山相熟。1881年，王宠惠出生于香港。1895年重阳节，王宠惠参加二哥在广州举办的婚礼时，正值孙中山、陆皓东策动广州起义，孙中山借出席婚礼避过清廷缉捕，逃往日本。1896年，王宠惠就读于由美国人丁家

立担任总教习的天津北洋大学堂法科班，1900 年获"钦字第一号考
凭"，成为中国首位新式大学毕业生。1901 年，王宠惠到日本留学，
参与创办宣传革命的《国民报》。1902 年，王宠惠被官派至美国留
学。1904 年 10 月，王宠惠与孙中山共同起草《中国问题的真解决》
的宣言，为其以后长期执掌国民党外交埋下伏笔。1905 年，王宠惠
以论文《住所：一个比较法的研究》获得耶鲁大学民法学博士学位。
1911 年，清廷电召王宠惠回国参与宪法修订，但王宠惠回国后未赴
京就职，而是南下加入同盟会。辛亥革命爆发后，先后担任广东军
政府司法部长、南北议和南方代表伍廷芳参赞、南京临时政府外交
总长、北京政府司法总长。1912 年 7 月，王宠惠辞去司法总长，转
而为中国国民党工作。1916 年，王宠惠参加护国运动，任广东肇庆
军务院外交副使。

　　1918 年，王宠惠回北京担任法律编查会会长、修订法律馆总裁，
开始大量修订法律工作，并与蔡元培发起国民制宪倡导会。1920 年
出任大理院院长，次年出任华盛顿会议中国全权代表。巴黎和会与
华盛顿会议期间，亲美及外交系人士在政坛上显得举足轻重。1922
年 5 月，王宠惠参与胡适发起的《我们的政治主张》联署活动，主
张组建"好人政府"，被认为是近代中国自由主义知识分子的第一篇
参政宣言。不久外交系的颜惠庆及王宠惠先后组阁，但两届"好人
政府"昙花一现，王宠惠内阁历时仅两个月零六天。[126]

　　由于与孙中山的密切关系，王宠惠法律事业的巅峰出现在南京
国民政府时期。他 1922 年初在华盛顿会议上提出收回领事裁判权的
主张，直接促进《刑事诉讼条例》《民事诉讼条例》在全国施行。中
国的诉讼制度，从此脱离袁世凯主持修订《天津试办审判厅章程》
以来的混乱局面，走出现代化的关键一步。即使龙泉县这样仍然实

行县知事兼理的基层审判机构，也因 1923 年修正《县知事审理诉讼暂行章程》，规定除与章程抵触外，一律准用新施行的诉讼条例。这就意味着即使司法不能完全独立于行政事务，诉讼程序往往因陋就简，也必须最低限度承认民事诉讼的当事人主义原则，以及刑事诉讼的检、审分离原则。

你还是让一点

《民事诉讼条例》施行之后，罗建功再次提起诉讼是 1925 年 9 月与季马养的欠租案。那时浙江的皖系督军卢永祥已被驱逐，直系军阀孙传芳从福建攻入浙江。中国正在酝酿翻天覆地的变化。1925 年 3 月孙中山去世，7 月广州国民政府成立，9 月蒋介石当选国民党第二次全国代表大会代表，开始酝酿北伐彻底消灭北洋军阀，但国民党对龙泉县还没有造成政治影响。

诉讼规则的现代化，可能有助于罗建功运用法律维护私权，但也可能压缩了其利用制度漏洞上下其手的空间。欠租案的诉讼过程比较简单，罗建功在诉状中称，伯父罗献琛（天池）于光绪十九年（1893）向季杨氏购得水田一处，并租给季杨氏之子季宗照佃耕。季宗照自光绪三十二年（1906）以来欠租。1924 年季宗照去世，因此要求其子季马养清偿欠租。[127] 于是县知事吴涛出具一份支付命令，派员要求季马养支付欠租。

这位吴涛原是福建福鼎县知事。闽军入浙时，县知事彭周鼎逃亡，地方推举的代理县知事蔡龄受惊吓病故。彭周鼎又奉命回任，发现浙军不但无力抵御闽军，一触即溃，而且有部分溃兵打开龙泉县监狱，"将人犯解放一空"。彭周鼎向浙江省省长夏超报告龙泉县"疏脱监犯情形"之后，便由福建闽侯人吴涛接任龙泉县知事。[128] 吴涛在福鼎县知事任上，就无法应付闽军由福鼎入浙时沿途拉夫派款的局面，接任龙泉县知事后，还被"福鼎公民代表谢作霖等电控卸任福鼎知事吴涛侵吞公款、潜行入浙"。[129] 可能因为身体不好或者比较爱惜自己，吴涛到龙泉县时，还从家乡带来一名随员医师唐滋藩。大概 1925 年底吴涛在龙泉任上去世，唐滋藩则在龙泉开设"施济医院"。

吴涛对季马养的支付命令没有产生作用。10 月 24 日，罗建功再次呈状，请求县公署将季马养"拘案押缴"并派员到田中监收本年田租。处理该案的承审员王允中批示"传案讯追"。11 月 14 日季马养呈递的辩诉状百般抵赖，说罗建功通过八都警察分驻所哄骗其父"代立限缴字样数纸，民父目不识丁"等。王允中于 11 月 19 日开庭审理该案，审讯的笔录全文保留在档案中。无论季马养如何抵赖，都无法否定欠租的事实，但季马养无力还租可能也是事实。

王允中试图调解，他先了解罗建功的家境，对季马养说：你洋廿一元你要还他。

季马养答：字写后，他并未到我家讨过的。

王允中问：罗建功家好否？

季马养答：好的。

然后王允中建议罗建功减免欠租，他问罗建功：季马养家还得出否？

答：他是还得出。他不肯还，没有法子。

问：你还是让一点，纵或判把你，他也是还不出呀？

答：请求照据公断。[130]

档案中没有保留该案的判决。吴涛应该病故于 1925 年底，1926年开始，裁断文书由王允中独立制作。从龙泉司法档案保留的诉讼文书来看，吴涛与王允中之间出现了裁判文书制作模式的明显转型。民国以来，裁判文书长期实行传统的堂谕与现代的判决书两轨并行的机制。比如吴涛制作的裁断文书，有的称"庭谕"，有的称"判决"，即使称"判决"也残留着大量传统诉讼的观念。可能意识到吴涛诉讼观念十分保守，罗建功刻意采用传统模式撰写起诉季马养的状词。但 1926 年以后龙泉县再也没有出现"堂（庭）谕"，王允中制作的判决也非常符合现代诉讼的标准，由此成为龙泉县诉讼史上"堂谕"的终结者。在更讲求经济权利的现代法律观念下，明知佃户季马养无力清偿欠租，王允中又该如何判决，现在已不得而知。

误以被告为债务人，尤不合法

龙泉县的诉讼现代化进程，由董康、王宠惠推动的诉讼条例的施行仍是形式大于实质，1926 年南方国民革命势力兴起，才将引发一场真正的法律革命。对此，罗建功有点难以适从。

1925 年 9 月 17 日，罗建功起诉季马养欠租之日，正值浙奉战争结束，奉军退出徐州，苏、皖、浙、赣、闽 5 省均为孙传芳占据。同日，广州国民政府东征军总指挥蒋介石派戴任赴浙，与孙传芳接洽。至 1926 年 9 月 15 日，孙传芳致电蒋介石求和。[131] 次日，罗建功以债务纠纷对郭吉光提起民事诉讼。郭吉光与李镜蓉不但是邻居，而且是祖籍江西抚州乐安县的老乡。郭吉光的先祖郭辉明迫于生计，辗转来龙泉谋生，在八都设摊贩布，后兼营南北货物，店号郭吉兴，后改为郭丰记。在 1913 年 6 月李镜蓉之子与警员卓识互殴的事件中，李镜蓉还发动八都郭吉兴等九家商号联名公呈，指责设立乡区警察以来，"似狼似虎，敲诈银钱，冶游土妓，站岗则沿街打坐，休息则聚类猜拳，买卖极不公平，窃盗漫不加察，处事不依警律，罚金不示街衢，而且动辄殴人"。[132] 郭吉光与郭吉兴显然是同族兄弟，而八都警察分驻所与吴嘉彦、吴绍唐关系紧密。在与叶有芳、季马养、郭吉光的诉讼中，罗建功都曾利用八都警察分驻所的力量，而在八都两大乡绅集团冲突中，罗建功明显倒向吴嘉彦一边。

罗建功称，郭吉光的叔父郭辉瑜在前清时向他家借款75洋元，一直推诿不还。[133] 案情就是如此简单，这次罗建功的状词也比较现代，不但提出明确的诉讼请求，而且引用法条，具备现代状词"事实、理由、请求"的三段式结构及"诉讼标的"之陈述。但郭吉光在辩诉状中指出，债务人是郭辉瑜，罗建功告错了对象。[134] 郭吉光还重点辨析其店产属于家族共产，不能用于债务抵押。两次庭审之后，县知事许之象认为，该案的债权人是罗献琛，罗献琛的继承人是罗勋，罗建功不具备债权主体资格，而且被告现住江西，该案不应属于龙泉县管辖。12 月 27 日，许之象制作判决书，从诉讼资格的角度驳回罗建功的请求：

> 查本案债权人为已故之罗国水（罗献琛），罗国水承继人又经原告供称系罗南阳（罗勋）承继，则是项债权应移转于罗南阳方为正当。今罗国水之承继人罗南阳并未提出诉追，乃原告人具状追欠主张债权已有不合。况债务人现住江西抚州乐安县杏林村，系有地点，按之法例，应以被告所在地为管辖。今原告向本署投诉，并误以被告为债务人，尤不合法，爰依民诉条

例第九十七条判决如主文。[135]

许之象似乎不知道罗勋已经去世，罗勋的法定继承人应该是其妻子吴素兰。罗建功提出郭信泰借票为证，说明寿房在罗献琛兄弟析产时继承了这笔债权，但罗建功在诉状中没有说明继承的情节，只是以"向民家揭借"含糊其辞。现存档案中没有保留该案的讯问笔录，不清楚罗建功是否曾就判决中提出的"理由"展开过辩论。仅从判决结果来看，罗建功对诉讼资格、诉讼管辖以及举证等现代民事诉讼的基本规则似乎还相当陌生。

判决之前，12月9日，国民革命军总司令蒋介石电令东路军总指挥何应钦由闽入浙。11日，浙江第二师师长周凤岐在衢州扩师为军，就任国民革命军第二六军军长，宣布参加国民革命。25日，国民革命军熊式辉部由闽入浙，直趋温州，另有两团趋兰溪。同时，国民党中央政治会议在南昌议决于浙江设立临时政治会议，任命张静江为主席。

1926年12月的判决之后，罗建功不服，提起上诉，上诉状由县府转呈永嘉地方审判厅。1927年2月，国民革命军从多路攻入浙江，其中一路由福建松溪入浙，途经龙泉县小梅、查田抵达县城，一路由福建浦城经花桥、八都进入县城。随即龙泉县知事改称县长，据龙泉司法档案诉讼文书，当月首任县长王文渤已经就职。[136]罗建功的上诉状这时才转呈到永嘉地方审判厅，函件标题"龙泉县临时县党部兼理县政事宜公函第　号"，说明国民政府开始接管龙泉县的司法事务。罗建功似乎察觉到对郭吉光的诉讼更加无力回天，这时永嘉地方审判厅已改称法院，5月30日发出一件通知书，称罗建功"具状声称撤回控诉"，而"本院查民事诉讼取不干涉主义，依例自应准予撤回控诉"。[137]

　　罗建功应该意识到，随着国民党势力进入龙泉，他将面对一种前所未有的新法律。撤回对郭吉光案的上诉尚是小事，如果罗建功足够敏感，他更焦虑不安的应该是那份 1923 年形成的复杂的立嗣合同正在失去法律效力。

一四、郑爱诹

（法律普及读物作者）

女子有财产承继权

　　罗建功应该预感到 1923 年的立嗣合同会出麻烦，因为南方的国民党势力正在兴起男女平权运动，在中国延续千年的宗祧继承制度将从法律上予以废除。

　　1924 年 1 月，盖竹罗氏族谱修成不久，浙江省的自治运动还在进行之中，南方的广州正在召开中国国民党第一次全国代表大会。何香凝是这次会议的三位女代表之一，她在大会提出"妇女在法律上、经济上、教育上一律平等"和"在党中央组织妇女部"的提案，并获得通过。1925 年 8 月 20 日，罗建功起诉季马养欠租前一个月，何香凝的丈夫廖仲恺在国民党中央党部大门前被暗杀。1926 年 1 月，何香凝在广州国民党第二次全国代表大会上当选中央委员，作《妇女运动报告》，并代理中央妇女部部长。这次会议通过了关于妇女运动的决议案，其中第九项要求"制定男女平等的法律规定，女子有财产承继权"，第十一项又提出"女子应有财产权与承继权"。

国民党的决议转化为司法实践还需要一个过程。20 世纪 20 年代，杭县（今杭州）人郑爰诹热衷于编纂各种法律普及读物，仅现在可以查阅到的法律图书就有 24 种，主要由绍兴人沈知方开办的上海世界书局出版，并在《申报》大量刊登图书广告。[138] 1929 年，郑爰诹编写的《现行女子继承权法令释义》述及国民政府男女平权法律规定的来龙去脉，在追述国民党一大、二大妇女运动决议之后，指出从 1926 年 10 月开始（也就是罗建功起诉郭吉光之后不久），男女平等的法律原则已经在国民政府统治范围内施行，"至民国十五年十月，经前司法行政委员会通令广东广西、湖南各省高等审判、检察各厅，声明在未制定颁布男女平等法律以前，关于妇女诉讼，应根据上项决议案法律方面之原则而为裁判"。此后"国民革命之势力逐渐扩大，各省依次隶属于国民政府下，是项决议案亦依次实行于各省"，直至南京国民政府名义上统一全国，"迨民国十七年全国各省悉隶属于国民政府，而决议案遂通行全国，由是全国女子无不享有财产继承权矣"。[139]

1927 年 2 月，国民革命军攻入龙泉，国民政府王文渤出任龙泉县首任县长，同时国民革命军东路军总指挥何应钦抵杭州。3 月 1 日，浙江临时政治会议在杭州正式成立，张静江任主席，暂由蔡元培代理。从这时起，或者说最晚从 1927 年 4 月南京国民政府成立时起，包括寡妻享有继承权在内的男女平等原则已适用于龙泉县的司法实践。随着南京国民政府的成立，罗建功于 1927 年 5 月 30 日撤回了对郭吉光的上诉。

捐造坤德桥

在盖竹罗氏，意识到法律体系将发生巨变并对自己生活造成重大影响的人，除了罗建功，还有罗黄氏。

1927 年，罗黄氏筹划斥巨资修建坤德桥。

龙泉溪是龙泉县境内主干流。注入龙泉溪的支流有 20 条，其中横溪源出安坑岭，向东南经盖竹村后折向偏西南方向流入龙泉溪。坤德桥就在横溪源偏西南方折角以下约 600 米处，盖竹村南面的村口（参见图 13）。坤德桥为悬臂式屋桥，一墩二孔，石木结构，东西走向。桥长 42.6 米，宽 4.1 米，桥跨 14.8 米，宽 3.5 米，高 5.5 米，桥屋 15 间，耗资 19000 余银元，约值今人民币百万元（参见图 14）。今天坤德桥已经失去交通意义，作为一处文物仍完整保存，桥屋外侧尚有 20 世纪 60 年代的标语痕迹（参见图 16）。坤德桥始建于 1928 年，1930 年落成，筹备工作更早至 1927 年。[140] 坤德桥西面山脚下竖立着"坤德桥碑"[参见图 16，附录二-（3）]，碑南侧山坡则有罗黄氏之墓（参见图 17）。

造桥铺路本是乡绅常有之事。盖竹罗氏族谱第七卷《善举小引》，就专门记载罗献环、罗献琛、罗献琳分别捐资建造继善桥、横溪桥、通津桥的事迹。族谱第八卷即《蒋、黄二孺人捐租兴学事略》，与罗氏男性捐造桥梁不同，蒋、黄二位女性的捐资兴学事迹就局限于家族内部。1927 年，罗黄氏提出捐造坤德桥，至少突破了男女的内外之别。不过这时新民法尚未形成，男女平权主要还是政治理念，尚未以法律形式确立，宗祧继承制度也未正式废除。因此罗黄氏捐造坤德桥，仍需争取家族的支持。

1933 年 9 月，罗建功起诉罗黄氏侵占其山场共有权益，就回顾了 1927 年罗黄氏为造坤德桥与家族商议的过程。按罗建功的陈述，罗黄氏在族中真正依赖的人物是罗献环，"讵料被告人听信族叔罗瑞池（即罗献环）煽惑，招至家中，充当司账总经理"。捐造坤德桥正是罗献环提出的侵占共有财产计划，只是理由于过冠冕堂皇，又关涉到罗勋的嗣子身份及 1923 年的立嗣合同，罗建功等勉强同意。[141]

除了禄、寿两房，与这批遗产关系更加密切的应该是罗勋的遗孀吴素兰。吴素兰对捐造坤德桥的态度，目前没有发现直接材料。不过罗献环日后陈述，"罗黄氏更以盖竹村口木桥被洪水冲流，往来病涉，乃邀请亲属戚友议定，独资建造石大桥一座"，这里的"邀请议定"的"亲属戚友"，就不只是禄房罗烈与寿房罗建功。[142] 参与坤德桥修造的"亲属戚友"可能很多，显然包括当时赋闲在乡的前省议员吴嘉彦。吴嘉彦不仅是吴素兰的叔父，与罗献环也是姻亲，因为罗献环的妻子吴淑娇是八都吴建声的长女、吴嘉彦的叔伯姊妹。[143] 修造坤德桥由罗黄氏出资，由罗献环协调组织，罗献环很容易通过妻子吴淑娇争取吴嘉彦的支持。如果吴嘉彦参与坤德桥的修造，吴素兰自然不会有何异言。在日后的诉讼中，为证明吴素兰充分知情并且同意造桥事宜，罗献环曾提交一件 1928 年 10 月 9 日吴嘉彦代笔的坤德桥承包合同，合同约定造桥工食费"银币六千三百六十元正"［参见图 20，附录二-（1）］。[144]

桥名"坤德"，显然是女权观念的传统表述方式。对于罗黄氏，修造坤德桥是伸张女权的一种试探，但在女权的法律规定尚不明确的情况下，罗黄氏需要在宗族内部小心翼翼地谋求同识。对于罗建功，同意修桥是维护 1923 年立嗣合同不得不做出的妥协，罗建功当然担心罗黄氏会进一步突破宗族的限制独立支配遗产，甚至废除立嗣合同。

当真正的新法律来临之时，罗建功试图站到保守主义的一边，罗黄氏决意扮演革命者的角色。不过两人都跟自己开了一个玩笑。

代将来之承继人行使财产管理权

罗黄氏一直在等待女子继承权得到法律的确认，那她就可以突破宗族限制，自由支配遗产。

传统中国乃至中华民国成立之后，中国始终没有一部独立的民法。清末引进西方理念制定《大清新刑律》未成之时，传统的《大清刑律》经删订后继续施行，这就是 1909 年编成、1910 年颁行的《大清现行刑律》。1911 年 1 月，《大清新刑律》修成并颁布，议定于 1913 年施行。中华民国在立后，《大清新刑律》删改为《暂行新刑律》，于 1912 年 4 月 30 日提前施行。清末也修成了《大清新民律草案》，但没有确定颁布。1912 年 4 月 3 日，中华民国参议院提出《新法律未颁行以前暂适用旧有法院案》咨文，并以起立方式表决，结果"以二十人起立，多数，可决全案"。咨文内称："惟《民律草案》，前清时并未宣布，无从援用，嗣后凡关民事案件，应仍照前清《现行律》中规定各条办理。"这就很怪异，新刑律已经施行，民法却采用旧刑律中的民事部分。[145]

《大清现行刑律》除确定家族关系的《服制图》《服制》以外，又分 30 门、389 条律文、1327 条例文，其中的"民事有效部分"仅涉及 15 门中的 65 条律文。民初把《现行律》民事有效部分"分为《户役》《田宅》《婚姻》《钱债》《其他有关各条》五个部分，连同《服制图》《服制》重新编纂颁行。在司法实践中，大理院的判例与解释例中援引的《现行律》律文不过 20 条，条例不过 26 条，占《大清现行刑律》总数的 5.14%、1.96%，这就是北洋时期民法的真实状态。如此简陋的法律，大理院也无所适从，在解释例中直接宣告在司法实践中可以灵活运用，"现在民法尚未颁行，该律（即《现行律》）民事部分，虽属有效，而适用之时，仍宜酌核社会进步情形以为解释，不得拘迁文义，致蹈变本加厉之弊"。[146]《现行律》民事有效部分显然不适应民国初年社会发展的情形，结果大理院有时强调严格遵从《现行律》，有时刻意回避、排除《现行律》的适用，甚至明目张胆地歪曲《现行律》。

大理院从未给出如何适用《现行律》的明确说明，有法政人士勉为梳理解释，以供市面流传、涉讼参考。[147]1919年，大理院庭长余棨昌、李祖虞及司法部次长余绍宋又有感于"民国以来八年矣，《民律》犹未颁定。而《大清现行律》关于民事部分，何者应适用，何者不应适用，迄未见诸明文"。于是将《现行律》民事有效部分重新辑订，作为《实用司法法令辑要》的一种，由《司法公报》发行所出版。[148]1927年，郑爰诹以余绍宋等辑订版为基础，对《民律草案》理由及大理院判例、解释例加以注释，重新编成一部《〈现行律〉民事有效部分集解》。

《大清律例》"户律"编"户役"门"立嫡子违法"条款规定，"妇人夫亡无子守志者，合承夫分，须凭族长择昭穆相当以继嗣"。[149]"合承夫分"，并不是继承丈夫的遗产，而是在依宗祧继承原则择立嗣子之前暂管遗产。因此直到1927年，郑爰诹在《集解》中明确指出，"守志妇之承受夫分，不过于承继未定时，代将来之承继人行使财产管理权。除生活上必要费用外，不得任意处分其财产"。南京国民政府成立之后，国民党开始推行全新的法律理念，但修法工作尚在进行，出现了新旧法律断裂的尴尬时期。

1929年，郑爰诹修正对《现行律》民事有效部分的解释。1927年的版本"纯以旧法之原理、原则为根据"，"现在国民革命成功，法律方面之原理、原则为之一变"。国民党并没有废除宗祧继承制度的政治决议，新民法修成之前，郑爰诹也不可能自行宣告废除宗祧制度，1929 年仍不得不承认，"关于宗祧承继之规定，大半有强行性质，不容任意违反，本节规定，尤有强制遵守之效力"。但关于女子继承权，因为有国民党的政治决议，郑爰诹对"妇人夫亡均无子守志者，合承夫分"的解释，在 1927 年版"代将来之承继人行使财产管理权"的基础上，郑爰诹又以按语的形式做补充说明，模糊地指出"合承夫分"也可以解释为所有权继承：

> 现行法制，妻亦为遗产承继人之一，有承受其夫遗产之权，此盖为自己所有而承受，与旧法时代为嗣子管理而承受者不同。因此关于本条例"合承夫分"之规定，解释上亦自有变通之余地。[150]

但这与"宗祧承继之规定，大半有强行性质"似有矛盾之处。因此直到 1929 年，罗黄氏还不敢动废除 1923 年立嗣合同的念头。

遗产继承不以宗祧继承为前提

1897 年 10 月，廖仲恺与何香凝在广州结婚。1902 年，廖仲恺赴日留学，结识胡汉民等人。胡汉民于 1879 年出生于广东番禺县（今广州），父亲是州县的刑名幕僚。[151] 1903 年，何香凝追随廖仲恺东渡日本，1905 年，两人一起参加刚成立的中国同盟会，同时加入的还有胡汉民。当时孙中山在东京创办《民报》，在发刊词中首次提出三民主义。胡汉民担任《民报》编辑，发表政论与梁启超的《新民丛报》论战，但对孙中山平均地权的主张心存疑虑。

1907 年，孙中山被日本政府驱逐出境，胡汉民随孙中山到河内设立革命机关，策动两广起义。多次发动起义失败后，孙中山于1909 年 5 月赴欧洲，委托胡汉民负责南洋党务并继续策动武装起义。1911 年 10 月武昌起义爆发，11 月 9 日广东宣布独立，胡汉民被推为都督。[152]1913 年 6 月，袁世凯撤免胡汉民广东都督的职务，将其调任为西藏宣抚使。胡汉民离开广东，在中国转辗于香港、上海、台湾，后又到日本，继续追随孙中山。[153]1924 年 9 月，孙中山出师北伐，胡汉民代行大元帅职兼广东省省长，并在孙中山的要求下镇压广州商团叛乱，但态度迟疑。1925 年 3 月，孙中山在北京逝世，胡汉民以孙中山思想继承人自居，但政治态度右倾，反对国民党的联共政策，攻击国民党左派廖仲恺。8 月 20 日，廖仲恺偕何香凝参加国民党中央常务会议，在中央党部大门前被暗杀。胡汉民因有重大嫌疑，一度被拘留，后在汪精卫的支持下出访苏联。1927 年北伐胜利，蒋介石发动四一二反革命政变。

何香凝坚决反蒋，对廖仲恺遇刺案有重大嫌疑的胡汉民却转而支持蒋介石，到南京参与反共清党，并出任国民政府主席。1928 年 1 月，胡汉民赴欧洲考察政治，9 月回国后提出《训政大纲》与《国民政论组织法》，确立国民党一党专政制度。1928 年 10 月，南京国民政府改组，蒋介石任主席兼三军总司令，胡汉民任立法院院长，王惠宠任司法院院长，胡汉民的立法事业由此开始。

1928 年 12 月 5 日，胡汉民率全体立法委员宣誓就职，王宠惠监督。胡汉民在典礼答词中阐述其立法理念："对外为取消领事裁判权，收回治外法权及废除不平等条约之准备，对内使全国人民生命财产及平等自由得有充分保障，于民生问题，得适当之解决。"[154]1929 年 4 月，立法院开始民法总则的起草工作，4 月 15 日，胡汉民在立法院讲述"新民法的新精神"，从孙中山三民主义的角度，阐释制定民法的四大原则，其中包括男女平等原则，"本法基于男女平等之原则，认女子为有行为能力"。[155] 1930 年 12 月 3 日和 4 日，民法亲属、继承两篇获立法院通过，胡汉民宣告由于坚持男女平等原则，该立法成果将对中国家族制度产生革命性变革。

12 月 15 日，胡汉民在立法院讲述"民法亲属、继承两篇中之家族制度"，主旨内容包括：

1. 亲属分类之改进。我国旧律，对于亲属分类，除配偶外，分亲属为宗亲、外亲与妻亲三类。此种分类法，以男系为主，纯为宗法制产物。新民法中则尽行改革，而以血统及婚姻为主，分为配偶、血亲及婚姻三类，在遗产继承上，亦不以宗桃继承为前提。

2. 男女平等之确立：（1）否认妻为限制行为能力者；（2）离婚条件不宽于男而严于女；（3）父母得共同行使其亲权；（4）否认单独的夫权之存在；（5）无论已否出嫁之女子，对于父母之遗产，均有继承权。各种新属苟与被继承人亲等远近相等，亦不因性别而有轩轾。

3. 家的制度之规定：家的制度，为中国数千年来社会组织之基础，唯过去富有宗法气味之习惯下，每注重家长之义务，而漠视其权利，且唯男性有为家长之资格。新民法则于维持家制中，置重家长之义务，并不论性别，在其管理家务时，应注意于家属全体之利益。[156]

废除宗桃继承制度，女子享有财产权及遗产继承权，至此在法律上完全确立。

1930 年，在胡汉民完成民法修订工作的同时，胡、蒋的权力斗争因"训政时期约法"问题而公开化。1931 年，胡汉民被蒋介石扣留软禁于南京汤山。10 月，胡汉民回到广州，开始与蒋介石长期对立。1936 年，胡汉民因突发脑溢血在广州去世。

在胡汉民完成民法修订工作之后，罗黄氏决意独立支配遗产，并废除 1923 年立嗣合同。罗黄氏最初的手段，是将遗产大量投入慈善公益事业，除了捐造坤德桥之外，还有创办育婴堂等一系列事迹，并获得各级政府的嘉奖，"独资创造坤德桥，办理育婴，以及资助其他地方公共事业，费金数万。曾蒙中央政府、浙江省政府暨高等法院迭加褒奖有案"。[157]1932 年 11 月，南京国民政府主席林森为罗黄氏签发褒扬证书并奖予"乐善好施"匾额题字。在罗黄氏看来，这褒扬证书或许是她支配遗产的护身符。

一五、林桓

（龙泉县县长）

吴嘉彦出入公门，声势浩大

罗黄氏出身贫寒，教育程度低，她开展慈善公益事业，必须依赖堂小叔罗献环。罗献环与李镜蓉是儿女亲家，而李镜蓉与吴嘉彦势同水火。

1931年10月起，李镜蓉突然向龙泉县法院声请强制执行1924年大理院对吴绍唐积谷案的判决。1932年秋天，吴绍唐去世，本来积谷案应该至此平息下去，不料1932年11月8日，李镜蓉等再次提起民事声请状，继续要求龙泉县法院强制执行吴绍唐积谷案判决，并将矛头指向吴嘉彦，"在前县知事兼理司法，吴嘉彦出入公门，声势浩大，县知事言听计从，代表等控案如鳞，均被吴嘉彦包闭莫追。今钧院司法独立，执法如山，断不容势绅包庇把持，以废判决而害荒政"。第二天，即1932年11月9日，国民政府主席林森签发为罗黄氏题颁"乐善好施"匾额的指令。李镜蓉的政治身份，不过是北洋时期的浙省参议员，很难相信他能为罗黄氏从南京国民政府那儿争取褒扬。然而 1933 年秋李镜蓉去世时，国民政府主席林森又为具题"旧德遗荫"碑铭，不得不相信李镜蓉在南京中央政府打通了关系，这其中的奥秘，似乎隐藏在龙泉司法档案一件诡异文书背后。

当时的龙泉县法院院长是浙江公立法政专门学校法律科毕业的吴泽增。由于李镜蓉连续要求执行吴绍唐积谷案，1933 年 2 月，法院院长吴泽增给龙泉县长何浩然连发二函，要求调送吴绍唐积谷案卷宗并描述该案情形。于是龙泉司法档案中出现了一件 1933 年 3 月"抄原代电"，内容是 2 月 25 日"龙泉西远区公民王子兴、吴明诚、黄彦金、李仁、李信丰、张大科、吴维盛、黄唐兴、吴章松等率八都民众"电函"浙江民政厅长"的诉状，非但要求向吴绍唐继续追还欠谷，更大肆攻击吴嘉áo。李镜蓉没有在这件电函上署名，但他无疑就是幕后主使。合理的推测是，龙泉县法院院长向龙泉县长何浩然索取案件旧档，李镜蓉发现有机会通过政府向法院施加压力，又担心县政府没有足够说服力，便谋划从省政府的关系网络中寻找机会。关键是李镜蓉与当时的浙江省民政厅能有什么关系呢？

赶办土地陈报，人民未解新政举措

土地陈报是南京国民政府推行的整理地籍的简易办法。完整的土地整理包含三个步骤：一是清查土地种类、位置、亩数等基本情况；二是确定土地权益所属与纳税人，登记在册并发给凭证；三是确定地价与税额，作为征收地税和政府收买土地的依据。土地陈报是政府无力派员测量清查时，要求业主将所管土地之各项情况自行陈报给政府，再由政府核查。

浙江为率先试行国民政府土地陈报政策的省份。1927 年 2 月，北伐军克复浙江后，设地政厅为浙江省首个地政机构。1928 年，"青年秉政，勇于任事"的浙江省民政厅长朱家骅，将地政厅改为民政厅下设之土地科，率先响应南京国民政府整理全国土地计划的号召，拟定土地测量之方略。1929 年 5 月 1 日，民政厅通令全省各县依照《浙江省土地陈报办法大纲》及实施细则开展土地陈报，限期七个月内各县政府上交总册。[158] 土地陈报实际执行起来困难重重，各县限期内难以完成。民政厅派遣助理员、新政指导员、督促专员到各村里巡视督办，又一再延长限期至 1930 年 4 月，浙江省第一期土地陈报才基本完成，前后共动员 16 万人参加，耗费 250 万元，赋额土地增出 1789 万亩，较陈报前增加了 46%。

1929 年 5 月，龙泉县奉省令开展土地陈报。9 月 23 日，闽匪何金标洗劫龙泉县城，绑架掳走县长黄樨贤及城内官绅富贾，烧毁县政府档案卷宗，土地陈报工作因此暂时停滞。1929 年 11 月，与龙泉县法院成立几乎同时，林桓出任龙泉县长，并将赶办土地陈报作为工作重点。林桓军人出身，黄埔军校二期毕业生，后来成为军统头目之一。林桓在龙泉开展土地陈报后，龙泉县陈报亩数增加将近 34 万亩，较陈报前增长两倍，增幅为全省领先。林桓后来被龙泉地方提起刑事诉讼，他在辩诉状中陈述因镇压闽匪及厉行土地陈报激起民变、枪毙帮匪等情节，"嗣奉赶办土地陈报，人民未解新政举措，辄招反感。续因本邑四乡帮匪蠢动，揭竿而起，桓严行剿办，先后枪毙渠魁赵嘉发、潘马炎及其党徒柳必高、胡天生，尤招怨尤"。[159]

实行土地报陈的同时，南京国民政府又推行村里制度。1928 年 9 月 15 日颁布的《县组织法》规定"村长、副村长，里长、副里长，由村民大会或里民大会选任，并由区公所呈报县政府备案"。[160] 八都长安里选举吴素兰的叔父吴嘉彦为里长。住溪村选举张省三为村长，张省三是罗建功岳父张雨亭的长子，也就是罗建功的小舅子。浙江省的土地陈报政策依靠村里委员会执行，由县长和督促专员等下乡到村长家里监督村长的工作，陈报进展缓慢时催促村长、村副加紧办理，县长有时还会使用行政手段向村长追究办理不力之责。林桓经常使用暴力催促村长赶办土地陈报，[161]1930年9月30日，林桓带保安队下乡防御土匪时，将跃龙村村长余希月逮捕关押。据其子后来陈述，"龙泉县县长林桓惯敲各村长竹杠，乘派兵下乡机会，借口民父办理土地陈报未能依限结束，竟谕令兵队于九月三十日荷枪实弹将民父逮捕带县"。

为营救余希月，家中赶忙完成土地陈报，但林桓不依不饶，余家不得不"具书龙泉县直属区党部泣求营救，转呈准予出外调治"。"林桓因事被党部察觉，迫不得已，始于十月十八日将气息奄奄之老父交保释放"，但余希月出狱后病重过世，并"在临终之前神志略清时，垂涕泣而道此次被害经过情形"，不但索要一千元罚金，施以铁镣，还"尝到监外说，限几日无款定要枪毙，闻之心胆欲裂"。余家最后向省府告状，民政厅认为林桓滥用职权，"该村长纵系奉办陈报，不能遵限结束，既未涉有其他刑事罪嫌，该县长遽予拘案羁押，实属滥用职权"，并将林桓记大过一次。余家以处罚过轻，又诉至龙泉县法院。[162]

官员式绑票案

余希月被"勒认缴洋"1000元，而罗建功的岳父张雨亭更被敲诈18000元。虽然张雨亭家族号称占有山林20万亩，但闽军过境时派捐军费，张雨亭认捐也不过4000元。张雨亭自称"先人以农林起家，薄置产业，民兄弟侄六人所有父手财产拍六股均分，民生二子，长省三、次醉六又复另居家，况仅堪自给。民年迈，与长子同居，久不问家事"。1930年，其子张省三本已完成土地陈报工作，"长子省三被村民举为村长，奉令办理土地陈报事宜，努力从事，并先将自己土地填报，自问可告无罪"。

但在3月21日，县长林桓、督促专员王承志又带着保安队及随从三十余人到张雨亭家住宿两宿，督促其子住溪村长张省三办理土地陈报，竟遭林桓以武力威胁，"民子省三先后接函报，预备招待鸡黍延宾款接维谨，在民舍停留二宿。至廿三早餐后，民父子均陪侍在侧，县长突出白郎林手枪并令卫队持枪实弹，迫令民之父子随之而行。情势严重，民父子尚不知就里，村人亦均莫名其妙"。结果张氏父子先在八都长安里旅馆被关押两日，然后被带到县政府软禁。县长林桓要求加报山地并缴纳巨额费用，张雨亭认为这场冤狱"类似官员式绑票案发生"，并拒绝林桓的无理要求，结果被拘禁24天，其间不断受到断食等恐吓与虐待，"时而县长将民唤至卧室，大肆其威逼手段，时而亲至禁民房内，迫问有无了局，日夜痛加恫吓，日则减民父子饮食，夜则令门岗更番开衾监视，复将房后门加钉，又言匪来使无逃生之路"，此后又"令厨房不准开饭，至夜复将电灯泡摘去，民之父子至此昼绝饮食，夜坐黑暗地狱，又复横加胁迫，痛不欲生"。张雨亭哀叹"种种威逼，惨无人道。噫，民系暮年老朽，民子省三亦文弱书生，何以堪命，言之泪随声下"。这期间，不知是因为张雨亭向省府求救，还是林桓向省府请示，林桓曾向张雨亭展示一份"省电"，并明目张胆勒索18000元，"如不遵限缴纳，即不利于父子性命，喝令带监执行，排列佩枪警察六名恐吓，令民父子魂胆俱裂"，张雨亭又哀叹"噫，民之对于二千四百元无力措缴，安能遽集此巨数，只有坐以待毙"。

在被长期关押、求救无门之后，张雨亭父子被迫四方告贷，并委托吴一谔如数措缴后，这才获得释放，"处此强权之下，生死关头，不得不暂时饮泣屈从，以全生命"。[163] 张雨亭获释后，立即于5月12日向龙泉县法院首席检察官状告林桓"吞污"，并请求追还被勒索的钱款。[164] 林桓暴力推行土地陈报，在龙泉引起一系列刑事诉讼，张雨亭、余学琪等也状告至省府请求将林桓撤职，但林桓似乎只受到记大过的行政处分，张雨亭被勒索的18000元重金估计也难以追还。[165]

唯怕别人不知道他是蒋介石的爪牙

张雨亭被林桓带走时，先在八都长安里旅馆中被拘禁两天，这也未必与李镜蓉有必然的联系。土地陈报由浙江省民政厅统一安排，当时的厅长是朱家骅，林桓拘禁张雨亭时，省府曾有电函指示，应该出自民政厅，这也不足为奇。但将近三年之后，1933年2月，法院院长吴泽增给龙泉县长何浩然连发二函，要求调送吴绍唐积谷案卷宗并描述该案情形。这时李镜蓉假冒"龙泉西远区公民"王子兴等"率八都民众"电函"浙江民政厅长"，要求向吴绍唐之子继续追还欠谷，更大肆攻击吴嘉彦。

1933年李镜蓉钻营浙江省民政厅与1930年林桓勒索张雨亭案是否存在某种联系？从逻辑上讲，林桓勒索张雨亭背后很可能有李镜蓉的谋划，这样林桓与李镜蓉就会建立紧密的联系。由于遭遇地方的强烈抵制，林桓几乎被驱逐出龙泉，但此后仍被委以重任。[166] 1936年，林桓出任广东省国民军事训练委员会第一届主任，据回忆资料称，"他平日的言行，和对人接物的一切做作，唯怕别人不知道他是蒋介石的爪牙"，"他天天穿着挂了少将金领章的军服，打着横直带，佩着蒋中正赠的短剑，登着随时擦得亮光光的马靴"。[167] 土地陈报对国民政府财税收入至关重要，林桓又是黄埔军校毕业生，狼狈离开龙泉后，他应该回到南京，进入军统而成为蒋介石的亲信。如果林桓勒索张雨亭背后确实有李镜蓉的谋划，林桓回南京后甚至以此为得意之作，那么李镜蓉就由此与南京国民政府建立了直接联系。

而1933年李镜蓉以"西远区公民"的名义电函浙江省民政厅长，这位民政厅长吕苾筹也是蒋介石的心腹。吕苾筹是湖南益阳人，长期追随谭延闿，与蒋介石本无渊源。谭延闿是辛亥革命时期湖南省都督，1925年任国民革命军第二军军长，1926年代理广州国民政府主席，1928年任南京国民政府主席、行政院院长。吕苾筹则先后出任广州国民政府委员会秘书，代理南京国民政府委员秘书长、行政院秘书长。1930年9月，谭延闿病逝，因为曾经撮合蒋介石与宋美龄的婚姻，蒋介石对他怀有报恩之心，不但厚遇谭的子女，还眷顾谭之旧部。"吕苾筹为谭氏旧部，蒋推屋乌之爱，故如此厚待吕苾筹"，这才任命吕苾筹出任浙江省政府委员兼民政厅长。[168]而李镜蓉很可能通过林桓这条线，又与吕苾筹建立起联系。

捏名邮电诽谤善良

李镜蓉在所谓的"龙泉县西远区公民"的电函中大肆攻击吴嘉彦阻挠吴绍唐积谷案判决的执行，"有旧董吴建鳌之继子吴嘉彦出入衙门，势焰滔天，任由人民控告，统被势绅吴嘉彦一手包庇，不发执行命令，以致欠谷莫追。龙泉法院成立之后，又经人民具状催请执行五次……然虽批饬，实未饬过一警，派过一吏，其余三状连批示都未挂发，足见吴嘉彦之潜势力尚能及于现时之法院。言念及此，能不痛哭流涕也哉"。这件致民政厅长吕苾筹的电函，无非是以更高层的行政力量干涉司法审理，因此明言请民政厅长命令龙泉县长何浩然转致龙泉县法院院长吴泽增，"民等心所谓危，不敢缄默，为此联名快邮电请钩厅长鉴核迅令龙泉县长转龙泉县法院查案，严追吴纲等父欠社谷，一面并令饬判决碑文，准予永远竖在仓内，庶几后人知所鉴戒，亦未始非整顿荒政之一道焉"。

于是龙泉县长何浩然奇怪地接到了浙江省民政厅第 2370 号训令，训令中称民政厅除收到王子兴等呈诉外，还收到龙泉县第四区五、七都代表刘桂生及省政府转呈的乡长毛昌森等呈诉，要求龙泉县长并案办理具报。何浩然于 1933 年 5 月 11 日回复龙泉县法院调档的请求，声称卷宗无从查获，"惟此项卷宗因年代久远，编查莫获，委系遭匪遗失"[169]，又转述民政厅训令，并将王子兴等人致民政厅电函抄件转致龙泉县法院。

李镜蓉指使众人电函省府攻击吴嘉彦之时，吴绍唐之子吴马忠（吴纲）、吴马树已聘请律师丁宗相代理诉讼。[170] 待县长何浩然复函龙泉县法院，又有张大科、黄彦金、黄唐兴等于 5 月 23 日呈状，指控致民政厅电函乃是造谣诬蔑，"捏名邮电诽谤善良"，称吴嘉彦是"吾乡宿儒，规行矩步，而且终岁杜门读书写字，足迹罕至城市，乌得有出入衙门势力及于法院之可言"[171]。1933 年 5 月 27 日，龙泉县法院院长吴泽增裁定驳回李镜蓉等人强制执行积谷案的请求，法律依据是追还欠谷的判决属于吴绍唐的专属义务，不适用于继承的法定情形，吴绍唐去世后，其子没有责任继续执行。[172] 法院将裁定书送达相关各人时，声请人李镜蓉等竟然拒绝接受。

虽然李镜蓉假借"王子兴"等民众的名义电函民政厅，直接诉讼对象是吴绍唐之子吴纲等人，但这场诉讼已将李镜蓉与吴嘉彦推向了斗争的前台。毕竟吴嘉彦也是当地重要的政治人物，尚能招架李镜蓉的诉讼攻击。除了追还积谷案，当时还有同时开展的其他几件诉讼。一是 1933 年 3 月 10 日吴嘉彦、李镜蓉等因盐业问题牵涉诽谤案。诽谤案于 1933 年八九月间宣判李镜蓉、吴嘉彦等均无罪。[173] 二是 1933 年 3 月 27 日吴绍唐之子吴纲等提起请求毁除李镜蓉等所刻吴绍唐案判决石碑。之前的"龙泉县西远区公民"电函中还交代了立碑的来龙去脉，其实刻碑有 1914 年、1931 年两次，前次是"国三年经新董毛之麟等在云和县购一石碑，因石碑太少（小），不能刊刻"，此后"民国二十年向温州购一大碑刻就，竖于义仓内横厅左侧"。[174] 该案于 1934 年 5 月 15 日由浙江高等法院第一分院二审驳回吴纲等人毁碑的请求。至此，李镜蓉与吴嘉彦斗争开始表面化，李镜蓉咄咄逼人地进攻，吴嘉彦处于守势尚能招架，双方基本打成平手。

李镜蓉与吴嘉彦的斗争，罗建功势必密切关注。李镜蓉与吴嘉彦原本因姻亲罗献环而共同支持罗黄氏慈善事业的局面，至此也难以维持。对罗黄氏以慈善事业为名大肆挥霍本应由嗣孙继承的遗产，罗建功、罗烈应该早已强烈不满。大概是在看到吴嘉彦在追还积谷案与诽谤案中并无损伤的前后，罗建功于 1933 年 9 月 28 日对罗黄氏提起侵犯山场共有权之诉，揭开了罗氏遗产争夺战的惨烈序幕。

一六、罗建功

（罗福房嗣子罗勋的胞兄）

假借坤德桥之名操纵一切

1930年《中华民国民法》的公布，对1922年罗勋去世后形成的延迟立嗣合同造成严重冲击。在立嗣合同中，择立罗建功次子还是罗禄房的罗善根是不确定选项。新民法废除宗祧继承制度，并不意味着严禁或打击宗祧继承，依据私权利法无禁止即可为的原则，新民法施行并不影响罗福房继续执行立嗣合同。只是吴素兰择立嗣孙的权利已不再受法律保护，订立合同的各方也可以依据新法律协商维持还是抛弃旧合同。

目前没有发现罗福房重新讨论立嗣合同的材料。无论吴素兰、罗黄氏还是罗建功，他们身边多是李镜蓉、吴嘉善（吴素兰叔父，执业律师）、翁远凡（罗建功妹夫，执业律师）、练公白这样精通法律的人士，理应反复推演新民法对他们各自财产权利的影响。[175] 就法律本身而言，新民法最大的受益者是吴素兰。在传统社会，罗献琛的遗产终将归于未择立的嗣孙。而依据新民法，吴素兰可以放弃

132

择嗣，直接以嗣子罗勋配偶的身份继承罗献琛遗产，即使认领养子也不会改变她继承遗产的权利。但吴素兰无法做出这样的选择，因为遗产事实上一直由罗黄氏实际掌管。在传统社会，罗黄氏与吴素兰都是嗣子、嗣孙遗产的代管者，由罗黄氏处置遗产，理论上不会对吴素兰构成侵占。新民法彻底改变了吴素兰与罗黄氏的财产关系，正如后来吴素兰在追讨遗产诉讼中宣称的，她对遗产拥有完全的所有权，罗黄氏只是受她委托处置遗产。这样的新法律，即使当时吴素兰没有向罗黄氏提出移交财产的要求，甚至表示愿意继续维持立嗣合同，恐怕也很难打消罗黄氏的疑虑。

对于罗黄氏而言，遗产原本属于由嗣子所代表的宗族，自己无论如何也是宗族共同体的一分子。由她代管属于宗族的财产，无论有多少私心，始终应该服务于宗族的延续、体现宗族的价值。但新民法一旦实施，遗产瞬间归吴素兰所有，法律上罗黄氏只是受委托代管他人的财产，她与这笔先夫的遗产竟然不存在任何归属的关系。任何人在这种情况下都可能心态失衡，在拥有绝对处置权的情况下，大肆挥霍以及转移他人财产，恐怕是一种难以遏制的欲望冲动。

1933年9月，罗建功起诉罗黄氏侵占其山场共有权益，罗黄氏其实没有否认罗建功指控的事实。罗建功指，1927年提出修建坤德桥就是侵占共有财产，罗建功等只是因慈善事业的名义勉强同意"出拚一次"。除此之外，罗建功认为罗黄氏继续出卖不动产，应该把属于禄、寿两房的利益分割后，仅将属于福房的部分投入慈善事业。因此罗黄氏出卖水碓坑3000余株杉木收益720元大洋，禄寿两房应该分得480元。案件的争议无非是涉讼山场属于罗福房所有，还是福、禄、寿三房共有，因此这次诉讼由寿房罗建功联合禄房罗烈共同发起。罗建功强调，伯父罗献琛去世之后，叔伯间共财同居，"自民国二年以前，天池公购置之产业，均认为共有财产，向无异议"。即使 1913 年罗献琛去世、1914 年三房析产后，仍有大量财产未经分析，仍属于共有财产，其中最重要的是水碓坑、马鞍山、净信三处大山场未经分割。可能是对现代民事诉讼规则尚不熟悉，罗建功似乎将父辈兄弟"共财同居未曾分析"作为财产共有不证自明的事实，然后提出要求补偿损失的法律依据，未对山场共有的事实提出证据与论证，在诉讼请求中，罗建功也仅要求补偿拼共有山场的收益，未对罗黄氏的财产处置权提出挑战［参见附录二–（2）］。[176]

有何凭证？

从 1926 年对郭吉光的债务案，到 1933 年对罗黄氏的山场案，龙泉县的司法环境发生根本变化。1927 年 4 月 18 日，南京国民政府成立，行政辖区包括浙江全境。1927 年 10 月 25 日，南京国民政府公布《最高法院暂行条例》，同年 11 月 17 日，最高法院在南京正式成立，浙江等省高等法院则于 11 月 14 日先行成立。南京国民政府也要求县法院在各地陆续成立，1932 年《法院组织法》颁布后县法院更扩充为地方法院。出于经费缺乏等原因，县法院或地方法院设立的进度并不理想，到 1934 年底各地仅有地方法院 129 所。浙江省龙泉县属于较早设立县法院与地方法院的县份。南京国民政府成立后，原龙泉县公署改称县政府，仍设司法科。1929 年 10 月 25 日，浙江高等法院命令龙泉等 10 县同时设立法院，当年 11 月 1 日，龙泉县法院正式成立，龙泉县行政、司法合一体制至此结束。

龙泉县法院的成立，意味着《县知事审理诉讼暂行章程》不再适用于龙泉县，民事诉讼程序将依据 1922 年颁布的《民事诉讼条例》执行，民事诉讼的当事人主诉原则由此确立。此后，南京国民政府的《民事诉讼法》于 1931 年全文公布、1932 年开始施行，同样完全适用于龙泉县。而 1931 年《中华民国民法》全文公布施行，民事诉讼第一次有了明确的成文法依据。以上变化意味着龙泉县的诉讼规则已经完全现代化，罗建功面临着全新的诉讼制度与环境。至 1933 年起诉罗黄氏时，距罗建功上次与郭吉光的官司已有 7 年之久。

据罗建功等声称，"土名水碓坑、马鞍山、净信三处山场"由于"未经估计，一时不能分割"未写入拍单，因此仍属三房共有财产。罗黄氏则主张，罗献琛去世后分割山场时，考虑到大量遗产实由罗献琛"生前克俭萃劳"所得，特别"抽出水碓坑、净信等处山场"作为福房"勋劳之赉"，因此未列入"分单"之内，"日后成立正式分书，再行注载"。虽然对水碓坑等山场所有权有不同的主张，但双方均承认三房对此从未形成书面约定。这种情况下，按传统细故审理的规则，审判机构理应对财产分割前有争议的事实展开调查，包括以罗献琛名义购得的不动产是否属于三房共有，1914 年分拍山场时是否对涉讼山场有所约定，原告能否提出 1914 年以后享有涉讼山场权益的可靠证据，等等。但在现代民事诉讼的当事人主义原则下，诉讼是当事人之间的一场竞技，事实的认定依赖于当事人在"言词辩论"中的陈述与举证能力。

考虑到当事人不具备充分陈述能力，龙泉县的"言词辩论"一般通过推事与当事人的问答展开。对于罗建功等是否共有水碓坑等山场，"言词辩论"是这样展开的：

> 推事吴泽增问：水碓坑山场怎么为众产？
>
> 罗建功答：拍单内没有水碓坑、净信山场，便是为共同的公产。

问：此外还有什么可以证明？

答：还有粮串可以证明。

问：粮串上并没有写明水碓坑的字样，怎么可以即作为水碓坑的粮串呢？并且粮串是罗天池的户名呢。

答：他是家长，所以写他的名字。

问：净信山场你说是共有产业，有何凭据？

答：对于水碓坑山业是公共的还有黄竹章给善金（即罗烈）的信可以证（呈信一件），至于净信山场是与李姓共有的，罗李各有一半产权，有砍林簿可证。

问：你说西牛望月等七个小土名是共有的有何证据？

答：我没有证据，这些证据都在罗黄氏手里，要她拿出来的。

推事吴泽增的提问并没有瑕疵，"水碓坑山场怎么为众产"只是提示原告对水碓坑山场共有产权开展陈述与举证。罗建功回答"拍单内没有水碓坑、净信山场，便是为共同的公产"，在逻辑上可以成立。但"未经分拍的山场属于三房共同所有"是需要充分举证才能证明的"形式真实"，在罗建功的陈述中似乎成了不证自明的"实质真实"。吴泽增没有引导罗建功如何证明"未经分拍的山场属于三房共同所有"，而是非常形式化地提出"此外还有什么可以证明"。罗建功提出的粮串、信件、林簿等证据，在吴泽增看来无足轻重，吴泽增反复问罗建功"有何凭据"时，罗建功被逼到了"我没有证据"的死角。

被告罗黄氏由律师练公白代理言词辩论。练公白具有主动陈述与辩论的能力，在声明罗建功的信件、林簿等书证均为伪造的同时，通过两方面证明涉讼山场属于福房单独所有。一是福房罗黄氏先前单独出拚时罗建功并未提出异议。对此罗建功予以否认，声称当时获得收益，但无法提供证据。

　　吴泽增问：你对于原告所说的话有何辩论？

　　练公白答：黄竹章是罗建功的亲戚，黄竹章的信随时可造的，不足凭信，查廿年八月里罗黄氏以个人名义将水碓坑山木拚与黄竹章，并有拚批的，那时原告何以不提起异议呢？这点也可证明水碓坑山场原告是没有分的。

　　问罗建功：廿年八月里罗黄氏将水碓坑山木出拚了，你有否听过吗？

　　罗建功答：有三百元分给我过的。

　　问：有何凭证？

　　没有答。

　　练公白声称：关于水碓坑山场还有反证，查民国五年罗蒋氏又曾拚过一次，是拚给金恒科，有拚批的，那时原告也没有异议，又可证明水碓坑是被告福房个人所有的产业。

　　问罗建功：拚单是那年立的？

　　罗建功答：是民国三年立的。

　　练公白声称：民国十八年罗黄氏将水碓坑山木拚给张瑞贵过，有拚批呈在另案内，请吊案察核，又民国十九年二十年为给山打民事官司时，原告没有共同诉讼，又曾参加诉讼，这点也可证明水碓坑山场是被告的。

这次当吴泽增问"有何凭证"时，罗建功陷入了沉默（"没有答"）。罗建功认为不证自明或审判官容易调查清楚的问题，似乎因为他不能主动举证而被轻易否定了。

律师练公白的第二种辩论策略是直接以买契证明福房的单独所有权，完全回避了罗献琛三兄弟因为"同财共居"而形成共同所有权的"历史事实"，"原告并没有分的，水碓坑山场是天池手卖的，有契据的（呈光绪十九年吴姓卖契一纸），请求察核"。对此吴泽增并非毫无困惑，因为罗黄氏的诉状中声称水碓坑等山场是因为罗献琛"生前克俭萃劳"而特别抽出作为福房的"勋劳之赏"，该陈述等于承认未分拍前山场共同所有的"历史事实"，因此推事问练公白"既然水碓坑山场是罗天池受买的，何以状里说是抽出作为酬劳之资呢"？练公白的回答有意回避了问题的核心，"罗天池受买的山场拿出分给原告不止一处，还有好多处的，对于水碓坑山场所以特别注明"[177]。

在这种局面下，原告罗建功如果有充分的辩论能力，理应奋起反驳，陈述罗献琛兄弟同财共居的"历史事实"。但很奇怪，至少现存的言词辩论笔录中没有记载这一幕。

证据淹没事实

不知是否存在司法以外因素的影响，该案中"同财共居"这个重要的"历史事实"被轻易放过。在当事人主义原则与形式真实主义原则下，形成了原告间接且有瑕疵的粮串、信件、林簿等书证，与被告的买卖契两种证据之间的诉讼竞技。脱离了形成纠纷的历史事实，买卖契明显具有更优越的证据效力。1933年12月4日的判决主文是"原告之诉驳回。第一审诉讼费用归原告负担"，罗建功彻底打输了这场官司。但即便罗建功在言词辩论中表现有严重瑕疵，判决驳回原告的理由仍显得十分牵强，甚至可以认为审判官利用现代法律有"预谋"地埋葬了历史事实。[178]

判决书非但认为原告罗建功等不具备支持诉讼请求的足够证据，而且宣称"即使原告有共有权之证明"也无济于事，理由是罗建功等的诉讼请求的法定"时效"已被"消灭"。该判决理由的依据是《民法总则》第125条"请求权，因十五年间不行使而消灭。但法律所定期间较短者，依其规定"，及《民法总则实施法》第16条"《民法总则》施行前，依《民法总则》之规定消灭时效业已完成，或其时效期间尚有残余不足一年者，得于施行之日起一年内行使请求权；但自其时效完成后至《民法总则》施行时已逾《民法总则》所定时效期间二分之一者，不在此限"。这两条法规是否适用于这个案件其实大有疑问。诉讼的"请求权"只能随着侵权行为而产生，时效必须是以侵权行为产生时开始计算，而不能以权益形成时开始计算，因此《民法总则》第128条又规定"消灭时效，自请求权可行使时起算。以不行为为目的的请求权，自为行为时起算"。[179]判决中将时效"自民国三年立据拍单、知有其余山场尚未分析之日起"开始计算，但罗建功的诉讼请求并非要求分析共有山场所有权，而是确认山场的共同所有权并分享相关收益。罗建功的诉讼请求或许难以获得法律的支持，但就罗建功诉讼请求的时效问题而言，即使练公白声称的包括1916年在内的之前水碓坑山场多次出拚均为事实，由于罗建功没有追诉，也不能成为这次诉讼请求权"时效"的起点。至于判决中的补充理由即《民法》第770条有关"十年间和平继续占有"之相关规定，由于罗建功并未提出否定罗黄氏对涉讼山场所有权的诉讼请求，严格讲同样不能适用于此案。

不过重新讨论该案的"适用法律"也会让人陷于绝境。排除任何技术失误与道德瑕疵，又假设水碓坑等涉讼山场曾经确实是兄弟同产共居状态下以罗献琛个人名义购得，1914年分拍山场时未纳入拍单，这种情况下罗建功主张涉讼山场的共同所有权究竟能否成立呢？吊诡之处正在于，即使传统兄弟同产共居的财产形态是众所周知的"事实"，其共同所有权的诉求也未必能获得现代"法律"的支持。这个问题的本质在于，以自由契约为基础的排他性"所有权"观念是全部现代民法的核心，与以家庭伦理为基础的同产共居财产形态并不能直接兼容。现代法律可以支持以"买契"或"拍单"等类似"契约"形式的"所有权"，而无"契约"形式的"兄弟同产共居"的历史事实可能面临着被现代法律"泯灭"的命运。换言之，罗建功等所谓的共同所有权很难在现代法律找到解释的空间，罗黄氏以契约提出确认单独所有权却可能轻易获得胜诉。甚至即便没有"买契"，也可以"十年间和平继续占有"之规定请求确认所有权，从而刻意"消灭"兄弟同财共居的事实。在这次诉讼中，被告并未提出"十年间和平继续占有"的辩诉理由，法院竟依"职权"援引了该法条——此举如果不存在舞弊，就是现代法律扭曲传统社会秩序的典型案例。

不知罗建功是否发现吴泽增的判决存在明显问题，他不服判决并提起上诉。1934年5月22日，浙江高等法院第一分院发出传票，定于6月22日上午10时公开言词辩论。但5月23日，罗建功等即具状"以案经合意和解，请求撤回上诉"。1938年吴素兰起诉罗献环侵占遗产时，罗献环在辩状中述及1933年共有山场案的和解内容。涉讼的三座山场，马鞍山、净（郑）信两处在和解中划与原告罗建功、罗烈所有。[180] 档案中没有发现"廿三年托出亲友和解"的具体人物，不过这次和解涉及一个关键的时间点，即据吴素兰的陈述，她于 1934 年 4 月随母赴南京居住。吴素兰在该案的地位十分微妙，依据传统社会的逻辑，她是罗福房的嗣媳，罗建功、罗烈的诉讼是与罗福房争夺遗产，吴素兰居于被告一方。但依据新民法，吴素兰是遗产的合法继承人，罗建功、罗烈的诉讼具有削弱罗黄氏对遗产非法处置权的意味。无论如何，在她赴京之际，有理由要求该案尽快了断。

但对于罗黄氏而言，这次诉讼禄、寿两房起而争夺遗产，嗣媳吴素兰并未充分支持她。不知道在和解的过程中，罗黄氏是否风闻她只是侍妾无权继承遗产之类传言。而随着吴素兰突然赴南京居住，罗献琛的遗产出现更大的继承真空。这为罗黄氏抛弃 1923 年的择嗣合同、大肆转移遗产提供了机会……

一七、罗黄张凤

（坤德桥捐造人，罗献琛侍妾）

氏今家财散尽

吴素兰于 1934 年 4 月离邑赴京。5 月，罗建功等与罗黄氏诉讼庭外和解，涉讼三处山场中，马鞍山、净（郑）信两处山场划归罗建功与罗烈。也就是说，罗黄氏仅保留了三处山场中的水碓坑。此后，罗黄氏采取一系列举措加紧处置遗产。

首先是从浙江高等法院再次获得褒奖证书。早在 1932 年，经盖竹乡王叙彝向龙泉县县长、浙江省政府、内政部、行政院、南京国民政府的层层转呈，国民政府最终决定对罗黄氏题颁"乐善好施"匾额一方。1932 年 11 月 9 日"国民政府指令第 1641 号"称：

> 令行政院：
>
> 呈。据内政部呈，准浙江省政府咨，据龙泉县县长转据竹田乡王叙彝等呈请褒扬罗黄氏一案。查此案既据该部核明与褒扬条例相符，拟请题颁匾额。转呈鉴核施行由。

呈件均悉。准予题颁"乐善好施"匾额一方，仰即转发具领。此令。附件存。

　　主席：林森

　　行政院院长：宋子文代

　　内政部部长：黄绍竑[181]

所谓附件就是褒扬证书：

褒扬证书

　　姓名：罗黄氏 现存

　　年龄：六十岁

　　籍贯：浙江龙泉

　　右受褒扬人，经本部审核，合于《褒扬条例》第一条第二款之规定，呈奉行政院转呈，国民政府核准，给予"乐善好施"匾额题字。合行发给证书。此证。

　　内政部长黄绍竑

　　中华民国二十一年十一月　日

1934 年吴素兰离开龙泉，罗建功的诉讼和解之后，罗黄氏再从浙江高等法院谋取褒奖，恐怕是为她肆意支配遗产谋取司法资源的支持：

浙江高等法院题褒

　　罗黄氏：女中令范

院长郑文礼

首席检察官郑数

中华民国二十三年六月　日[182]

其次是 6 月 22 日罗黄氏将坐落观音坑的黄枝砻、章集儿等处山场赠予罗蒋氏的侄子蒋建藩，要求蒋建藩看护祭祀罗献琛与蒋氏的合葬墓，"现在民夫与蒋氏合葬本山，其坟墓责成蒋边递年醮祭，不得有缺"。[183]而罗黄氏去世后，并没有与罗献琛及蒋氏合葬。罗黄氏葬于坤德桥西面的山坡上，墓碑俯视正对坤德桥，除"故罗黄氏之墓"之外，两侧又刻"建桥源归前生功，积德修来后世福"的偈联（参见图 17）。

更重大的举措是把和解中保留下来的水碓坑山场划拨给坤德桥护桥基金。在坤德桥西侧山脚下，至今竖立着"坤德桥碑"，内容是龙泉县政府县长何浩然对坤德桥董的政府背书、1934 年 7 月签发的"龙泉县政府谕建字第 288 号"。碑文记载罗黄氏成立桥董的理由是对坤德桥长期的维护修葺。其实护桥基金在桥建成之后早已成立，当时为基金划拨的财产是铜山源山场以及田粮二十五石。罗建功等提起共有山场案之后，罗黄氏才将遗产中价值最高的水碓坑大山场（包括相邻的果子盒、木子窑、大墙衕、小墙衕、铜山源等处）增拨给护桥基金。为防止财产在身后遭人挪用，罗黄氏特向龙泉县政府呈文，请求县政府对此申谕并予监督。县政府"准予将上列田山按照粮号四址书明，谕令本桥氏所选择董事十四人等收受"。罗黄氏在呈文中表达"家财散尽"的决心，县长何浩然批准罗黄氏的请求，并谕令桥董接管护桥基金的大笔遗产后，"专作日后修葺该桥费用，不得擅自挪移，以重专款，而利修葺"。谕文中罗列桥董名单：

"右谕仰第四区坤德桥桥董罗献环、周尚能、王得人、李盛唐、雷一声、蒋建藩、黄张发、黄云、范企山、王叙华、罗献□、罗献瑜、王启人、罗绵寿等。"[184] 这也是围绕在罗黄氏身边处置遗产的一个小集团。

罗黄氏生前慈善事业远不止捐造坤德桥，在后来的遗嘱中，罗黄氏先后提到"平日好兴公益事业，为先夫争光。独资创造坤德桥，办理育婴，以及资助其他地方公共事业，费金数万。曾蒙中央政府、浙江省政府暨高等法院迭加褒奖有案"。"办理育婴，以及资助其他地方公共事业"的具体情形，档案中没有留下材料，但这部分应该特指为争取政府褒奖的社会公益事业。[185] 罗黄氏的慈善活动也深受传统因果报应观念的影响。1938 年吴素兰追讨遗产时，涉讼者回忆罗黄氏对慈善事业的言论，盖竹王氏的王延寿称"她是做好事的人，说一个钱都不会吃我，吃我一个钱，好事都白做了，因此两家相信不记账的"。[186] 罗献环称"罗黄氏在时，对我说功德做多了，圆满时要把账簿烧了的"。[187] 因此在遗嘱的另一处，罗黄氏也自述其传统做功德的事迹，"除早先变卖开拆急债，又拨助坤德桥基金，又拨本祠办学基金，又助金田桥基金，又助铜山源夫人殿香火，又拨上代仁禄公后绵行起轮祀田"。[188]

即便如此，罗黄氏手上仍留有大量遗产。应该是在周边人的鼓动下，罗黄氏决心彻底抛弃所谓的立嗣协议，将所剩遗产全部赠予她的亲友们。

所有罗福房财产悉瓜分无存

1934 年 7 月 29 日，应该就是拿到县长何浩然关于坤德桥基金谕文的即刻，罗黄氏就立下了一份遗嘱，声明在将遗产分赠之后，剩余遗产由孙媳吴竹枝一人继承：

> 又遗赠夫叔积德公后裔扶养，又蒋氏侄暨氏黄姓侄辈报恩劳资，又夫弟献环医诊劳资，又提出清理债款山场伍处，又提存氏自生为口膳、死后丧葬费山场叁处，田租肆拾石等项，均另立证据作凭外，其余残剩田山屋宇会股以及应轮福房名分祭产，悉数遣与禄房派下孙媳罗吴竹枝。[189]

遗嘱追述之前的赠予对象又包括罗蒋氏的侄子蒋建藩、罗黄氏的侄子黄林佑、堂小叔子罗献环、禄房孙媳吴竹枝以及"夫叔积德公后裔"。在这些人中，唯"夫叔积德公后裔"不知所指，也不明白遗赠理由。

后来吴素兰追还遗产时掌握了一件 1934 年 8 月 26 日罗黄氏转移遗产契据时所立的单据，就反映了罗黄氏遗赠遗产时"均另立证据作凭"的情形：

> 立点单
> 罗黄氏情因本年已将自己福房产业除提存自为养膳外，尽数遗赠与罗吴竹枝、罗德乾、罗长永、黄林佑、蒋翠屏等人，所有当立遗书各一纸，氏已交各人收执。无非因其产业地上权仍归氏暂时自收益，以清债款，其有罗姓置产及上手各契均未随遗书缴与各受遗人计点。罗德乾名下山契一包，蒋翠屏山契一包，黄陈相即罗长永屋契一包，及黄林佑田契一包，共令储于木箱内。罗吴竹枝名下田山、屋宇、会股，及提存氏口食共契七包，另储于洋铁箱内。以上契据均经面点完全，逐包记储，

箱连箱□□俱交与黄林佑侄边暂行保存。侯氏百年后五十日，侄再应依照各遗书认明证据，检交各受遗人收领管业，自向收回存字，均无延误，空口无凭，立点单存照。

中华民国廿三年八月廿六日立点单：罗黄氏

在见：黄陈良

代笔：雷巽峰[190]

这里的受遗赠人，罗吴竹枝、罗德乾（罗献环）、黄林佑、蒋翠屏（蒋建藩）与遗嘱中的名单一一对应，唯新出现一位不知何许人的"罗长永"。不过，"立点单"中又称"黄陈相即罗长永"，这个信息与遗嘱中"夫叔积德公后裔"的含糊表述联系起来，不难想象罗长永应该是黄氏认养的罗氏后裔，至于为何由黄氏认养、与罗黄氏有何关系，目前还无从追查。

8月26日，吴竹枝、罗献环、黄林佑、蒋建藩及罗长永五人的这次分割遗产契约，当然是吴素兰后来指控"所有罗福房财产悉瓜分无存"过程中最重大的事件。但在吴素兰的指控中，除了以上数人，参与瓜分遗产的还有罗日照（即德亨、献瑜，罗献环胞弟）、罗绵寿以及练公白、雷一声：

有罗瑞池即日桂（即罗献环）为氏庶姑最亲信之人一人，乘氏庶姑黄氏病笃昏瞆之时，与内亲如罗日照、罗绵寿、罗长昇等，外戚如黄林佑、蒋建藩等，串谋朋分罗福房财产。除假名公证遗赠罗善根之妻罗吴竹枝坐分外，其余则假托买卖者有之，假托造桥借款抵押者有之，亦有假托捐助公益者，甚至为此事策画图以公证方式之法律顾问起稿人如练律师，或代笔人如雷一声，或在见人如黄林佑、蒋建藩、罗绵寿等，俱赠送遗产田租或山场若干，以酬其功，所有罗福房财产悉瓜分无存。[191]

将这个名单与坤德桥桥董名单对照：

> 右谕仰第四区坤德桥桥董罗献环、周尚能、王得人、李盛唐、雷一声、蒋建藩、黄张发、黄云、范企山、王叙华、罗献□、罗献瑜、王启人、罗绵寿等。

可以发现参与瓜分遗产群体的两个特点。第一个特点是形成以罗献环为核心，涵盖罗、蒋、黄、王四个家族及"健讼家"李镜蓉、雷一声等人。桥董中李盛唐是李镜蓉的儿子、罗献环的女婿（李镜蓉已经或者即将去世），雷一声既是李镜蓉兴讼的得力助手，又是瓜分罗黄氏遗产的主谋之一、立点单的代笔（即雷巽峰）。不仅如此，长期为罗黄氏代理诉讼的律师练公白也是罗献环的亲戚。据吴素兰日后的证词"我不晓得的。罗瑞池（即罗献环）与练公白亲戚，是罗瑞池介绍给他出庭的，听说那年拚林，林价给律师的"。[192]第二个特点自然是将罗建功、吴素兰以及八都吴氏彻底排除在外。因此日后的遗产案，罗建功与吴素兰是主要受害者，而案情又将延续李镜蓉与吴嘉彦的长期斗争。

律师练公白与公证遗嘱

在与罗建功的山林共有权诉讼中，聘请律师练公白是罗黄氏一审胜诉的关键之一。随着龙泉县法院的建立暨现代民事诉讼规则的确立，20世纪30年代以来律师群体在龙泉县诉讼活动中日益活跃。

龙泉司法档案所见 1920 年前后几年的少数上诉案件中已经出现代理律师。最早的龙泉籍律师是后来为吴素兰代理诉讼的季观周，在 237 号卷宗 1918 年永嘉地方审判厅的一件民事判决中，他是控诉人毛之麟的"辅佐人"。20 世纪 30 年代以来，龙泉县比较活跃的律师包括季观周、季步元、季良康、丁宗相、蔡文汉、李蕃、练公白、吴嘉善、谢宣、聂象贤、刘子才、张明东、翁郁文、翁远凡等。1946 年，龙泉律师公会成立，当时的 12 名登记律师是季步元、练公白、季良康、季观周、丁宗相、李彬、沈光熊、林西园、谢宣、潘廉、吴维详、汪筠，他们分别毕业于浙江省立法政专门学校、上海法学院、上海持志学院，其中 7 人是龙泉籍。

从 1930 年至 1949 年，律师练公白的名字至少出现在龙泉司法档案 370 余件卷宗中，是民国时期龙泉县最活跃的律师之一，与季观周等一样是浙江省立法政专门学校毕业的龙泉人。练公白不仅帮助罗黄氏赢得诉讼，而且与李镜蓉的诉讼同伙雷一声一起，成为罗黄氏订立继承遗嘱的关键人物，甚至因此分得一笔遗产。吴素兰指控罗黄氏非法处置遗产，就称"甚至为此事策画图以公证方式之法律顾问起稿人如练律师，或代笔人如雷一声……俱赠送遗产田租或山场若干，以酬其功，所有罗福房财产悉瓜分无存"。[193] 后来吴素兰的所有诉讼均由龙泉县资深律师季观周代理，几乎从不出席言词辩论。唯一的例外是向练公白律师追还遗产时，因为不放心季、练两位律师同行的情面，毅然亲自出庭，"原告（吴素兰）今日是因代理人（季观周）与练公白原为同是律师，有些不放心，自行到案陈述，代理人于今日并无何种意见可以陈述"。这次诉讼的被告是练公白的妻子吴兰秀。言词辩论时，吴素兰交代了罗黄氏聘请练公白律师代理诉讼的具体情形：

问：那时官司是请练公白代理诉讼的吗？

答：是请练公白律师代理的。

问：请代理一起多少公费呢？

答：我不晓得的。罗瑞池与练公白亲戚，是罗瑞池介绍给他出庭的，听说那年挤林，林价给律师的。

问：委托练公白律师出庭订过契约否？

答：不晓得，我听婆婆说过，打官司用了一千多元钱。

问：是当时打官司用了一千多，还是以后和了用了一千多？

答：是打官司连讼费用了一千多，和在外的。

问：现据告吴兰秀弁（辩）诉说，土名平溪儿白鹤仙玄下两处山场是你黄氏婆婆欠练公白的公费，将山场卖给他的，你婆婆欠律师公费，总是实在的？

答：打官司是民国廿二年，所有公费已经拆清了，当时契据底稿我都拿回来的。[194]

据吴素兰的证词，罗黄氏为应对与罗建功的诉讼花费1000余元钱。而那次诉讼的标的不过480余元，即使水碓坑山场的契价也不过1000余元，罗黄氏甚至为清偿诉讼代理费而抵卖山场，练公白的诉讼代理费确实高得离谱。

罗黄氏的遗嘱早在1934年7月就已订立。可能是练公白律师认为这件私人遗嘱在法律上并不保险，也或许是罗黄氏不太放心，向练律师进一步商讨确保遗产转移合法性的途径，总之在1934年10月4日，练公白为罗黄氏代撰民事声请状，请求为罗黄氏的遗嘱办理公证手续。新民法继承编第 1191 条规定，"公证遗嘱，应指定二人以上之见证人，在公证人前口述遗嘱意旨，由公证人笔记、宣读、讲解，经遗嘱人认可后，记明年、月、日，由公证人、见证人及遗嘱人同行签名，遗嘱人不能签名者，同公证人将其事由记明，使按指印代之。前项所定公证人之职务，在无公证人之地，得由法院书记官行之"。[195] 练公白以龙泉县缺乏专业公证人员为由，依据新民法第 1191 条为罗黄氏向龙泉县法院提起声请，请求"准予迅派声誉素着而办事干练之资深书记官一员为遗嘱公证人，克日到场担任公证职务，于遗赠书补行签名盖章，并令去员将办理情形，具报备案，以昭慎重"〔参见附录二－（4）〕。显然早已打通关节，10 月 5 日，龙泉县法院院长金平森立即批示"派书记官长前往作公证人"，并起草训令，由书记官长黄家楣"前往充任公证人"，"仰即到场参加，担任公证，并将公证情形，连同遗嘱副本呈报备查"。

黄家楣直到 11 月 30 日才正式通知罗黄氏"本院定于十二月八日派书记官黄家楣到场充任公证人"。12 月 10 日，黄家楣向县法院报告 12 月 8 日公证遗嘱的情形，"前赴盖竹罗黄氏家，当由该氏出示已签名书就之遗赠书一纸。据称所有产业赠与孙媳吴竹枝，纯出本意"，于是由族人罗德裕、房长罗献环在场作证，黄家楣"将该书赠与吴竹枝产业内容讲解与（罗黄氏）听"，罗黄氏"承认无异"后"即在该书上签名证明"。[196]

半个月后，1934 年"废历十一月廿九日"，即公历 12 月 24 日，罗黄氏去世。

一八、罗善根

（吴竹枝丈夫，宗祧继承最合适人选）

子然一身，倍形凄惨

盖竹罗氏族谱记载，罗黄氏原名黄张凤，是贵溪源高山村黄天养的女儿，出生于 1872 年即清同治十一年。在遗嘱中，罗黄氏描述了自己悲惨的一生。罗黄氏说她二十岁嫁给罗献琛。罗献琛是为续嗣再娶，而她是依父母之命"允许从行"。本来罗黄氏对这段婚姻还是有所期待，结果并未生育。1913 年丈夫罗献琛去世，罗黄氏 42岁。1926 年前后，罗蒋氏去世，罗黄氏 55 岁。在遗嘱中，罗黄氏只字不提嗣子罗勋以及嗣媳吴素兰，并且强调罗蒋氏去世后"只剩氏子然一身，倍形凄惨"。言外之意，嗣媳吴素兰根本没有与罗黄氏同住，更不可能照顾罗黄氏的生活起居。

罗氏家族中长年照顾蒋、黄二氏生活起居者，只有侄孙媳吴竹枝一人，"前室蒋氏生前暨氏平日其能殷勤侍奉助理家务，十年如一日，历久不厌省，其惟房孙媳吴氏竹枝"。除了吴竹枝，对蒋、黄二氏有所照顾的还有蒋建藩、黄林佑、罗献环等人，罗黄氏均赠予财产作为"劳资"并在遗嘱中一一记明。这其中，蒋氏去世后，其侄子蒋建藩仍然悉心照顾罗黄氏，"蒋氏又亡，氏子然一身，前后两次送死营葬，再加讼累，忧郁入深，从此连年抱病，医奔走，在在需人。犹幸蒋侄近在咫尺，无论家内大小事件，时召时来，不辞辛苦，唯命是听，干事有年"。黄氏的侄子黄林佑扮演着与蒋建藩类似的角色，而罗黄氏遗嘱中记明的罗献环对她的照顾主要在医诊方面，"又蒋氏侄暨氏黄姓侄辈报恩劳资，又夫弟献环医诊劳资"。

在公证遗嘱声请状中，罗黄氏首先回顾了生前对遗产的处置。由于未有生育，遗产主要投入公益事业。新民法所规定的法定继承人都已去世，无奈之下罗黄氏才考虑遗嘱继承，"盖氏夫命运不乖，既乏直系卑亲属之人，而父母兄弟复先后去世，苦无相当者以继承遗产"。在没有子嗣的情况下，罗黄氏提出"须孝者承受，俾得含笑九泉而安先人"的理念，决心以遗赠的方式，将剩余遗产留给"殷勤侍奉助理家务十年如一日历久不厌省"的吴竹枝，的确符合人之常情。于是罗黄氏于建立坤德桥基金的同月（7月）29日，"召请亲族集议，并得众人赞许，共同在场，爰即成遗嘱，拟将氏福房残余田山屋宇会股以及轮流福房名下祭产，一并立书遗赠与孙媳吴氏竹枝及其子等，永远管业"。

问题是，罗黄氏这样处理遗产，彻底违背了1923年立嗣合同的约定，也掩盖了她曾经择嗣罗勋的事实。怀着强烈的焦虑与忧惧，罗黄氏从三方面强调自己行为的合法性。首先是继承罗献琛与罗蒋氏的遗志，"连年送死丧葬，救生保婴，耗费不计□□。先夫及蒋氏临终所嘱之事件未遂也，金谓此生□□□□身后余光"。其次，她用非常特别的"以财产为子孙"的观念来解释自己的慈善行为，似乎在为绝嗣的心理创伤谋取补偿，"钱财由积而散固易，再由散而复积，难乎□□□□□□财产而无子孙，直不啻以财产为子孙"。最后她又错误地以"周急不继富"的观念来解释新民法废除宗祧继承制度，"氏□□□□□□区区财产，择其善者而予之，又必以□□□□□，以及周急不继富为主义，所以宗祧继承□□□□□□为法所不许也"。因此，除了"孝者承受"之外，罗黄氏以"周急不继富"作为第二个理由，确认遗产应该由"门祚寒微"的吴竹枝继承，"门祚寒微，亦惟吴氏竹枝一家为最迫"［参见图22，附录二-（5）］。[197]

无从了解是因为法律知识浅薄，受传统观念及生活环境影响，还是考虑到自己的不利因素，罗黄氏为她抛弃立嗣合同转而订立公证遗嘱提出的理由，残留着各种"子孙""孝"之类的宗法观念，并不符合新法律男女平权及个人主义的基本立场。

不得溺爱情深，狥由尔夫罗善根越权处分

虽然不符合新的法律理念，但无论是从利益还是情感的角度，罗黄氏为吴竹枝继承遗产提出的种种理由，符合人之常情。匪夷所思的是，罗黄氏在遗嘱中刻意强调吴竹枝的丈夫罗善根不得染指遗产，"咨尔竹枝应自善抚子女，俾其成立，不得溺爱情深，狥由尔夫罗善根越权处分"。罗善根是1923年立嗣合同中择嗣对象的第二人选，也是现实中存在的唯一人选。[198] 罗黄氏既称吴竹枝与罗善根"溺爱情深"，自然会共享继承遗产的利益。现在要求罗善根不得"越权处分"原本应该由他继承、现在由他妻子受赠的财产，这如果不是一句荒唐的玩笑，就只能是欲盖弥彰的笔法。

罗黄氏试图掩盖什么？表面上，罗黄氏的遗嘱反对宗祧继承而张扬女权。但7月29日订立遗嘱时，在遗嘱上签署姓名的除了罗黄

氏本人以及代笔雷一声（巽峰），还有一长串"在见"人的名字：

> 族长、夫弟：德裕（签字）
>
> 房长、夫弟：德乾（签字）
>
> 夫弟：德元
>
> 夫弟：德亨（章）
>
> 夫侄：绵远（签字）
>
> 胞兄：黄张发（签字）
>
> 蒋侄：蒋翠屏（签字）
>
> 黄陈相（签字）
>
> 王尚宷（章）
>
> 林尚华（签字）
>
> 刘息寿（签字）
>
> 吴其芳（签字）
>
> 徐迪斋（章）[199]

13 人的"在见"名单中，至少有 5 人来自罗氏家族。在族长、房长及众多族人的见证下，签立一件激烈反对宗法制度的继承遗嘱，就显得口是心非。

　　合理的解释，由于不具备择嗣的资格，罗黄氏对遗产的处置需行罗善根宗祧继承之实，而排除宗祧继承的名义，这才是公证遗嘱的关键问题，也唯其如此才能理解罗氏宗族及罗善根都没有反对这份遗嘱。嗣子罗勋去世后，立嗣的权利已转移到嗣媳吴素兰手中，罗建功按 1923 年立嗣合同至少应该获得大量经济补偿。1933 年争夺水碓坑等山场的诉讼之后，罗黄氏再也无法忍受罗建功染指遗产，因此罗黄氏的公证遗产是平衡罗氏家族、罗善根等各方面的利益，唯独要排除吴素兰、罗建功对遗产的继承。

罗黄氏大肆转移遗产，将吴竹枝列为唯一财产继承人，受害者主要是吴素兰与罗建功。但罗善根算不上获利者，而更像是被利用的棋子。依据公证遗嘱，遗产与罗善根也不存在任何关系，明面上讲，罗善根才是最直接的受害者。即使通过吴素兰让罗善根实质性地享受遗产的权益，过于曲折的法律关系也使罗善根的权益变得极不确定。那罗善根怎么会接受这样一份刻意排除他权益的遗嘱呢？

在龙泉司法档案中没有发现吴素兰与罗善根、吴竹枝遗产纠纷案的诉状、言词辩论笔录或判决书，仅存几件审理前的假扣押相关文书，无从了解罗善根为何放弃宗祧继承。仅从逻辑分析的话，罗善根未必没有自己的算计。但是，罗善根需要面对罗黄氏的强势主导。罗黄氏大概是为罗建功与罗烈的起诉而恼羞成怒，又觉得吴素兰离开龙泉为她提供了可乘之机，从1934年6月开始大肆转移及遗赠财产。依罗黄氏的逻辑，由于没有子嗣，她的遗产不存在法定继续人，可以以遗嘱形式任意处置，换言之，她也可以不留给吴竹枝任何遗产。罗黄氏将最丰富的遗产留给吴竹枝，即便声称罗善根不得"越权处分"，实质上仍是变相由罗善根继承遗产。那遗嘱由罗善根继承不是更加直接方便吗？需要绕这么复杂一个圈子吗？

当时的罗善根已经27岁，身边不乏法律人士，未必不清楚遗产继承中的法律与利害关系。罗善根应该明白，罗黄氏对遗产的处置可能是非法的，所谓的公证遗嘱存在极大的法律风险。罗善根可能觉得这是一个两全之策：如果罗黄氏的操作最终被判定是合法的，拒绝罗黄氏等于拒绝任何遗产继承，那他不如通过罗黄氏遗赠妻子吴竹枝变相地继承遗产。如果罗黄氏的判定是非法的，他未必就丧失了宗祧继承人的身份，但那应该与罗黄氏的公证遗嘱撇清关系——这或许才是遗嘱中强调罗善根不得"越权处分"的真正用意。如果这个推论成立，罗善根这番算计可谓精妙。

可惜从结果来看，罗善根也是反被聪明误。

我不晓得

在接受罗黄氏公证遗嘱的同时，罗善根并没有主动放弃宗祧继承的地位。

罗黄氏的遗嘱有包括 5 名罗氏族人在内的 13 人"在见"为证。1934 年 10 月，又由练公白律师代撰声请龙泉县法院派员公证遗嘱。12 月 8 日，龙泉县法院书记官长黄家楣在罗氏族人的见证下为罗黄氏遗嘱实施公证程序。因此，罗黄氏立遗嘱的过程不可能保密，甚至是轰动全县的重大社会新闻，利益相关者必定知情，包括被刻意排除在遗嘱之外的吴素兰与罗善根。

后来，向律师练公白追还遗产时，吴素兰亲自参加言词辩论，她说罗黄氏去世时并没有人通知她，但之前罗建功已告知她罗黄氏遗嘱的内容。吴素兰说，两件事都在"廿三年十一月间"，与 12 月 8 日遗嘱公证及 12 月 24 日罗黄氏去世两个日期并不冲突：

推事问：你何时往南京？

吴素兰答：廿三年四月间去的，我去南京，家务托黄氏婆婆料理的。

问：你往南京时，黄氏婆婆生病否？

答：没有病的。

问：后来黄氏生病，有信写与你否？

答：有信写给我的，我因路途远，不能赶回来。

问：黄氏何时死的？

答：廿三年十一月间死的。

问：死时通知你没有？

答：未通知我。

……

仍问原告：后来你婆婆将财产赠吴竹枝，你几时晓得的？

答：十一月间我便晓着了。

问：你婆婆死后你回来没有？

答：未报我听，我未回来。

问：分的时候，你几时晓得的？

答：我大伯罗建功报我听，我晓得了，在未与罗善根等打官司前就报我听了。[200]

　　吴素兰掌握着立嗣的权利，但她没有立即对公证遗嘱直接提出挑战，恐怕是相信罗善根不会放弃宗祧继承的地位。罗黄氏去世后，罗建功依据1923年的择嗣合同，向罗善根要求经济补偿，可见罗建功也不认为罗善根放弃了宗祧继承的地位。罗建功称，罗黄氏去世后，吴素兰来函承认罗善根为嗣孙，"去年废历十一月廿九日罗黄氏又相继逝世。当时嗣媳吴氏因在南京未归，由仲房侄孙罗善根代位继承。据善根面称已有罗吴氏来函承认其为嗣孙等语"。罗建功提出立嗣合同作为证据，要求获得田山及现金补偿，因为合同"载明伯母物故之日，由吴氏择定嗣续，如择仲房侄孙继承者，则抽手泽田租五十石，又抽土名大夫殿后竹木山场全处土名木袋凸头山场全处，又津贴银洋五百元与季房收管等字样"。罗建功除提出"民国十二年罗蒋氏、罗黄氏同书载明可凭"之外，还要求罗善根的"胞兄罗长明"作为人证。

罗建功陈述罗善根"面称已有罗吴氏来函承认其为嗣孙"，说明罗善根并未拒绝承嗣，但他索要经济补偿的要求遭到罗善根的拒绝，"讵料罗善根意图独贪遗产，竟敢抗不给付，复敢带同妻子搬踞罗黄氏家中盗藏一切契据、霸占一切财产，其居心侵害民应得权利已可概见"。1935 年 2 月 25 日，罗建功向县法院提起调解声请，请求责令罗善根遵守择嗣合同的约定，"为此迫得书请钧院鉴核赐定期通知相对人罗善根到庭调解，责令照约给付遗产契据及银洋，以保法益"。1935 年 3 月 8 日下午 1 时，龙泉县法院院长金平淼主持调解罗建功与罗善根的给付遗产纠纷。之前金平淼曾派黄家楣担任罗黄氏公证遗嘱的书记官，依据立嗣合同进行调解时，金平淼对公证遗嘱只字未提，不知道在他理解中，立嗣合同与公证遗嘱哪一件更合法呢？当然法律已经"现代化"，依据当事人主义原则，当事人未提出的事实主张，审判官可以置之不理。

金平淼只管聆听当事人的主张，他先问罗建功，罗建功声称罗善根已接受宗祧继承：

问：立合同书是什么意思？

答：说是伯母亡故之后，由绵昌老婆吴氏择定嗣续。去年十一月间黄氏死了，罗善根要承继，他如今他把黄氏的产业占管去。前头合同书说过的，他要承继，要抽出山场二处、田租五十石、五百元给我。

问：长明是什么人？

答：是罗善根的胞兄。

> 问：现在黄氏死，绵昌的老婆承认不承认罗善根承继？
>
> 答：罗善根说吴氏有信给他，叫他承继的。

金平淼再问罗善根，罗善根的陈述提供了诸多新的信息。原来由吴竹枝继承的公证遗嘱并非罗黄氏唯一的方案，罗黄氏最初的考虑，就是让罗善根直接继承：

> 问：罗黄氏是你什么人？
>
> 答：是我伯祖母。
>
> 问：罗黄氏早先立过绵昌（罗勋）做儿子过？
>
> 答：我不晓得。
>
> 问：现在罗黄氏死是不是你继承的？
>
> 答：吴院长手里备案过的，叫我继承他的。

金平淼又问罗善根对1923年立嗣合同的态度，罗善根非但不承认，甚而否认掌握着立嗣大权的吴素兰的存在：

> 问：罗长明（罗烈）是你什么人？
>
> 答：是我胞兄。
>
> 问：黄氏同蒋氏民国十二年有张合同书立过的？
>
> 答：早先我年轻不晓得。
>
> 问：罗黄氏有个媳为吴氏（吴素兰），你晓不晓得？
>
> 答：我晓不得的。
>
> 问：你不晓得，你的哥长明他晓得的？
>
> 答：我不知的，要问我哥。

在罗建功提起经济补偿的声请之前，罗善根曾经承认自己的宗祧继承地位。但在罗建功提起经济补偿之后，罗善根在法庭调解时不承认吴素兰的立嗣权利，那就等于放弃宗祧继承地位。这样，罗善根只能通过妻子吴竹枝享受遗产权益，而吴竹枝获得的那份公证遗嘱在法律上并不可靠。

罗善根的态度为什么会发生变化？是贪心不足，想侵吞对罗建功的经济补偿吗？

财产并不多，还要偿还债务

罗善根说，"吴院长手里备案过的，叫我继承他的"，这是对"现在罗黄氏死是不是你继承的"的回答。"备案"之事，只此一说，未见其他材料印证。"吴院长"即吴泽增，在任的时间不晚于1934年6月，"备案"内容显然与7月订立、12月公证的遗赠吴竹枝的遗嘱根本不同。从理论上讲，吴素兰掌握着立嗣权利，离开龙泉之前对择嗣罗善根而在县法院"备案"倒是有可能的。但罗善根的回答，意思是罗黄氏曾经打算由罗善根直接继承遗产，这似乎不太合理。"备案"之事也或许是罗善根信口开河，因为遗产争夺战将罗善根置于极为尴尬与不堪的境地，在后续诉讼中罗善根的证词越来越颠三倒四，以致无法获得任何人的信任。但如果罗善根的陈述准确的话，那就是罗黄氏先"备案"由罗善根直接继承，后来发现存在严重法律漏洞，推翻"备案"而别立公证遗嘱。

法庭调解时，院长金平淼没有理睬罗善根的陈述，直接依据立嗣合同提出调解方案，但被罗善根断然拒绝：

问：这合同书上说你要承继的，你要抽出二处山、五十石田租、五百块钱归三房，你愿不愿意？

答：我不承认的。

问：现在罗黄氏死了，他所有的产业你都管了，你总要抽点出来该罗建功，你照合同书上给他一半好不好？

答：财产并不多，还要偿还债务，这是我不承认的。

这番对话可能透露了罗善根放弃宗祧继承地位的真正原因，那就是"财产并不多，还要偿还债务"。

黄家楣公证遗嘱时，似乎当没抄录吴竹枝获赠财产的清单。不过后来吴素兰追讨遗产时，提出的假扣押声请中罗列了涉讼的部分遗产清单：

计开标封监收罗福房天池所有遗产内杉木田租清单：

盖竹地方：土名尖坞儿，计租拾贰石。

仝：　土名黄坞、猪母坛，计租拾六石。

铜山源：土名黄坭册，计租四石。

暑纲：土名双竹墓、窑丘，计租十五石。

仝：土或双竹墓、社后、王淤，计租十二石。

仝：土名吴畈，计租八石二斗。

岭上：土名大岭头、大杓丘，计租廿二石（每年作租价廿四元）。

仝：土名祠堂后、白亭园、墓岭亭下、北弄，计租十四石。

岭根：土名双竹社，计租三石。

双溪垟：土名坡头坑，计租二石五斗。

吉底：土名枫林前，计租六石。

盖竹：土名墙儿头、道堂下、千佛桥下、金田桥头，计租十四石五斗。

大坦：土名青坑儿，计租六石。

埠下：土名埠下，计租三石。

共计租壹佰叁拾捌石贰斗。

杉木类

金田村桥头坦坪内，盖有雷盛昌铁印字山记，共计杉木贰百零六株。

土名西山寨山场内新砍杉木树脑，凿有升字山记（未盖有字号），共计杉木壹百九十四株。

麻地淤埠头，盖有罗和利铁印字号，共计杉木壹百五十株。

计开罗善根收去贴价田租清单：

暑纲地方：土名东塝、吴畈、坑心，三标计租十六石，雷樟养种。

王淤：土名钮钵坞、大山、横儿，三标计租五石，江吴发种。

岭上：土名旁岸，一标计租十四石，房有全种。

王淤：土名王淤上下段，一标计租十八石，江田祖种。

双溪垟：土名牛坭垃，一标计租五石，李森相种。

共计租伍拾捌石。

如果罗善根与吴竹枝从罗黄氏手中继承的只有这些，兑现罗建功的经济补偿大概就是与罗建功平分遗产。如果真的还有所谓的债务，那补偿罗建功之后罗善根可能真的所得无几。换言之，原本应该补偿给罗建功的那部分财产，已被罗黄氏通过慈善公益事业以及财产转移挥霍一空。或者说，宗祧继承制度中嗣子罗善根的利益，被他妻子吴竹枝"十年如一日"伺候着的罗黄氏侵吞或出卖了。不过金平森提出的"你总要抽点出来该罗建功，你照合同书上给他一半好不好"的方案，很值得罗善根考虑。对罗建功补偿减半，罗善根仍然稳妥继承相当部分遗产，也能避免遗产诉讼大战的发生。

但罗善根拒绝金平森的调解，对于罗建功而言，这是逼他提起诉讼：

> 金平森续问罗建功：他不承认。
>
> 答：他不承认我起诉。
>
> 金平森宣告两造"情词各执，调解不成立，退去"。[201]

罗善根拒绝调解，未必是因为对法律无知，反而可能是过于钻营法律与政治的结果。宗祧继承制度已被废除，1923年的立嗣合同不再受法律保护，罗善根拒绝承嗣，罗建功根本无从依据立嗣合同要求经济补偿。罗建功未必没有意识到，依据新民法，吴素兰可以直接宣称遗产的所有权。这样的话，罗福房的遗产与罗建功就毫无干系。因此罗建功宣称"他不承认我起诉"，其实是一句空话，就像与郭吉光的诉讼一样，罗建功根本不具备诉讼主体的资格。严格地讲，罗建功的诉讼史随着这句"他不承认我起诉"其实已经终结，罗建功的名字再也没有作为原告或被告出现在龙泉司法档案中。

问题是，罗善根对吴素兰难道也是有恃无恐？如果确实如罗建功所言，罗善根曾"面称已有罗吴氏来函承认其为嗣孙"，那么他在法庭调解时不承认吴素兰的嗣媳地位，就是一次赤裸裸的背叛。罗善根这样做的风险极大，是一时糊涂没有形成清晰的诉讼策略，还是慑于罗献环等瓜分罗黄氏遗产集团的势力？罗善根不会不知道，遗产争夺早已卷入到当地李镜蓉与吴嘉彦两大乡绅集团的斗争中，李镜蓉虽已去世，罗献环、练公白、雷一声、李兴唐等人仍有势力。

　　更重要的或许是吴素兰突然离开龙泉前往南京，罗善根可能风闻吴家在政治上遇到麻烦。或许这才让罗黄氏、罗献环、练公白等人敢于肆无忌惮地瓜分罗福房的遗产。但世事难料，吴家在南京的境遇也随时可能发生变化。

一九、吴驰缃

（吴素兰胞弟，中央军委办公厅主任科员）

上海民众反日救国联合会

1933 年 5 月 27 日，龙泉县法院裁定，因吴绍唐于 1932 年秋间病故，驳回李镜蓉等要求吴纲、吴嘉彦等执行积谷案判决的声请，李镜蓉等拒绝接受裁定。这次裁定，使得吴嘉彦在与李镜蓉的斗争中扳回一局，本来应该有机会乘胜扩大优势。

结果，1933 年 12 月 4 日罗建功与罗黄氏的诉讼一审败诉，1934 年 5 月 15 日浙江高等法院第一分院民庭驳回吴纲等毁除石碑请求，5 月 23 日罗建功撤回二审上诉，6 月罗黄氏大肆遗赠、转移罗福房遗产，11 月 8 日最高法院终审驳回吴纲等毁除石碑请求。一系列诉讼的失败，似乎意味着吴嘉彦在龙泉县的势力已消耗殆尽，而时间点正在 1934 年 4 月吴素兰赴南京与母同住的前后。

这时的八都吴家，究竟发生了什么？

吴素兰出生于光绪庚子即 1900 年，与罗勋同岁。吴素兰有胞兄吴文苑，罗氏族谱称其为"大学士"。吴文苑应该是清华大学学生，

1924 年，叔父吴嘉彦突然在北京为修建处州会馆募捐，或许与吴文苑在京求学有关。吴素兰还有一位胞弟吴驰绷，比吴素兰小 7 岁，在龙泉读完小学之后，应该借助吴嘉彦担任省议员的关系，负笈赴杭，就读于私立蕙兰中学（现杭州市第二中学）。四年后中学毕业，吴驰绷又东渡日本，留学于明治大学经济学系。[202]

吴驰绷去世于 1986 年，享年 80 岁。1986 年上海社会科学院历史研究所编撰出版了一部《"九·一八"—"一·二八"上海军民抗日运动史料》，其中有一篇是吴驰绷的回忆录《关于上海民众反日救国联合会的成立和活动》。[203] 在 50 年后的追述中出现了"今天，我们回顾'民反'的活动和教训，对克服左的指导思想，贯彻六中全会决议，加速我国四化建设是很有现实意义的"之类表述，未必是吴驰绷当时的认识。但是这份当事人的回忆录，不失为了解吴驰绷那段经历的第一手资料。

吴驰绷回忆称，1928 年春，他在日本东京明治大学念书，因受社会主义思潮的影响，他与一些留日同学如饥似渴地阅读马克思、列宁主义著作。1929 年冬，他与余心等同学组织新兴科学研究社，探讨救国救民的真理，编印出版社刊《斗争》，介绍中外革命消息，在留日学生中有一定影响。1930 年 9 月间余心回国，《斗争》杂志由吴驰绷负责编辑发行。10 月初，《斗争》杂志被日本警视厅发觉，吴驰绷被捕入狱，住所被查抄，杂志被迫停刊，一个月后因触犯出版法，被判押送出境。1930 年 12 月，吴驰绷回到上海。1931 年，吴驰绷先后加入中国社会科学工作者联盟（简称"社联"）与中国共产主义青年团，开展反对国民党的宣传工作，如在墙壁上贴写反对国民党、拥护共产党等标语，或到马路上散发传单。

1931 年 4 月底，吴驰绷加入中国共产党。1931 年九·一八事变后，全国掀起抗日反蒋热潮。11月初，日本留学生三十余人回国参加抗日救国斗争。吴驰缃受命接待这批留日学生并组织成立留日回国学生会。11月间，日本占领东北三省，进攻锦州，发动天津事变。上海人民掀起抗日怒潮，各抗日团体纷纷集会进行强烈抗议。中共为加强对群众抗日救国运动的领导，决定成立全市性民众抗日救国团体。吴驰缃与江苏省委宣传部部长杨尚昆、中央宣传部副部长华少峰（华岗）会面，杨尚昆提出由吴驰缃组织留日回国学生会出面，邀集上海各界抗日团体开会，发起组织上海民众反日救国联合会。

12月5日，吴驰缃通过留日回国学生会发起召开全市各界抗日团体紧急大会，六十余抗日团体代表百余人在四川路青年会开联席会议，由留日回国学生会代表提议成立上海民众反日救国联合会，但未能决定组织名称用"抗日"还是"反日"两字。当晚吴驰缃得到杨尚昆指示，组织名称必须使用"反日"，活动经费均由江苏省委拨给，由杨尚昆同志亲自交与吴驰缃。次日抗日团体继续开会，决定成立上海民众反日救国联合会，简称"民反"。

花了八百枚银洋

吴驰缃在"民反"没有公开职务，骨干分子都知道他是领导小组成员，与党组织直接联系。吴驰缃每天或隔天向杨尚昆、华岗汇报工作。在1931年12月13日的大会后不久，杨尚昆根据江苏省委指示，提出成立"民反"党团组织，委任吴驰缃为党团书记。"民反"总部设在麦特赫司脱路606弄5号（现泰兴路）。开始时公开挂牌办公，不久被工部局强行查封，1932年2月1日迁到附近小学办公。"民反"党团办公室则设在沪中区，对外绝对保密。党团成立后，"民反"组织发展很快，由成立时的五十四个团体扩大到三百多个团体。[204]

1932年3月1日，十九路军撤退至第二道防线，日本侵略军暂未进入闸北。中共中央军委由于王明冒险主义的错误领导，认为闸北出现真空地带，决定于3月2日在闸北召开包括"民反"在内的群众大会。次日大会遭到国民党保卫团镇压，中央军委保卫干事孙小保被枪杀。当日，公共租界巡捕房即将"民反"总部及各区分会查封，"民反"从此不能公开活动。

5月底，吴驰缃得到江苏省委通知，将"民反"党团撤销，与上海反帝大同盟（简称"上反"）党团合并，由吴驰缃负责"上反"党团宣传工作。吴驰缃在上海加入中国共产党并投身反帝爱国运动，远在龙泉县的胞姊吴素兰、叔父吴嘉彦未必完全不了解，因为据吴驰缃的堂弟吴文楠的回忆："吴驰缃早在1927年结婚，原配夫人范玉娟。1931年驰缃回国，范氏去沪探亲，不幸染病殁于上海。生子永禧，时年尚幼，当由其姑母素兰扶养成人，以后就学于青岛山东大学，解放时参军去云南，于1981年离休回籍后病故。"吴驰缃应该是秘密加入中共，但组织"民反"是公开活动。他与龙泉家中不但有所联系，妻子在沪去世后，其幼子吴永禧应该送回龙泉由姑母吴素兰抚养，联系应该十分密切。

吴驰缃参加"上反"的具体情形并不清楚。1933年，吴驰缃在一次参加法学院晚会的归途中，被国民党上海警备部秘密逮捕，囚禁于龙华陆军监狱。当时被秘密逮捕的爱国青年很多。1933年初，何香凝致书国民党中央各委员，建议大赦全国政治犯，交其率领北上，从事抗日军之救护工作。3月，何香凝在德国留学的儿子廖承志也有慨于"暴日侵凌，国难日急"，故而"愤而返国"，以"舍身报国"。不料返沪仅两周，即于3月28日在上海山西路五福弄遭工部局拘捕。据说"通过廖承志的巧妙办法"，何香凝"及时得知儿子遭捕之事"，说明廖承志也是被秘密逮捕。何香凝立即展开营救，连续在报社与记者谈话，要求无条件释放，又抱病与柳亚子到上海市公安局，与吴铁城"进行面对面的斗争"。当时宋庆龄也召集中国民权保障同盟临时执委会议，商议营救罗登贤、陈赓、廖承志等人的办法。3月31日，廖承志即由何香凝、柳亚子联合保领出狱。

廖承志的被捕经历，说明法律上并无禁止反帝运动的依据，对爱国青年只能秘密逮捕而难以公开审判。吴驰缃或许与廖承志差不多时间被捕，但难以通过"巧妙办法"让远在龙泉的家人了解自己被捕的情况。据吴文楠的记忆，"大约半年以后，才透露失踪消息，当由其叔父即笔者父亲吴嘉善，其时在温州挂牌业律师，得悉音讯后，就即会同处州同乡赵霭辉（缙云赵舒先生次子，曾任国民党少将参谋长）奔走设法，最后通过竺鸣涛和当时上海警备司令杨虎的关系，花了八百枚银洋，始被营救保释出狱"。吴驰缃被秘密逮捕，但没有遭受刑罚，又被营救出狱，或许是没有暴露中共党员的身份。而吴家借营救的机会，又进一步利用赵霭辉的关系，重新安排吴驰缃的生活与前途，"1934年吴驰缃出狱，经由赵霭辉牵线搭桥，认识其侄女赵虎妹，并结成了伉俪，以后生有四男四女，均各成家立业"[205]。

吴驰缃出狱，应该十分想与幼子见面，又与赵虎妹再婚，家人理应参加婚礼。1934年4月吴素兰随母前往南京，当然是为吴驰缃打理家务，也说明吴驰缃出狱后不久即前往南京。但直到此时，吴驰缃尚未成为吴家在龙泉重振势力的契机。

上校主任科员

出狱后，吴驰缃成了赵霭辉的侄女婿，而赵霭辉的姑妈是竺鸣涛的夫人。竺鸣涛字明道，浙江嵊县人，蒋介石亲戚，日本野战炮兵学校毕业，1925 年黄埔军校潮州分校二期受训毕业，1927 年任蒋介石陆海空军总部卫士大队大队长，1930 年任浙江省保安处处长，1933 年调任军事委员会办公总务处少将处长。由于这一层关系，再婚后的吴驰缃很快被委任为中央军事委员会办公厅总务处上校主任科员之职，跻身于国民党军政界。从再婚到任职于国民政府，这对于八都吴家应该是重大而复杂的事务，既牵扯精力，又充满不确定性，吴驰缃任职后也需要相当时间的经营才能对龙泉产生影响。吴素兰又要照顾侄子吴永禧，一时也无暇顾及夫家罗氏的遗产纠纷。从 1934 年罗黄氏瓜分遗产，到 1935 年初罗建功要求罗善根给付遗产提起民事调解，吴素兰始终留在南京，没有出面追讨遗产。

为了处理吴驰缃出狱后各项事宜，胞兄吴文苑可能也赶赴南京。《龙泉文史资料》中《郭骥传略》一文有两位作者，分别是李镜蓉之子李盛唐与吴嘉善之子吴文楠。郭骥出生于 1910 年，祖籍江西乐安，应该出自罗建功起诉过的郭吉光家族，也是李镜蓉的江西老乡。20 世纪 30 年代初，郭骥在南京中央大学社会学系读书。因为九一八、一·二八事变，全国学生为请愿对日抗战，相继成立学生自治会。1933 年，郭骥参加中央大学学生会竞选，担任学生会主席，并作为学生代表与校长交涉，要求中央大学与北大、清华一样减免学费，并获得成功。《郭骥传略》记述他在南京与吴文苑同游鸡鸣寺，"当时中央大学的学生内部，有国民党的 CC 和改组两派，为争夺学生会的领导权，明争暗斗十分激烈。有一个星期日早晨，同村乡友吴文苑过京（清华大学读书），先生陪同去鸡鸣寺游览饮茶，突被两名不明身份的人绑架，一个星期后获释"[206]。不久郭骥毕业，由松阳人、国民党中央委员、中央大学法学院院长何联奎推荐至陈诚处。郭骥受陈诚赏识，被送往英国深造，抗战时期又随陈诚担任第六战区政治部办公室主任。因此除了吴驰缃进入军政界，吴家与郭骥也有不浅的交情。

1935 年，李镜蓉与罗黄氏已相继去世，而吴驰缃成为国民政府军政界一员。八都吴家在龙泉的政治势力应该超越了吴嘉彦担任省议员的时代。胞弟吴驰缃的婚姻与职位都已稳固，吴素兰不再需要照顾侄子，就可以返回龙泉，再兴诉讼以夺回遗产了。

在罗家，只有夫兄罗建功站在吴素兰这边。丈夫罗勋婚后不久病逝，吴素兰没有生育，可能长期回母家八都镇居住，即使在盖竹可能也主要居住在罗寿房，与罗福房婆婆蒋、黄二氏关系应该比较疏远。1935 年返回龙泉后，为便于应对遗产诉讼，吴素兰直接住在1924 年吴嘉彦在县城西街兴建的小洋楼中。依据旧传统，吴素兰是罗勋的寡妻、罗福房的嗣媳，她应该立嗣并由嗣孙继承遗产，同时以"养膳费"的名义保留相当部分可以直接处置的遗产。依据新法律，吴素兰可以罗勋配偶的身份宣称罗福房所有遗产的所有权。无论新旧规则，吴素兰在遗产问题上都处于相当优势的地位。

新民法对吴素兰更为有利。罗黄氏在世时，吴素兰没有依据新民法向罗黄氏索要遗产。罗黄氏去世之后，她也曾同意仍由罗善根承嗣。或许因为家境比较优越，吴素兰似乎不太在意对罗福房遗产的处置权。即使南京国民政府废除宗祧继承制度，即使对盖竹罗氏并无多少归属感，吴素兰也无意抛弃 1923 年形成的择嗣合同。问题是罗善根无意遵守择嗣合同，甚至不承认吴素兰的嗣媳地位。正值胞弟吴驰缃在军政界谋获职位，那就没有什么力量可以阻挡吴素兰追讨遗产，这既是维护自己的遗产继承权，也是叔父吴嘉彦与健讼家李镜蓉两个集团长期竞争的终极之战。

二〇、罗蒋汝珍

（罗献琛遗孀）

罗建功编修族谱之谜

在法庭调解罗建功与罗善根的遗产补偿问题时，金平淼问起罗黄氏是否有嗣媳吴素兰时，罗善根矢口否认。瓜分罗黄氏遗产的团伙，可能早就设计了不承认吴素兰嗣媳地位的诉讼策略。后来吴素兰追讨遗产时，盖竹村的王延寿就指证，罗勋去世之后，吴素兰便离开盖竹罗氏，根本不是罗福房的嗣媳：

> 窃按原告罗吴素兰虽为罗绵昌（罗勋）之妻，罗绵昌为罗天池之嗣子（系罗天池后由蒋、黄两氏招为嗣子），然罗绵昌向住其生父家，事实上并未就嗣，所有罗天池之遗产，以及其家务，向仍由罗天池之妻蒋氏、黄氏自己负责管理，一切对内外大小事务，均由蒋、黄两氏共同行使其权利义务。再原告与罗绵昌结婚未久，即赋离鸾，原告以夫亡悲剧，且无子可恋，即遄返母家，是原告更从未入罗福房之门而为嗣媳。[207]

如果罗勋去世时，吴素兰就计划离开盖竹罗氏而返回八都吴家居住，那就不难理解罗建功迫切提出修纂族谱的真正用意。在《盖竹罗氏宗谱》卷四《五服系图》的"积善"系派下，载明了"积善—德涵—绵昌"的谱系。德涵就是罗献琛，在他的个人生育信息中又明载：

> 以德初之次子入继为嗣。

德初就是罗献琳，绵昌就是罗勋，他的个人信息更载明：

> 中学毕业生，讳勋，字黻廷，乳名南阳。
> 生光绪庚子年十二月初七日卯时，终民国壬戌年八月廿三日午时。
> 坟厝十都土名下煮，坐艮向坤兼寅。
> 配八都故附贡生吴嘉言公次女即大学士文苑之胞妹名素兰，生光绪庚子年二月廿二日吉时。[208]

因为出继，绵昌（罗勋）的名字也出现在德初（罗献琳）一支、绵奎（罗建功）之后：

> 中学毕业生，讳勋，字黻廷，乳名南阳。出继德涵公名下为嗣。[209]

嗣子罗勋去世，嗣媳吴素兰返回吴家居住，罗福房出现空巢现象，若干年后很可能出现嗣子、嗣媳不被承认的情况。对于罗建功而言，必须确保罗勋与吴素兰的嗣子、嗣媳地位，他在 1923 年立嗣合同中的经济利益才能有所保证。在罗氏族谱中明载以上所引罗勋出继及婚配吴素兰的信息，日后处理宗族纠纷或向官府（法院）提起诉讼，就有了确凿无疑的证据。

不过《盖竹罗氏宗谱》最大的疑案，是系图中罗献琛名下的婚配信息中出现了空白，之后又记载：

> 生一女，名芝凤，适塘上村金陈远为妻。

空白处无疑缺失了这位罗芝凤生母的信息，她是罗献琛的第一位妻子（参见图 19）。但吴嘉彦撰写的罗献琛传记中记载：

> 娶吴氏，生女一，适塘上。继娶蒋氏、黄氏，均未有子，以季弟之次子、中学校毕业生勋为嗣子。

这位吴氏应该出自吴嘉彦家族，很可能是吴素兰的一位姑姑，不然难以理解为何唯独吴嘉彦会提供这条信息。令人困惑的是，宗谱系图中怎么可能不记载吴氏的信息，偏偏又留出了记载的位置呢？

在吴姓夫人之后，是罗献琛第二位配偶的信息：

> 配本村蒋树楹公女汝珍，生咸丰壬子年正月初一日吉时。

然后是第三位配偶的信息及生育情况：

> 配贵溪源高山村黄天养公女张凤，生同治癸酉年六月十五

日吉子。俱未育有子，以德初之次子入继为嗣。[210]

难道首娶的吴姓妻子出现在宗谱中，就会产生什么样的利害瓜葛吗？

　　清人李钧《判语录存》记载，"1827年（道光七年），洛阳县人王天鉴去世"。他有四位妻子，"先有嫡妻沈氏，次妻马氏。后于嘉庆十四年，复娶尚氏为妻。十八年，又娶姚氏为妻"。王天鉴去世时"沈氏已故"，其他三位寡妻之间发生了一场择嗣纠纷。姚氏欲立一人，马氏与尚氏欲立另一人。后来姚氏擅自将她的人选领进家门，马氏与尚氏状告姚氏"刁妾灭嫡，擅主家政"，姚氏则以"夺嫡逐继"反诉。李钧于1829年审理该案，他先痛斥王天鉴家中妻妾不分。然后确定马氏是妾，因为马氏嫁进王家时，嫡妻沈氏仍健在。但尚氏与姚氏是妻是妾，取决于沈氏死于何时。如果沈氏死于尚氏1809年过门以前，那么尚氏是新妻，姚氏是妾。如果沈氏死于1809年以后，但在姚氏过门以前，那么姚氏是新妻，尚氏是妾。李钧无法证实沈氏亡故的确切年份，但他认为尚氏更可能是正妻，理由是尚氏从娘家直接嫁过来，而姚氏在先前嫁过人。[211]

　　同样的道理，罗献琛的两位遗孀是妻是妾，取决于吴氏去世的时间。如果吴氏去世于蒋氏出嫁之前，则蒋氏是正妻。这种情况非常正常，没有必要删除吴氏的信息。如果去世于蒋氏与黄氏出嫁之间，则黄氏可能是正妻。这种情况对黄氏极为有利，应该对吴氏信息大书特书。如果去世于蒋、黄二氏出嫁之后，则蒋、黄二氏有可能都是妾。似乎只有最后一种情况，才会出现删除吴氏信息的需要。

罗蒋氏何年死的

罗蒋氏不像是侍妾。

　　新民法的施行，让吴素兰传统的"合承夫分"择嗣权，直接变成了继承遗产的权利。但罗献琛留下了两位遗孀，她们能不能也依据新民法，直接继承罗献琛的遗产呢？罗福房有两位去世的丈夫，一位是罗献琛，另一位是嗣子罗勋。罗勋去世后，嗣子尚未择立，遗产无疑由寡妻吴素兰继承。问题是罗勋是否拥有遗产？依据宗祧继承原则，罗勋是罗献琛遗产的合法继承人，罗献琛的遗孀罗蒋氏、罗黄氏仅具有"代将来之承继人行使财产管理权"。但事实上罗勋生前并未接管遗产，成婚后不久便去世，遗产一直由蒋、黄二氏代管，那么蒋、黄二氏是否可以依据亲所法直接继承财产呢？

　　这是后来吴素兰追讨遗产时，法院特别关注到的一个问题。问题的关键，是罗蒋氏的死亡时间。诉讼中关于罗蒋氏去世时间的陈述，各方并不一致。罗黄氏遗嘱中声称"十四年蒋氏又相继而亡"，即罗蒋氏去世于 1925 年。罗烈、罗建功 1933 年起诉罗黄氏时，声称"不料民国十五年蒋氏病故"即去世于 1926 年。1938 年，吴素兰起诉罗蒋氏的侄子蒋建藩侵占财产。蒋建藩辩称罗黄氏遗赠的财产属于蒋、黄二氏的私财，而非罗献琛的遗产。言词辩论时推事问蒋建藩："罗蒋氏何年死的？"不知是否有意向寡妻继承权靠拢，蒋建藩提供了蒋氏的第三个死亡时间"民国十六年"。推事的提问正是为了判断蒋氏去世时有无可能获得遗产继承权。不幸的是，推事认为1927 年女子尚未获得任何独立财产权，"如此，那时候女子是无取得财权的"。[212] 可见在司法实践中，浙江女子获得财产权的时间不早于郑爱诹所谓的"迨民国十七年全国各省悉隶属于国民政府，而决议案遂通行于全国。由是全国女子无不享有财产继承权矣"。如果罗蒋氏去世于 1928 年或者更晚，很可能直接继承本来因为延迟立嗣而导致归属悬置的先夫遗产。但罗蒋氏去世于 1925 年或 1926 年或

1927年，在法律上丧失了继承遗产的可能。

蒋氏出生于咸丰二年（1852），与罗献琛年龄相仿，自然是罗献琛年轻时迎娶。黄氏出生于同治十一年（1872），自称20岁时"配夫罗献琛"，当时罗献琛已44岁。罗黄氏精力旺盛又不甘寂寞，罗献琛去世后，她就成为遗产的实际管理人以及罗福房家事的主导者。罗氏宗谱的那篇《蒋、黄二孺人捐租兴学事略》，要么蒋、黄连称，要么黄单独行事，蒋的个人事迹几乎没有出现，遑论对蒋氏品行的总结与赞美。但蒋氏在世时，黄氏从未有机会以自己的名义处置遗产。1913年罗献琛去世，兄弟三房分割山场，代表三房在罗建功家中写立山场拍单的分别是罗献琛遗孀蒋氏、禄房罗献球遗孀吴氏、寿房罗建功的父亲罗献琳，黄张凤没有资格参加。1933年罗建功因为山场所有权起诉罗黄氏，罗黄氏的代理律师练公白在言词辩论时也说，1916年水碓坑山场以罗蒋氏的名义处置，"关于水碓坑山场还有反证，查民国五年罗蒋氏又曾拚过一次"。接着又说罗黄氏处置水碓坑山场，那是罗蒋氏去世之后的1929年，"民国十八年罗黄氏将水碓坑山木拚给张瑞贵过"。[213] 即使后来罗黄氏宣称自己享有遗产所有权，也始终承认蒋氏的优先地位，在遗嘱中称"夫君先娶蒋氏，艰于子而再娶氏为嗣续计"。[214] 后来吴素兰通过诉讼追讨遗产，也径称罗蒋氏为嫡姑，称罗黄氏为庶姑。总之，罗蒋氏作为罗献琛正妻的地位，从未有人提出挑战。

天池公靠蒋氏金条发财的

现存文字材料中，唯一对罗蒋氏的正面描述，是1938年她的侄子蒋建藩为证明自己所受遗赠财产来自蒋、黄二氏的私财，提及蒋氏出嫁时有金条作为嫁妆，甚至称罗献琛以此为本金经商致富：

推事问：你说罗黄氏赠给你的土名黄枝砦、章集儿等处连起一排的山场，是罗蒋两氏独买的产业吗？

蒋建藩答：是她自己的独业。

问：你只晓得该山为罗蒋两氏出名买的独业，究竟她们买产业的钱是不是自己的呢？

答：是蒋黄两氏自己私有的铜钱，如果是罗福房产业，不会蒋氏黄氏出名受买的。

问：你说是蒋黄两氏自己的私财，有何证明呢？

答：罗天池公原来是穷的，蒋氏嫁给他后才发财。蒋氏嫁给天池公，有金条嫁过去的。

问，有金条嫁过去有何证明呢？

答：我是晚辈，拿不出证明来的。

问：就照你说天池公靠蒋氏金条发财的，但那时金条当然变为现款受买产业了，再等到所买的产业出息出来，方可受买这产业。可见罗天池公的产业生息出来再受买这产业的，还是要算天池公的产业？

答：不是的，蒋黄两氏自己有钱买的。

推事建议让吴素兰以经济补偿赎回蒋建藩的山契，蒋建藩断然拒绝，宁可败诉也不接受经济补偿，至少说明蒋氏家境绝非贫寒：

问：如此，那时候女子是无取得财产权的。看起来还是叫原告分点钱给你或分你几石租，将山归还原告，好吗？

答：我不也受，不要的。请求判决就是。[215]

根据蒋建藩提供的信息，罗蒋氏母家相当富裕，与罗黄氏不可同日而语。不过罗蒋氏的具体形象仍然相当模糊，她的言行举止、观念性格，都已无从了解。可以确定的是，以蒋汝珍的家境，绝无可能成为罗献琛的侍妾。但蒋汝珍如果是罗献琛吴姓妻子的续弦，根本没有必要在罗氏宗谱中隐瞒吴氏的信息。

既然罗蒋氏是正妻，那么晚罗蒋氏近20年嫁给罗献琛的黄张凤只能是一位侍妾。侍妾在新旧法律中的遗产继承权就十分奇特。旧法律规定"妇人夫亡无子守志者，合承夫分，须凭族长择昭穆相当之人继嗣"。这一规定所称"妇人"不能严格排除对妾的适用。特别是丈夫、正妻均已故亡，唯剩侍妾的情况下，有些案例将"妇人夫亡无子守志者"的范围放宽到侍妾。因此，如果罗黄氏不承认之前曾经择立罗勖为嗣子，那么她可以从蒋氏手中继承"合承夫分"的地位，然后依据新法律的女子财产权及废除宗桃继承等规定，将传统"合承夫分"的遗产代管权转化为遗产继承权。当然这种解释在新法律体系中十分脆弱，因为《中华民国民法》非但废除了宗桃继承制度，也取消了妾的法律地位，罗黄氏作为侍妾不可能继承任何遗产。问题是罗黄氏在生前始终牢牢控制着对罗献琛遗产的处置权。面对新旧法律的转换，究竟依据哪种法律规则处置遗产，这是罗黄氏面临的巨大挑战。

二一、吴素兰

（吴嘉彦侄女，吴驰细胞姊，罗献琛嗣媳，罗勋妻）

家务暂托庶姑管理

吴素兰追还遗产的诉讼大战，并非稳操胜券。虽然罗黄氏是侍妾，在新旧法律中都没有继承遗产的机会，但罗黄氏生前掌控着遗产处置，吴素兰并未提出异议。这就容易给法院造成困惑，吴素兰为何不在罗黄氏生前追讨遗产？言词辩论时就会出现推事与吴素兰这样的问答：

（推事）问：黄氏造桥筑路时你在家里否？

（吴素兰）答：我在家的。

问：造桥等事经你同意否？

答：同意的。[216]

罗黄氏是侍妾，此事众人皆知。围绕罗黄氏的瓜分遗产集团，包括李镜蓉、罗献环、练公白、雷一声、王延寿等，必须为此设想好诉讼策略。他们设计的法律攻防应该包括三个主要方面：

1. 如果吴素兰以罗勋妻子身份主张遗产继承权，则尝试否认吴素兰的嗣媳地位；

2. 如果无法否定吴素兰的嗣媳地位，吴素兰也只能追还罗黄氏去世时所剩遗产；

3. 罗黄氏享有遗产管理权，生前处置遗产的行为均为合法；

4. 因此罗黄氏生前将遗产用于慈善事业、清偿债务、遗赠及买卖的行为均属合法。

这些人惯于诉讼，深刻理解诉讼成败并非完全取决于法律的攻防，政治干预与社会关系是法庭之外决定诉讼成败的重要因素。因此他们为瓜分罗黄氏遗产寻求各种行政资源，比如从中央政府及省法院谋取两件褒奖证书，从县政府为坤德桥基金谋取一件谕令，向县法院声请为吴竹枝的遗赠遗嘱进行公证。如果这些人在政治上始终保持优势地位，吴素兰恐怕绝难讨回遗产。

吴素兰大概在1935年秋天返回龙泉。离开龙泉时应该到处流传着其弟吴驰细案涉匪乱，归来时吴素兰已是上校之姊。现存吴素兰追讨遗产的最早一件文书，是1935年10月12日与罗吴竹枝、罗善根公证遗嘱案的假扣押声请书。在此之前，1935年7月1日，龙泉县法院根据《法院组织法》改为龙泉地方法院。1936年8月，同案再次出现假扣押声请，前者尚在起诉阶段，后者已是二审执行阶段。大概10个月间，吴素兰在向吴竹枝、罗善根追讨遗产的诉讼中获得决定性胜利，罗黄氏遗赠吴竹枝的公证遗嘱被判决无效。该案吴竹枝、罗善根同列被告，应该是罗善根在法院宣称不承认择嗣合同后，开始极力维护罗黄氏的公证遗嘱。经法院书记官黄家楣公证备案的遗嘱被判决无效，罗善根夫妻似乎心有不甘。据假扣押声请书称，二审判决后，罗善根等又强砍山木。[217] 罗献环声称罗善根所砍下坞儿为其所有，与公证遗嘱案并没关系，吴素兰"冀图混争所有"，因此声请撤销这部分假扣押裁定，并获得法院的准允。

由于档案的缺失，无从了解公证遗嘱案两造诉讼攻防的具体情形。1938 年 1 月 27 日，吴素兰起诉罗献环，请求追还下坞儿山场，其中追述 1935 年至 1936 年公证遗嘱案的情形及判决结果。根据吴素兰的陈述，可以还原法院对公证遗嘱案的认定：

1. 吴素兰获得遗产所有权的依据，首先是丈夫罗勋作为嗣子继承罗献琛遗产，其次是罗勋去世后，吴素兰又依据"妇人为夫守志，合承夫分"代管遗产，最后是新民法施行时吴素兰尚未择嗣，因此以配偶作为法定继承人直接继承所有遗产。

2. 罗黄氏作为吴素兰的"庶姑"，即罗献琛侍妾，依据传统刑律（已由嗣子继承）或新民法（妾无法律地位，参照"家人"不享有任何继承权）不得继承罗献琛任何遗产。[218]

3. 罗黄氏生前对遗产的处置，被认定为受吴素兰委托暂管，罗黄氏对财产不享有任何所有权。

吴素兰还认为，罗黄氏生前对遗产的瓜分，是罗献环等人趁吴素兰离开龙泉以及罗黄氏"病笃昏愦之时"，"与内亲外戚串谋朋分"，因此请求追还相关遗产。首当其冲就是罗献环，此后除张光其主动要求法院确认契约有效外，现存档案中又有吴素兰 2 月 16 日同日的五纸诉状，以完全相同的事实与理由，请求法院认定罗黄氏与吴兰秀（练公白律师妻子）、王延寿、余茂和、李六彭及蒋建藩的田山买卖契约无效，以追还被瓜分的遗产。

罗善根是乱话三千的

1937 年，抗日战争全面爆发，12 月，南京沦陷，重庆国民政府成立。12月8日，蒋介石由桂林飞抵重庆，12日，蒋介石命令从南京撤军。12月24日，杭州沦陷，1938年1月，日伪组织"杭州市自安维持会"成立。龙泉县在抗战期间基本未曾沦陷。1938年1月，唐巽泽接任龙泉县长，并推行五五减租政策，在县城及八都、安仁等镇设立交易公店，在乡村普遍建立合作组织，得到吴嘉彦的积极支持。[219]

不知是否出于受到战局影响的原因，公证遗嘱案的二审判决在1936年8月以前，吴素兰提起诉讼向罗献环等追还遗产已是1938年初，相隔一年有余。其实吴素兰调查遗产去向也需要时日。吴素兰在罗黄氏病故之前从未直接管理家产，在罗黄氏病故前后一年半载更是人在南京，因此对遗产的具体情况及去向几乎毫无头绪。吴素兰在2月16日系列诉状中指控，罗善根在公证遗嘱案二审败诉后，利用保管罗黄氏图章的便利，通过倒填日期的方式，伪造大量罗黄氏生前变卖财产的契约，不仅继续转移财产，而且试图制造大量诉讼拖垮吴素兰，"索性盗用罗黄氏图章□□买卖串□财产一部分，俾群起再诉，使氏胁（陷）于四面楚歌穷于应付，此又一法也"。[220]

由于吴素兰不清楚遗产的去向，罗善根很可能在公证遗嘱败诉后伪造契约转移财产，给吴素兰执行判决及另案追还遗产制造极大的困难。罗建功有心协助吴素兰，但对罗黄氏生前处置遗产的具体情况也不知情，为吴素兰向王延寿追讨遗产作证时，被问及罗黄氏遗产的下落，罗建功往往一问三不知：

> 问：罗黄氏死时，你在场料理否？
>
> 答：在场的。
>
> 问：她死后所有造桥账簿呢？
>
> 答：没有拿出来，何人拿去我不晓得。

问：罗善根交你几本租簿？

答：交我民国十年十一年各一本，民国廿一廿二年共订一本，民国廿三年一本，一共五本。

问：其他簿子没有交给你吗？

答：没有交给我。

问：说是罗黄氏死了后，所有账簿放在香火堂里烧了的，这话真的吗？

答：这话没有听到过。

问：罗黄氏在时挤有树木山场，相山源的山木，王延寿有山息的，究竟罗黄氏欠他多少山息？

答：我未听说过。

问：相山源的山你有分否？

答：我无份。

问：说是当时挤四千二百元树价，王延寿分到一千二百多元山息，陆续拿过六百六十元，还欠他六百元，真不真的？

答：听说欠他几百元山息，我们龙泉山佃分到山息，任何人主边总有字据记给山佃的。

问：王延寿说他没有账簿记的呢？

答：这倒不晓得。[221]

不过最终吴素兰还是成功地施展了破解之计，那就是策反罗善根。与罗献环的诉讼经过了 2 月 12 日、3 月 7 日、3 月 16 日、3 月 30 日四次言词辩论。3 月 30 日言词辩论中，推事金平森向罗献环提问时，提及罗善根的陈述。这时罗献环突然情绪激动，指责罗善根已经背叛到吴素兰一边：

答：是罗黄氏的本意卖给我的。

问：前据罗善根说是你要求罗黄氏卖的呢？

答：罗善根与原告一边，与我不对，是原告大伯罗建功出来颠倒是非的。

问：罗德乾就是你？

答：是的。

问：早先罗黄氏将产业遗赠罗善根之妻吴竹枝，你是帮忙人，总契单内有你名字的，可见罗善根与你不无情义，那里会来把你颠倒是非呢？

答：现在罗善根是乱话三千的。

罗善根的倒戈，彻底打乱了罗献环等人的计划。这让罗献环以及代理律师练公白相当激动。言词辩论中，练公白就指出罗善根投靠罗黄氏的情形，"但罗善根这人，不比从前，现在住原告之屋，食原告之食，完全靠原告生活，且其心中欲望甚炽，原告大伯罗建功，尽可叫罗善根出来乱说，是种证言，不足采信"。第二天练公白又呈状，再次指斥罗善根被胁迫收买，指出吴素兰收买罗善根的价码，似乎就是立嗣合同中约定给罗建功的经济补偿，"罗善根为反复无常之人，依人度日。现在所住者为原告之屋，经原告优待许其居住，所食者又为原告之谷。去冬原告委其收租，原告且有手泽田租五十石，现金五百元，山场两处，罗善根正欲原告给付，欲望正浓，所受原告恩泽甚深"。又指罗建功与罗献环结有宿仇，"而被告罗日桂及其兄弟且与原告大伯罗建功向有宿仇，自可串买到庭，任意危害，与原告指为瓜分遗产之蒋翠屏、黄张发等之证言，同为不可采信也明甚"。并再三感叹罗善根倒戈的可怕之处："如以罗善根之言为可信，则使人太危，而纠葛多矣。"[222]

吴竹枝死了

罗黄氏策反罗善根的主要意义，是让罗善根指证契约的去向。张光其主动提起诉讼试图维护契约有效性时，就指由于罗善根出卖而暴露了契约的去向，"契已合法成立印税，自应由民照契管业。查相对人（系罗黄氏之嗣媳）乃偏听他侄罗善根片面之词，谓该山契现存民张广琪处，未能索回，遽请通告作废，更属误会"。罗善根对遗产的去向了如指掌，所以在言词辩论时提供过这样的证词：

> 问：罗黄氏将财产遗赠你妻吴竹枝，究竟那些财产送了什么人？
>
> 答：是罗瑞池、雷一声两人经手的，我都不接头的，当时我不晓得，后来我晓得源头的山遗赠罗瑞池，黄记石投遗赠蒋翠屏，还有二十五石租曾给黄林佑，一座房子遗赠给黄承相与罗长永，还有水碓坑的山遗赠给坤德桥会里，还有二十五石租亦赠该桥会里，还有五十石租遗给绵子辈子孙轮流的，其余没有了。
>
> 问：雷一声的田呢？
>
> 答：他的是向我妻吴竹枝买去的，罗黄氏死后卖的。[223]

按吴素兰的指控，公证遗嘱案败诉之后，罗善根至少一度拖延执行，并利用吴竹枝掌握的罗黄氏图章伪造契约转移财产。无论罗善根伪造契约转移遗产时曾达成什么样的秘密协定或攻守同盟，这么做只能阻止吴素兰讨还遗产，却很难帮助罗善根夺回遗产。罗献琛去世后，曾在福、禄、寿三房分割财产，罗建功与罗善根都有其份，但禄房与福房之间仍有贫富差距，罗黄氏的遗嘱与吴素兰的证词都称吴竹枝家境单薄。在公证遗嘱案败诉、罗善根因诉讼陷于赤贫之际，吴素兰向罗善根提供房屋与食粮，并承诺助其讨回遗产后，将原来补偿罗建功的财产"手泽田租五十石，现金五百元，山场两处"划拨给罗善根，这对罗善根无疑是不可抗拒的诱惑。

罗善根的背叛，其实合情合理。吴素兰指罗善根利用罗黄氏图章伪造契约，法院便向罗善根追问图章的下落。这时罗善根回答："罗黄氏死时，图章吴竹枝拿来的，对我说已经毁了。吴竹枝死了，已经没有得发现了。"[224]原来罗善根背叛之前，他的妻子、罗黄氏公证遗嘱的继承人吴竹枝已经去世。吴竹枝死亡的具体时间、原因及其与罗善根倒戈的关系，均不得而知。无论档案还是宗谱中，都无法找到吴竹枝主动发出的声音。按罗黄氏公证遗嘱的描述，吴竹枝家境贫寒而心地善良，十余年如一日任劳任怨地照顾蒋、黄二氏。本来吴竹枝有机会成为罗福房的嗣孙媳，却因卷入罗献环、练公白、雷一声这些地方精英谋占遗产的计划，最终落到一无所获、家产耗尽乃至家破人亡的境地。可以想象公证遗嘱案败诉之后，已经一无所有的吴竹枝又被遗产瓜分集团利用继续转移遗产，这时的吴竹枝将会何等的绝望与无助。事实上罗善根夫妇放弃宗祧继承而接受公证遗嘱可能也是受胁迫的结果，吴竹枝去世之后，走投无路、懊悔万分的罗善根很可能主动选择投靠吴素兰。

难怪罗善根被罗献环、练公白等指为"乱话三千"，罗善根在法庭上总会提供一些对被告极为不利的证词。比如向王延寿追讨遗产时，推事问："现在王延寿说头一张是当的，第二张是卖的，两次生写的，与你的话不对的？"罗善根偏回答："写是我一记生写的。"[225]瓜分集团大概尝到反复利用罗善根夫妇的苦果了。

叫原告分点钱给你

罗黄氏对遗产的处置分为几种情况，一是慈善公益事业，二是清偿慈善公益事业债务产生的抵押或变卖，三是遗赠或变相遗赠，四是吴竹枝遗赠名义的遗产继承，五是罗黄氏去世后冒用罗黄氏印章、倒填日期的伪造买卖。吴素兰的诉讼策略：

1. 只承认慈善公益事业经其同意而合法，其他一概不承认。

2. 确保吴竹枝公证遗嘱案胜诉，从法律上确认自己是唯一法定继承人，确认罗黄氏是没有任何财产权的侍妾身份。

3. 以罗黄氏没有任何财产权为依据，请求追回所有遗产。

4. 和解优先，被告接受和解的话，愿出价赎回契约。（或许也有部分被转移的遗产经吴素兰追认不再索回。）

龙泉司法档案所见，比较顺利以和解方式追回的是余茂和香店以及转移给练公白妻子吴兰秀的财产。余茂和香店是声称欠他140余元香钱而获得一纸地契清偿债务，"她是老烧香的，她有五个香火堂都点的。廿二年欠我香钱最多，一并欠我一百四十多元香钱"。[226]最终吴素兰出价97元赎回地契，双方庭外和解。

1933年，罗建功与罗烈一起对罗黄氏提起山场共同所有之诉，罗黄氏请练公白代理诉讼。该案标的不过480元，罗黄氏在一审中大获全胜。据吴素兰称，当时应该包括代理费用的诉讼总费用高达1000多元，即便如此还是"所有公费已经拆清了"。但后来罗黄氏还是以抵偿诉讼代理费用的名义，转给练公白的妻子吴兰秀一纸地契，"现据告吴兰秀弁（辩）诉说，土名平溪儿、白鹤仙玄下两处山场是你黄氏婆婆欠练公白的公费，将山场卖给他的，你婆婆欠律师公费，总是实在的？"吴素兰对此矢口否认。该案最后也庭外和解，吴素兰出价 200 元赎回平溪儿、白鹤仙玄下两处山场契约。[227]

　　对于罗黄氏生前以遗赠方式转移的遗产，可能是在罗善根倒戈之后，吴素兰掌握了雷一声代笔的"立点单"，查清了遗赠契约的去向，因此也比较顺利地追回。除吴竹枝，遗赠遗产最大项应该是写入公证遗嘱的蒋建藩。蒋建藩提出受赠遗产是蒋氏私财，被法院以"那时候女子是无取得财产权的"的理由驳回。法院想极力调解此案，强调蒋建藩对罗福房的功劳："被告对于罗家究竟不无微劳，可否给点现款或分点什么山场与他，免得彼此亲戚伤感情，叫被告将该山归还原告，如此和了，好吗？"吴素兰只同意补偿现金或田租："山是有天池公坟墓所在，不能给他的。如给他点现款或分几石租与他是可以的。"当推事转告此意："看起来还是叫原告分点钱给你或分你几石租，将山归还原告，好吗？"蒋建藩自恃家境富足，对于吴素兰的补偿表示不屑："我也不受，不要的，请求判决就是。"[228]

　　在公证遗嘱案败诉、吴竹枝去世之后，罗善根或许是拿着雷一声 1934 年 8 月 26 日代笔的"立点单"主动来投靠吴素兰的。这纸"立点单"值得罗善根向吴素兰开出一个相当可观的价码。除了罗黄氏非法遗赠的线索与证据，"立点单"还为罗黄氏去世后伪造契约提供了确凿证据。比如李六彭案，李六彭手上契约的时间是 1934 年 10 月 29 日。但在"立点单"的 1934 年 8 月 26 日之后，罗黄氏所有契约均已封存，不可能再出现罗黄氏签立的买卖契约，吴素兰据此追回罗黄氏去世后通过伪契转移的遗产。[229]

原告结婚未久，即赋离鸾

　　难以追讨的是罗黄氏生前变卖的财产，受买人声称是罗黄氏为清偿慈善事业中形成的债务而变卖山场，而被告又是如罗黄氏的总参谋罗献环之类很有地位的人物。罗献环声称"黄氏生前因偿还佛香店南货店之货账，无从筹措，而向被告罗日桂求借代偿后，始将土名下坞儿山场当卖与被告罗日桂管业。又因造桥负欠零用债款无措，故将土名大塘干坞山场出卖与被告罗日照管业抵偿借款。需用既属正当，因此变卖山场抵债之买契约自属有效"。这才是吴素兰真正的诉讼对手。

对于罗黄氏生前契卖的财产，罗献环、王延寿等人严防死守，吴素兰的诉讼请求在一审中遭到驳回。1938 年 1 月 27 日，吴素兰起诉罗献环，请求追还下坞儿、大塘干坞等山场。吴素兰认为，所谓罗黄氏生前契卖，或为罗善根伪造契约倒填日期于罗黄氏去世之后，或为罗黄氏未经其同意擅自处置，无论何种情况均属非法无效［参见附录二-（6）］。罗献环等人辩称，罗黄氏为公益慈善事业变卖遗产清偿债务，既然公益慈善事业属于正当且吴素兰知情而同意，则契卖财产固属正当合法而有效［参见附录二-（7）］。龙泉地方法院完全同意被告的辩诉理由，将言词辩论聚焦于罗黄氏生前债务调查："经别案判决，确认罗黄氏为罗天池公之妾，无权处分有人承继之财产，但罗黄氏在生前正当需用及借债愿负偿还之责，经原告代理人在范企山求偿债务案内所承认。是本件被告向罗黄氏受买下坞儿山场应无效或有效，亦应以需用是否正当买卖有无瑕疵而断。"[230] 龙泉地方法院认为，只要债务属实，罗献环受买罗黄氏山场就属有效，因此驳回吴素兰诉求。

不过，1938 年 8 月 29 日的二审判决中，永嘉浙江高等法院第一分院认为，罗黄氏生前需要清偿债务的事实无法认定，而且不能排除罗献环的买契也是伪造的可能，因此直接判决罗献环的契约无效［参见附录二-（8）］。12 月 7 日，罗献环以大量罗黄氏慈善事业的褒扬文书提出的再审，被第一分院驳回。

　　与罗献环的诉讼，还不是吴素兰追讨遗产最激烈的终局之战。诉讼中最猛烈攻击吴素兰的是理学家王毅的后裔王延寿。王延寿坚持罗黄氏契卖山场是为清偿被挪移用于慈善事业的佃息，在一审中同样得到龙泉地方法院的支持。一审中王延寿提出全新的法律依据与事实主张。王延寿认为，依据新民法中家长管理家务之权利，罗黄氏生前出卖产业当然正当合法，"窃罗福房家政向由罗黄氏主持，以如上述，则罗黄氏无论为妻、为妾，依民法一一二四、一一二五条当为家长罗黄氏因管理家务正当费用，况造桥为公大业，公私交奖，即原告先亦所赞成，则罗黄氏身为家长，且为清偿正当借款出卖产业，安得为'无效处分'及'其契约为无效'？"[231]《中华民国民法》1124条、1125条的内容包括"家长由亲属团体中推定之；无推定时，以家中之最尊辈者为之；遵辈同者，以年长者为之；最尊或最长者不能或不愿管理家务时，由其指定家属一人代理之"及"家务由家长管理"。[232]而且只有在王延寿的陈述中，唯一一次正式出现了罗勋"事实上并未就嗣"，吴素兰"结婚未久，即赋离鸾"，因此"从未入罗福房之门而为嗣媳"的事实主张。

　　当然，罗建功始终站在吴素兰一边，龙泉司法档案处处可见他为吴素兰代理诉讼或执行判决、收回契约的情形。王延寿否认罗勋、吴素兰嗣子、嗣媳地位的主张，在罗建功1923年倡修的《盖竹罗氏宗谱》面前简直不堪一击。吴素兰既是嗣媳，罗黄氏只是侍妾，以罗黄氏为家长岂非荒唐。何况吴素兰直指王延寿所持是伪契。在12月24日的二审中，王延寿的契约被直接判为"罗黄氏死后倒填年月假捏买卖饰抵"而完全无效。

　　这基本上就是吴素兰追还遗产诉讼战的大结局。

　　至于那位从族谱中神秘消失的吴氏，逻辑上讲只有去世于蒋、黄二氏出嫁之后，才会直接影响到后者的身份地位。这种情形似乎不可能发生，但想象力足够丰富的话，倒也的确有这种可能：吴氏只是出于非常特殊的原因丧失了罗献琛妻子的地位，黄氏出嫁时吴氏仍然健在，甚至不排除一直生活到编修族谱之时、吴素兰追还遗产之后……

尾声

浙江省文史馆馆员吴驰缃

1938年12月24日，王延寿在二审中被判"罗黄氏死后倒填年月假捏买卖饰抵"，标志着吴素兰追还遗产案的终结。该案的执行延续至1940年，执行过程主要由罗建功代理，档案中最后一件相关文书就是1940年4月2日罗建功对罗献环执行契约返还的领状，[233] 罗建功无疑是吴素兰执行判决的全权代表。

大概就是这时，浙江大学教务长郑晓沧和史地系教师陈训慈受命在浙东组建浙大分校，选定龙泉坊下的曾家大屋作为校舍，这里就是后来称为芳野的浙大龙泉分校校址。[234] 1939年6月20日，浙大在《东南日报》等报刊发布成立分校的消息，7月6日发布招生简章。当时吴嘉彦在龙泉西街的小洋楼经常高朋满座，不时接待浙大等单位的俊贤，吴嘉彦与郑晓沧交往渐深，成为浙大分校的座上宾。

吴嘉彦还支持龙泉县长唐巽泽倡导的实行"二五"减租等政策。

1939年7月，在县长唐巽泽的主持下，龙泉县成立消费合作社联合社，吴素兰的胞兄吴文苑任监事长。1941年6月，龙泉县粮食公店股份有限公司创立，吴文苑任经理。1942年6月，龙泉县选举县参议员，成立第一届参议会，吴文苑任议长。[235]1945年8月抗战胜利，吴嘉彦被公推为新成立的县修志馆馆长。9月，已任浙江省合作社物品供销处总经理的唐巽泽指派吴辉到龙泉筹建木材运销合作社。吴辉带着唐的亲笔信找吴文苑洽谈，吴召集木材实业界著名人士商议，11月正式成立，吴文苑任理事长。[236]1946年3月龙泉县三青团第二届团员代表会上，吴文苑当选干事。1948年9月省银行监事会上，吴文苑任监察人。此外，吴文苑还是1949年以前首屈一指的龙泉窑收藏家。[237]新中国成立后，吴嘉彦拥护土地改革，被邀请参加县第一次各界人民代表会议。

抗战期间，吴素兰的胞弟吴驰绅应该跟随竺鸣涛、赵蔼辉在汉口等地活动。1943年7月，竺鸣涛调到浙江，任三十二集团军副总司令（驻天台县）、浙江保安处处长兼保安副司令等职。吴驰绅随同回浙，任保安司令第二科科长，原驻丽水碧湖，后迁云和。抗战胜利后，省级机关于1945年9月迁回杭州，竺鸣涛任浙江警务司令，吴驰绅任副官处长。1946年，竺鸣涛得到举荐一名县长的名额，便推荐吴驰绅出任昌化县县长。1948年8月，吴驰绅改任嵊县县长。

当时嵊县军政要员很多，地方势力盘根错节。县参议长操家政掌握着全县的军事大权，是地方一霸，县自卫队长则其由族侄操梦兰控制。吴驰绅到任后，以请客之名诱捕操姓叔侄，改编县自卫中队。操家政调动各种关系，大撒金钱，不久被保释回到嵊县，对吴驰绅展开反击。1948年10月，嵊县自卫队抓到两名新四军三五支队便衣游击队员。吴驰绅亲自漏夜秘密审讯，并以"证据不足"为由将两人交保释放。后三五支队以"潘玉英"具名，寄信给吴驰绅以示谢意。由于吴驰绅暗中庇护，四明山游击队在嵊县活动频繁。

于是操家政鼓动告发吴驰绷"剿匪不力，姑息养奸"，吴驰绷在嵊县难以立足。

离开嵊县后，吴驰绷又于 1949 年 4 月出任上虞县县长。据其堂弟吴文楠在《吴驰绷先生生平》一文中记载，吴驰绷在上虞县县长任上清查县财政收支时，发现账目上短缺一万元钱，这时原经办主管人员已经逃散，无从查究。吴驰绷主动承担过失，当即去电给其胞兄吴文苑，由青田木行划款过来，不足部分由其姐素兰筹措金银首饰加以抵数，使损失得到弥补。这时解放军已陈兵长江北岸，国民政府风雨飘摇。

1949 年 5 月 20 日，解放军渡过曹娥江，国民党江防部队一触即溃，向余姚、慈溪方向逃窜。1949 年 5 月 21 日午后，吴驰绷率 300 余人，沿城墙巡视上虞县城一周后，从北门出县城逃亡。行至杨家溪时，得知解放军已快速推进，逃往三北方向的道路已被阻断，吴驰绷等改道余姚方向。在上虞与余姚交界的姜山村，吴驰绷等被解放军先遣部队追截。轿夫顿时逃散，吴驰绷因体胖行动不便，当场被俘，先后关押在绍兴、上虞。吴驰绷被关押在上虞监狱时，绍兴公安处指示生活上给予其适当优待，令其交代上虞伪机构的设置及人员编制情况。吴驰绷如实坦白自己的罪行。但因为有叛徒的嫌疑，即便上海市地下共青团书记的履历，以及营救两名游击队员的事迹，都不能拯救吴驰绷。

吴驰绷因坐牢笼，惶惶不可终日。当时国民党残余势力仍在山区猖獗活动，沿海土匪昼伏夜出，各地隐藏着各种动乱的隐患。解放军沿海驻防大军发动剿匪，抓获匪首王富定等五名主犯，被戴上手铐脚镣分笼关押，但被打入内部的匪徒汪桂灿、变节分子郑长浩秘密释放。王富定逃脱后收罗残匪，取出暗藏枪支，重新组建土匪部队。他们内外勾结，秘密谋划由王富定率领匪徒70余人攻打县公安局，由汪桂灿等做内应，暗杀共产党干部，放走犯人，组织匪徒在山中、海上打游击。匪徒们想动员吴驰缃参与暴动，利用其国民党县长的身份号召反共行动。混入公安队伍的匪徒郑长浩来到吴驰缃的监舍，把计划和盘托出，约吴驰缃共同起事。吴驰缃佯为应允，待掌握暴动内幕后主动要求提讯，立即向公安局领导讲明事由。

上虞县人民政府得到情报大为震惊，迅速采取行动，收缴公安局聘用人员枪支，并逐一审查，把策划暴乱的匪徒一网打尽。吴驰缃立下大功，经上级批准获释回家。[238] 20世纪80年代，吴驰缃被聘为浙江省文史馆馆员，他撰写的《关于上海民众反日救国联合会的成立和活动》一文，收入1986年上海社会科学院历史研究所编纂的《"九·一八"—"一·二八"上海军民抗日运动史料》。

罗庆宗与罗西湖

2016年8月5日，在龙泉市档案局邬必峰副局长的带领下，浙江大学地方历史文书编纂与研究中心一行四人前往盖竹村调查访问。通过当地的联系，首先在罗雷来（音）先生中寻访到罗氏族谱（参见图18）。得到罗先生的许可，一行人拍摄了罗氏族谱全文（两册），然后询问有关罗建功后人的情况。在比较含混的沟通中，罗雷来老先生若有所悟，将我们带到了罗庆宗先生家中。罗庆宗的妻女热情地接待了我们，并称罗庆宗正从附近八都镇赶回来接受我们的访谈。

当我们询问有关罗建功的情况时，罗庆宗陷入了茫然之中。我们转移话题，询问罗庆宗先生父亲、祖父的名讳。罗庆宗告诉我们，他的父亲是罗永清，祖父是罗升。当时尚未阅读罗氏族谱，一时未将罗永清、罗升等姓名与档案中的公证遗嘱案联系起来，访问一度陷入了僵局。

随后罗庆宗带我们参观罗氏祠堂（参见图 10、图 11），这是 1902 年（光绪二十八年）由经商成功的积宝、积明、德涵（罗献琛）三家共同建造，也即族谱中所谓的"三家祠堂"，当时已经废弃，主要用于堆放杂物。途中我们再次询问罗黄氏遗产继承的情况，这一次罗庆宗向我们提供了一些重要信息。罗庆宗讲，由于嫡长子不能出嗣，罗黄氏的遗产本应由其祖父罗升继承，但遭到"神经病"罗西湖的阻挠。又说，罗黄氏的坟墓仍在盖竹村坤德桥西岸山坡上，由于祖父没有获得罗黄氏的遗产，因此他们不会前往祭扫，现在罗黄氏墓主要由村委维护。

我们一时不知就里，参观完三家祠堂，又前往考察坤德桥。这时竹垟畲族乡乡长也赶来为我们介绍相关情况。站在坤德桥上，乡长对捐造坤德桥的罗黄氏表达感激之情，据说因为罗黄氏，该乡多占相当大的一片山林，所以乡政府会负责祭扫罗黄氏的坟墓。乡长所指的山林，应该就是坤德桥碑明载的桥董基金，不知仅是不远处的铜山源，还是包括较远的水碓坑。

回到杭州查阅族谱后，才明确罗庆宗的祖父罗升就是罗善根（谱名长昇，名焕，乳名善根），祖母即吴竹枝，而罗西湖就是罗建功（谱名绵奎，名建功，号西湖）。罗雷来先生提供的族谱，以及罗庆宗的口述，正是还原龙泉司法档案罗黄氏公证遗嘱案不可或缺的环节。

2021 年 4 月 26 日，在龙泉的叶金军先生引导下，我不仅参观了吴嘉彦家族捐造的燕诒桥，还有幸拜访了吴驰绌之子吴永平先生。我询问吴先生他的姑妈吴素兰及罗建功后来的情况，据吴先生回忆，罗建功应该在新中国成立初遭到整肃，但他似乎有第二个儿子过继给吴素兰，只是罗家的境况后来发生了很大的变化。

述后感

法律移植问题

移植西方法律，是近代中国面临的选择，但这样做的合理性是复杂的学术问题。近代西方将法律视为社会秩序的根本，为了论证法律秩序的本质性，西方法理学为法律（特别是民法）寻求各种根源，比如理论上的自然法、实践中的习惯法或者特殊的文化渊源。依据西方法理学，中国社会理应依据自身特殊的社会习惯、文化体系与形而上学理论，构建与西方迥异的法律体系。这就意味着，中国直接移植西方法律，可能有悖于西方法理的基本原则。

如何解决其中矛盾，有几种不同的思路。

第一种接近于文化保守主义的立场，强调传统中国具有自身独特的法理与法律体系。[239]

第二种可谓社会改良主义，认为中国应该采用西方法理的原则，而依据中国社会本身的习惯法传统构建法律体系，传统中国的根本问题是法源于统治利益，而断绝其社会习惯的根基。[240] 据此逻辑，合理的中国法律体系应该是符合西方法理而不同于西方法律的具体

199

内容。

第三种可以理解为规则的普适性，倾向于认为古今中外的社会运作规则具有普遍性，法律理应基于普遍规则而构造。不同社会的不同习惯，符合普遍规则才具有合理性，不符合普遍规则势必是负面因素（如恶政或不合理文化观念）扭曲的结果。据此推论，全世界应该共同探索普遍适用的法律体系。[241]

持以上三种观点或立场的学者主要出自法学界。史学界习惯于更宏大的理论范式，较少探讨法律构建的合理性问题。至于政治实践中法律体系的构建，主要依据政治现实而非法理的证明与选择。中国的法律体系，更是依据政治情势变化不断调整的特色性构建。由此回顾晚清与民国政府的法律构建，包括晚清造法策略的变更，北洋时期大理院体系的维持，以及国民政府的全盘西化——对于三者的评判，与其纠缠于法理的优劣，不如考察其司法实践的效果。

就罗建功的诉讼史而言，由于法律体系本身极度简陋潦草，晚清、北洋时期司法实践陷于灾难性的混乱，南京国民政府法律体系的全盘西化无疑是中国法律技术的一次重大调整。至于新法律体系与传统习惯的脱节，即使完全不顾及当时中国社会革命目标的合理性，仅就实际的司法效果而言，在罗建功的诉讼史中，废除千余年的宗祧继承制度确实制造了前所未有的奇特纠纷，但各方不仅善于利用新的法律规则展开诉讼竞技，而且精于利用新的诉讼规则平衡旧社会的利益关系。这个过程中个人得失固然各不相同，未必尽然公平合理，但主要是诉讼技巧竞争的结果，新法律并非必然破坏旧习惯、损害旧利益、摧毁旧秩序。

换而言之，虽然新旧法律体系的价值取向与制度规则根本不同，依据两种不同的法律体系处理罗建功最后涉及的立嗣、遗产纠纷，涉讼各方当然会采用完全不同的诉讼话语与技巧，但未必产生截然不同的效果。因此移植法律的意义，可能主要在于法律技术的改进，而不是社会结构的改造。新法律既未建立在旧社会的基础之上，也无力直接改造旧社会，但即便是空中楼阁，也未必不能妥善嵌入传统社会结构之中。新法律对旧传统的影响，与其说是破坏、更替或进化，不如说是旧格局中增加新条件之后的再均衡。

作为片段的个人史

个人传记是历史学固有的形式或体裁，但在当今的史学界主要属于轻软著作，远未占据正统或主流地位。虽然司马迁开创的史传是传统中国主流史学的形式之一，近代西方也有人文主义史学潮流，将人重新置于历史的中心地位，但都无以抵挡科学史观及史学社会科学化的浪潮。无论中外，今天最严肃的史学著作无疑承担着解释人类社会进程的宏大目标，由此导致人从历史学中消失的现象。

历史学对人的重新呼唤，面临着不同的路径。毕竟传记始终是史学著作中最畅销的类型，所谓人从历史学中消失只是相对于社会科学化的史学而言。因此讨论人的历史，只有置于社会科学背景下才有意义。由此生发的两个问题是，即个人与社会关系，以及社会科学对个人的解释方式。

第一个问题。社会学内部对于"社会"的理解，有所谓唯名论与唯实论的区别。唯名论认为社会由个人构成，没有超越于人的社会行动之外的社会的存在，社会只是群体的人的代名词，故称唯名论。唯实论则相反，认为社会本身是实体，对于社会运作而言，对于社会学研究而言个人没有意义，个人的社会行动只是社会的表现形式，并非社会学的研究对象。就个人史主题而言，需要讨论的是，唯名论社会学的个人概念是否符合个人史叙述的所有需求？结论应该是否定的，因为社会学只可能以社会而非个人作为研究对象。韦伯是唯名论社会学最主要的代表，他构建了以社会行动为最基本单位的社会学理论体系，为个人在社会学研究中留存了极为重要的空间，是个人自由主义在社会学中的经典构建。但无论如何相关，社会学中持个人自由主义的社会行动概念，与个人史的个人，仍是根本不同的概念。这是因为无论个人自由主义的政治理念，还是唯名论的社会学理论，其理论构建的目标仍是政治或社会运作的模式，其所谓的个人是抽象的权利与机制，而非关注个人本身。

关注个人本身究竟意味着什么？这不是理论的问题，而是视角的问题。个人史在人类的知识体系中源远流长，无非是关注人格构建与命运遭遇。这种传统的诉求与叙述技艺从未失传，需要的只是以现代社会科学来充实对人格构建与命运遭遇的认识。这样做的理由，主要并不是争取所谓的学术主流地位，而是获取一种当下世界的理解个人的必要方式。

因此，个人史面临的任务，未必是在历史学中呼唤人的回归。事实上人从未在历史学中消失，但改变当代历史学以解释社会整体运作机制的根本任务的条件并不存在。当下中国史界对"人的历史"的呼声，具体情况又各不相同。如鲁西奇教授《谁的历史》直言对权利的争取当然值得尊重，刘志伟教授"从国家历史到人的历史""从人的行为出发的制度史研究"主要是社会史研究技巧改进的设想，[242]与人格构建与命运遭遇意义上的个人史仍有根本的区别。

第二个问题，涉及如何从当代社会科学的背景中观察与理解人格构建与命运遭遇，这是个人史从社会史中另辟蹊径的关键。以福柯为代表的左派社会理论过度关注权力问题，这会将社会置于人权的对立面，理论上固然有其独特价值，却也意味着其预论的前提——对个人权利的无限追求——显得不太现实。但即便将人权作为个人的终极信仰，也很难想象这是决定人格构建与命运遭遇的根本甚至唯一内容。事实上以一生为长度的个人史，其生存与生活所面对的社会条件，远非社会控制这种单一视角可以涵盖，何况真正理解人权并以之为终极信仰的个人未必占据多数。因此从个人史的角度讲，个人与社会的关系不应该是控制与反控制的对抗。

人总是视社会为生存与生活的环境与条件。社会科学致力于对社会环境与条件做出充分的解释，个人史的问题在于，社会科学所构建的体系作为整体显得过于宏大，对个人而言往往无法充分遭遇其整体性的存在。个人遭遇的总是社会体系的片段，即使这个片段与整体社会体系存在着无限可追溯的联系，就个人而言仍是充满偶然与不确定性的片段。

对于偶然遭遇的不确定的社会片段，个人没有选择的权利，这就是所谓的命运。

个人在所遭遇的社会片段中采取行动谋求生存并构建自己生活的意义，这就是所谓的人格。

作为命运的个人史

任何社会科学都有其意识形态与社会功能的依据。比如社会学本身因应现代社会的不稳定性而产生，韦伯的理论体系又深植于自由主义的理念。毋庸置疑，人的解放是当今世界政治与社会科学的最基本理念。在此前提下，自由主义在西方占据绝对主流地位，但也遭到马克思主义与后现代主义的挑战，后者认为自由主义对人的理解可能过于局限、虚伪，甚至根本是陷阱。相对于传统社会，现代政治理念与社会科学无限地提升了普遍的个人的地位，但不可否认，普遍人权的构建首先是现代社会运作机制的产物，未必具备充分的现实性及终极意义。

这样的质疑不是要回归到文化保守主义的立场。传统以个人英雄主义、宗教道德诉求乃至天命、戏剧性为归止的个人史技艺，虽有充分理由继续保留，但毕竟与现代社会科学格格不入。把人格构建与命运争取理解为实现个人生命的必由之路，现代社会学在这方面早有探索，齐美尔的《生命直观》特别是其中"对命运概念的说明"就是这方面的重要理论。只是《生命直观》以"形而上学四论"作为副标题，从历史学的角度看齐美尔为个人史提供的社会学理据的确过于"形而上学"，历史学的个人史或许更应该追求在历史事实的具体片段中展现生命的轨迹，从而避免形而上学的迷思。

不过，个人史的社会科学合法性，并不意味着为其争取在历史学中的主流地位。历史学研究以开拓、发掘历史事实的认识为根本，如果所谓的个人史只是利用既有的历史知识编织诸多悲欢离合的人生戏剧，就很难获得历史学的重视。如果承认事实拓展依赖于视角的更新与意义的发现，那么个人史意味着将历史观察的视角由传统政治、现代社会进而转向生命史的微观层面。如同在现代社会科学理念下，传统史学中微不足道的社会经济史日益成为历史研究的主流，个人史视角的转换也可能导致新的历史事实的喷涌，毕竟太多的事实只对具体的个人有深刻的意义。比如在罗建功的诉讼史中，晚清北洋的司法变革对于近代中国法律的现代化只是一个混乱的过渡，或许不值得过于认真的梳理。但对于罗建功而言，混乱可能意味着危险的机会，必须进行最精微的辨析才能把握其中的奥妙。由个人史而发现的史实，离开了宏观史学观察的视野，却非鸡毛蒜皮的琐事，而是隐藏于细节中的历史脉动。

作为历史片段与人格命运的个人，可能引导对深层历史脉动的观察。个人史，或许应该以这样的姿态重归历史主体与历史学主流的地位。

片段与人格交织的生命史

马克思指出，人的本质不是单个人所固有的抽象物，在其现实性上，它是一切社会关系的总和。这里的社会关系，同样不是社会所固有的抽象物，而由个人社会实践构成。因此，在叙述罗建功的诉讼史时，罗建功的"一切社会关系总和"的表现形式，主要就不是历史进程、时代背景、国家制度规则、地方社会结构等等，而是诸多罗建功熟稔或闻所未闻的人的具体行动及其人格命运。

罗建功以外的约30位大大小小、远近不一的人物，大致构筑了罗建功个人史的社会片段。首先是为他留下巨额遗产的伯父罗献琛，然后是宗祧继承制度下承嗣罗献琛的胞弟罗勋及吴素兰。由此延伸，就牵涉到遗产争夺的核心人物：蒋、黄二氏及罗善根、吴竹枝夫妇，以及罗建功的被告季忠寅、叶有芳、季马养、郭吉光等。遗产争夺涉及的诉讼战，又在两种社会脉络中反复纠缠。一是地方乡绅集团的竞争，由此牵涉到吴绍唐、李镜蓉、吴嘉彦、吴驰绅等人。二是司法制度的变革以及地方司法的实施。法院成立以前司法实践深受地方官个人因素的影响，因此牵涉到杨毓琦、王施海、王允中等审判官以及律师练公白。而近代以来的司法变革持续影响着罗建功的诉讼策略与诉讼收益，罗建功在这部分才遭遇到中国整体的历史进程，具体又涉及大人物梁启超与袁世凯，何香凝与胡汉民，法学家江庸、董康、王宠惠，以及范贤方、王仁铎、郑爰诹等。

罗建功的诉讼史在这样的社会关系与历史片段中展开。这里的罗建功当然不是"单个人所固有的抽象物"，而是具体社会关系的产物。作为盖竹村的村民，他的身份首先来源于罗绍弼迁徙并在三代之后暴富的盖竹罗氏家族，盖竹村以理学家王毅为先祖的王氏家族又构成了罗氏家族发展的主要社会参照。个人史不仅涉及先祖来历，也或多或少保存于后人的历史记忆中，比如罗善根的孙子罗庆宗对罗建功的不满。

罗建功的诉讼史不是一部个人传记，无从还原罗建功完整的生命史。个人史是社会片段与人格命运交织的产物，其人格很少会是一个单纯的体系。传统传记倾向于构建传主单一的宏大人格，思想家则终生构建思想体系，政治家则为政治理解矢志不渝，艺术家则始终沉醉于艺术灵感。传主、传记作者与读者对重要历史人物人格的共同期待，决定着单一宏大人格构建的必要性。但个人在不同社会关系脉络中不同人格面向的生成，统合个人的不同人格面向只是少数人的思想试验，对于正常生活既无必要也无可能。

罗建功的诉讼史所展示的人格命运非常片面。罗建功是怎样的父亲与丈夫？是怎样的村民与商人？他的政治理念与时局感知如何？他会不会是一个赌徒或狂热的宗教信仰者？他是一个民间法学家吗？他的一生热衷于诉讼但会不会同时经常发表厌讼的言论？对此我们一无所知，甚至不知道他在遗产诉讼中的最终收获以及他的生命结局。但这不影响我们在他的诉讼史中还原他的人格命运。相对于罗建功的完整生命，这样的历史叙述固然极端片面，却并无缺憾——如果人格命运总是以片面的形式存在的话。

无论罗建功还是罗黄氏、吴素兰，抑或李镜蓉、杨毓琦、王惠宠或胡汉民……他们遭遇了史无前例的司法变革，他们受制于各自的社会情境，他们灵活应变，他们无人可以掌控司法变革的历史进程，但他们在社会片段与人格构建之间编织自己命运的纹样。

唯其如此，没有人功德圆满或竹篮打水，也没有人成为历史裹挟的牺牲品。

其他

本文主要将罗建功诉讼史作为一次个人史叙述的尝试，相关讨论见于以上余论 2 至 4 节。写作过程中也有一些一般社会史方面的感想，一并絮叨如下：

一、女性史

罗建功的诉讼史主要涉及四位女性，即蒋汝珍（罗蒋氏）、黄张凤（罗黄氏）、吴竹枝与吴素兰，其中后三位深受新法律的影响。从这几位女性身上可以看到，新法律固然提升了女性的法律地位与各项权益，但无由改变她们各自的生命轨迹。四人中，蒋汝珍与吴素兰出身富商或豪绅，黄张凤与吴竹枝家境贫寒。黄张凤、吴竹枝与吴素兰应该都曾意识到新法律对女性权利的变革，也先后试图利用新法律变更其在旧社会的处境，然而效果并不明显。

要求新法律在数年之间改变社会规则其实不切实际。个人命运的主宰主要是个人在特殊社会结构中所处的位置及由此生成的社会关系，而非抽象的法律条款。可以指望新法律逐步改造社会形态，但实际效果需要求证于历史事实。可以想象，法律对社会的改造只能在相互对峙或渗透、镶嵌的过程中逐渐生成，而非社会依据法律的单向重塑。在罗建功诉讼史中，新法律无疑是女性争取权利的有力武器，但似乎没有成为她们改变命运的契机。如果没有新法律，罗黄氏留下的可能不是坤德桥，而是佛教塔铭经幢或者某座神祠。但无论如何，新法律没有改变妾毫无财产权的命运。新法律将吴素兰原有的择嗣权改为配偶遗产继承权，但吴素兰一度试图维护旧的立嗣合同。抽象地讨论新法律对女性的意义显然比较危险，女性如何利用新法律或旧观念，也只能是女性个人的选择。

二、家族与乡绅史

罗建功的诉讼史涉及四个乡绅家族，即盖竹王氏与罗氏，八都吴氏与李氏。

张仲礼的《中国绅士》将士绅阶层视为科举考试的产物，而明清科举又与理学制度化地捆绑在一起。在盖竹村，王氏的先祖是龙泉县首屈一指的理学家王毅，王氏也以此标榜于地方官，但平庸的经济条件明显限制其地方势力的扩张。反之，族谱中自称始迁祖是一介拳师、家族长期持读书无用论的罗氏，太平天国运动之后在经济上突然崛起，便敢以豪门自居。这并不意味着科举于士绅身份不重要，相反，地方官不得不因其理学家始祖而对盖竹王氏表示优容，宣扬读书无用论的盖竹罗氏发家致富后也延塾师、捐功名。不难发现，士绅身份中经济、政治与文化三种要素具有可置换性。

至于八都吴氏与李氏的斗争，李氏是新近迁入的富商，根基浅薄而无所不为，吴氏是土著绅士，盘根错节而顺应时局。吴、李两家的势力远甚于盖竹罗、王二氏，原因无外乎有能力在县域以外谋取更高端的政治或文化资源。对于地方士绅，留洋或省议会之类新的政治文化资源无非是传统科举功名的替代品。值得关注的是士绅（文化政治精英）与乡族的关系问题。不依赖乡族资源而发展为士绅的可能性很小，但这是否意味着士绅必然以乡族利益为本位？从吴驰缃的经历来看，这种关系可能是单向的。即当吴驰缃在上海从事革命活动时，他的行动可能已经脱离了乡族的羁绊。但当他遭遇不测、被捕入狱之时，还是依赖乡族的全力相救幸而脱险，并由此转变了自己的人生轨迹，重建与乡族之间的密切联系。士绅与乡族虽然存在相互支撑的关系，但是一旦超出县域，会出现士绅从乡族势力中单向流失的风险，这同样是中国社会结构的重要特点。

三、中国近代史的重构

国史的编撰以国家（政权）为叙述主体，这是题中应有之义，并无质疑的必要。晚清变局，北洋混乱，国民政府重建法统——这三个中国近代史的主要阶段，即使在罗建功的诉讼史中也显得异常清晰。

从社会史的角度而言，盖竹罗氏其实兴起于太平天国运动之后。八都吴氏作为当地望族，与晚清自治、辛亥革命、联省自治，乃至反帝爱国运动、国统区接收沦陷区等政治变局密切互动，随机应变，其家族形态与势力相当稳固。

虽说乡绅社会是传统科举制度下固有的社会结构，但明清两代龙泉县几乎不出进士。八都吴氏连续有人留学日本或在清华大学深造，辛亥革命前后更加顺利地把控当地政治资源，又或在当地从事律师职业。族中精英更在省城参与立宪运动，或在沪、宁等地从事革命运动、就职中央政府，这就不仅是传统通过科举制度获取政治资源的代替，更是乡绅阶层政治势力的显著扩张。联系到盖竹罗氏在太平天国运动之后的突然兴起，至少对于局部未经战乱地区而言，的确出现近代中国乡绅阶层发展的黄金时期。

以革命为主线的中国近代史，虽说革命原动力是外在的冲击，但革命的主要载体首先是内部社会的大小地方乡绅。虽然新政权具有前所未有的国家主义性质，乡绅阶层政治扩张的终极命运或许是对自身阶层的反噬，但这不妨碍乡绅阶层成为中国近代史研究与叙述的重要视角。

四、浙江近代史的特点

浙江近代史有以下特点：

1. 士绅阶层主导着近代浙江政治史的各个时期。

2. 除了孙传芳入浙（江浙战争）与败退（北伐战争），太平天国运动至抗日战争期间，浙江没有遭遇特别严重的战乱，社会结构具有延续性。

3. 光复会与同盟会的关系，是浙江近代政治史的重要线索。

以上几个方面对当代浙江社会形态的影响至为深远。

由于龙泉县在抗战期间始终属于国统区，罗建功的诉讼史又可视为"正常"（非战乱）情况下传统社会承受现代性冲击的标准样本。

五、现代性转型问题

与法律转移问题类似，现代性转型问题也因不同立场而形成不同的解释范式。文化保守主义，线性发展的现代化理论，以超越资本主义为主要目标的社会主义理论，是关于现代性转型的三种基本立场。无论认同还是抵触现代性的价值取向，相关理论无不以现代性的线性发展时间观作为立论的前提或靶标。然而在理论界，进步只是"幻象"早已成为常识，现代性只是作为依附于社会运作机制的意识形态仍然根深蒂固。换言之，以现代性作为社会发展的终极目标早已失去理论依据，只是作为社会强制力量无以抗拒。

对于理解近代中国而言，这一观念尤为重要。这将意味着，所谓的"救亡"压倒"启蒙"并非历史的误会，"救亡"是社会强制力量的转译，"启蒙"是现代性观念的代名词。对于近代中国的转型而言，现代性从来只是手段，作为终极目标的现代性既没有充分的历史事实的基础，也缺乏理论上的依据。这也意味着以法律现代化进程来解释近代中国移植西方法律的进程，其实也是一种"幻象"。对于罗建功而言，龙泉县法院的成立、国民政府新法律体系的实施，其意义与其说是法律现代化的实现，不如说是一套新型的、行之有效的法律规则开始运作。

六、断裂、层叠与互嵌的史观

与传统中国的律法制度相比，西方法律体系的优越性无可比拟。但把从晚清司法变革至国民政府法律体系全盘西化的进程，单纯理解为法律现代化的进程，又会坠入"进步的幻象"中。

移植西方法律对中国社会造成的实际影响，主要体现为各个层面的断裂、层叠与互嵌。这些现象在司法变革进程停滞不前的晚清与北洋时期尤为明显，但过渡时期的现象不足以体现其普遍意义。重要的是国民政府时期法律体系的全盘西化，并不意味着这种现象的消失，而是从法律制度转移至社会结构层面。从此，断裂不再体现为法律体系内部的撕裂，而成为社会形态与法律规则间的断离，比如罗建功诉讼史中的宗祧继承与遗嘱继承的奇特关系。

层叠与互嵌的关系也是类似。吴素兰的继承遗产的权利，其实是传统宗祧继承与现代配偶继承叠加的结果。早已被排除在遗产案诉讼主体资格之外的罗建功，显然是吴素兰追讨遗产的幕后策划与利益同盟。而罗建功积极运用新法律试图维护的，无非是旧立嗣合同中的那份经济补偿，传统与现代由此呈现出奇妙的互嵌效果。

罗建功的诉讼史不过是个案。但不难理解，近代以来延续至今的中国社会全方位移植西方的效果，与其说是现代化的进程，不如说是传统与现代的断裂、层叠与互嵌关系的普遍化与结构化。非但如此，这或许还是古今中外任何一次社会变革的必然结果。毕竟在当今最发达的社会中，也不乏人类最古老的部族组织与巫术文化深嵌其中。

2020 年 5 月 20 日改写初稿。2020 年 12 月 15 日完稿。

注释

1　《盖竹罗氏宗谱》卷五，罗庆宗家藏本。

2　《龙泉民国法院民刑档案卷（1912—1949）》（以下简称"龙泉司法档案"）M003-01-3579、15046。

3　官办的地方自治，最初是 1906 年（光绪三十二年）袁世凯派天津知府凌福彭与官派日本早稻田大学毕业生金邦平等人拟定《试办天津县地方自治章程》，创办自治局。第二年天津县士绅集会，选举 30 人为议员，成立天津县议事会。1908年，天津县议事会成立董事会，设有法制、调查、文书、庶务四课，并创办自治研究所，负责调查地方事务，宣讲地方自治，培养地方自治人员。此后清廷在全国各地推广天津的自治方案，除《城镇乡地方自治章程》，又有《府厅州县地方自治章程》，仿模日本市町村制与郡制，分下、上两级推行地方自治。依清廷规划，所谓地方自治，乃一定区域内居民享有地方公益之权利，分任地方负担之义务。选民资格，限具本国国籍的年满 25 岁男子，且居当地满 3 年以上及年纳税 2 元以上，或有素行公正众望允服者，同时排除品行悖谬、刑罚、失信、吸食鸦片、有心疾、不识文字及现任官员、现役军人、本地巡警、僧道、宗教人士等为选民。地方官府所在城厢为城，5 万人以上区域为镇，5 万人以下为乡。乡设议事会和乡董，议事会为决议机关，议员依据人口 6 至 18 名不等，由选民选举产生，任期两年，每年改选半制，设议长 1 名，副议长 1 名，拥有决议应行变革整理事宜、订立自治规约、筹集自治经费等职权，每季度举行一次会议。各乡设乡董 1 名，乡佐 1 名，由议事会选举产生，不得由议员兼任，地方官核准任用，负责执行议事会决议。地方自治的事务，包括学务、卫生、道路工程、农工商务、慈善、公共事业等。

4　参见季步瑶《晚清龙泉举人连正钊传记》，项应铨《连正钊公传》，王施海《连灼照先生墓碣铭》，《龙泉文史资料》第 5 辑，政协龙泉县委，1986 年。

5　1910 年（宣统二年）11 月，浙江省划定自治区域，全省分为 1071 个，其中城区 74 个，镇区 77 个，乡区 920 个。城镇乡议事会、董事会选举立即举行。

6　参见范传统《李为蛟先生传略》，李萱口述、正铎整理《我的父亲李为蛟》，王心白《李为蛟主政云和传闻轶事》，《龙泉文史资料》第 5 辑，政协龙泉县委，1986 年。

7　参见王兴文、徐蒙蒙《官府、士绅与赌风治理——以晚清温州为例》，《浙江社会科学》2017 年第 9 期。

8　《汉民日报》1912 年 4 月 29 日。参见沈航《浙江辛亥革命再研究》，天津师范大学 2014 年博士学位论文，第 144 页。

9　《宣平锄头会滋事情形》，《申报》1912 年 4 月 23 日。处属宣平县锄头会滋事情形已迭纪。本报兹悉，龙泉知事李为蛟昨又急电浙都督，云：龙邑讼棍季树功、积犯汤有光，假名"尚武会"，聚众千余人，与西乡保辇会联络，毁吴绍唐、蔡起澜家，复哄署胁迫，索还罚款，破烟赌禁，阻霸钱粮，势甚猛。近来宣匪扰乱（即锄头会），各县多事，巡防不敷分布。前公报载，军政司派省兵驻各县，龙事急，蛟病危，乞速派兵缉拿镇压，并就近派员代理并电覆，龙泉知事李为蛟叩沁。

10　文楠、世家《"广丰台"事件始末——记八都农民一次自发的抗暴斗争》，《龙泉文史资料》第 6 辑，政协龙泉县委，1987 年："时值青黄不接，地方正闹饥荒，八都镇上仅有的一所义仓，理应及时开放积谷，以济平民断粮之急。不料当吴公村一带农民前去借谷时，该义仓经理人（八都镇上吴利和酱园店主）吴祥礼【吴绍唐】却诡称'稻谷已经放完'。实则是为其高利放贷，中饱私囊。农民无力理喻，只得求助于李本华。李出于义愤，即于次日会集高浦本村及茶寮、东音、吴公等附近村坊缺粮的农民共 200 余人，集体前去借谷。当时为首者三人，除李本华（广丰台）外，一个叫赖妹妹儿（八都司下人），另一个叫许德土（东音人）。约定以'山坡连'（土炮）为号，一声炮响，各村农民俱集。他们徒步到达八都，找见义仓经理吴祥礼，先以礼相求。讵知吴祥礼仍然无动于情，且出言不逊，以势压人，农民们人多咀（嘴）杂，言语顶撞，当场引起冲突，彼此各不相让。农民人多势勇，激于公愤，当将酱园店铺的柜橱桌椅，推翻在地，一时货品什物，满店狼藉，李本华即时命令高喊：'货品什物，一概不许拾拿。'秩序顿时恢复井然。几经交涉，仍未借得，最后农民们不得再次悻悻离去。事发之日，正巧当天下午一个名叫陈某的官员随带几名卫士来八都察访，吴祥礼因与之是旧交同学，闻讯即去'平水王'（坐落八都镇街尾，当时公路未通，是为县城来村必经之路）接候，迎至家中，酒肉款待，不免拉拢一番。吴就诈称酱园'遭劫'，要求官府缉拿归案，并一面火速向县衙报案。次日县衙官府，果真派了一队士兵，约 20 人前来八都弹压。村人有劝李本华走避，免遭眼前之亏，李本华理直气壮地说：'不怕！有得道理在，何俱官府。'当即连夜写了递呈，第二天清早，偕同三位首领赖妹妹儿等前去八都见官。他们一到，陈某的卫队数人，早已荷枪实弹（毛瑟枪），如临大敌。李本华见了陈某，递上呈文，义正词严，据理力陈，讵料官府与地方恶势力，竟乃沆瀣一气，官官相护，口供一问，就将三人扣押。当时满清王朝刚刚推翻不久，大家都还蓄留长辫，盘绕于头顶上，卫兵就将赖妹妹儿和许德土两人的长辫割下，放逐回去，李本华则被关押李家祠堂。赖妹妹儿两人来到高浦之后，村民得知情况，无不义愤填膺，奔走相告，并都为李本华的安危担心，一夜之间，各村自发聚集农民，达三百余人。次日拂晓之前，大家会师于龙角岩（高浦附近，即现大寨田），并推出了武功最强、绰号为'茶子脑'的农民为寨主，一路浩浩荡荡，抬着'山坡连'（土炮），扛着土枪、鸟铳，也有拿着扁担、柢棒的，由茶寮、沙垫街，直到八都长安桥（即现青年桥）的北岸，埋伏于就近水碓左右的稻田里，当将'山坡连'盛装了两簸箕的火药，对准了官府士兵的驻地李家祠堂，并由力气最大的赖妹妹儿，全力稳住了炮筒，遂即点火放炮，岂料炮身震力过大，炮口偏西，打落在现八都电厂附近的柏树上，赖妹妹儿当被震毙在丈许以外，当场堕昏。对岸桥头埋伏的官府士兵二十余人，见状从桥上蜂拥冲杀过来，立即割下了堕昏的赖妹妹儿首级，这时农民们措手不及，再炮不能，回击无力，人数虽多，终因是乌合之众，纷纷四向逃散。当天下午，八都镇上大搞庆功活动，并将李本华押赴溪边晒场，斩首示众。时在1912年（民国元年）六月初一，一场由农民自发组织的抗暴斗争，就此被镇压下去。"

11　参见张智辉《吕逢樵革命活动与处州光复》，毛虎侯《辛亥革命在丽水》，《丽水文史资料》第1辑，政协丽水县委，1984年。

12　《申报》1912年5月1日。

13　参见江天蔚《辛亥革命后松阳的一次剪辫斗争》，中国人民政治协商会议全国委员会文史资料研究委员会编《辛亥革命回忆录》第4集，北京：文史资料出版社，1963年。

14　《龙泉民人王汝彝禀为李镜蓉辩诬批》，《浙江公报》1912年第238期，第10页："禀悉。查李镜蓉违令束发一案，已据龙泉县知事查明议罚，具结开释。该民人等所称各节，无非为李镜蓉辩护起见。案经讯结，碍难再予受理，着即知照。此批。"

15　《龙泉民人李镜蓉禀为冤深悲切呈久无批请再检呈核示批》，《浙江公报》1912年第248期，第11页："查该民人违令束发，经该县知事查明判罚，系属咎由自取，业于本月八号批示挂发矣。毋得来辕多渎。此批。"

16　《越铎日报》1912年1月18日。

17　参见沈航《辛亥革命后的剪辫与留辫问题研究——以浙江省为例》，《浙江学刊》2013年第3期。

18　文楠、世家《"广丰台"事件始末——记八都农民一次自发的抗暴斗争》，《龙泉文史资料》第6辑，政协龙泉县委，1987年："但事情并未由此终结，地方的恶势力又与官府进一步勾结，株连对高浦村民进行血腥镇压，并扬言要将全村杀尽、烧光。最后在村民的一再哀求苦诉下，才同意只将李本华的住屋拆毁搬出溪边烧焚。李的一家，包括远亲近邻在慌乱中逃离虎口，经住溪、王村口改由水道奔避浙北落户。其妻途经住溪时，得由当地士绅指点，认为县内官官相护，事情永无昭雪之日，唯一出路，只有向上申告。当又得到李氏同族、八都富绅李镜蓉的支持资助，并亲为之出谋策划，代请教书先生雷一声撰写诉讼（状），而由李本华的二哥李本芬背佩黄榜，沿途乞讨，到达省会杭州，之后又去南京，逐级向上申告，综计前后打了十二年官司，直到1924年（民国十三年）才是得到了判决，总算被申了冤。八都义仓经理吴祥礼（吴绍唐）正式败诉，赔垫了积谷，有关官员陈某也受了应有处分。"

19 《吴绍唐社谷案之省长指令及被控辩诉状》，《丽水法院志》，北京：人民法院出版社，2014年，第460页："追光复之时，秩序未定，李镜蓉之族侄李本华啸聚，至乡筹办警察，华等恐警察成立，烟赌不利，蓉教以毁自治公所、殴警官、捣邮政、毁抢民家店铺，杀猪团食，七日始散，自知犯罪既成，无可脱卸，乃诱为与民盘算积谷，并以拆空仓改为议场，架罪于民，又使李本芬黑夜放火，焚烧民家杉木千余株，均经控诉有案，其造意加害于民之事，不胜枚举。畔因宣统三年西远乡组织自治会，民被选为议长。李镜蓉嫉妒不甘，同时议员徐杰又以李镜蓉吸食鸦片，报告监督。镜蓉怀恨徐杰，并迁怒于民，身为议长，不为慎助。因嗾出其西席雷一声、田佃雷飞云等揭贴，蛊惑借谷之户不要完纳，冀陷民等经手放出之谷不能追收，丽积谷之祸，实始于此也。当时禀报，县署及省、道、府宪均有案。"

20 龙泉司法档案M003-01-2425："其门第卑鄙，言之污笔墨，当时乡先生皆耻之，谓为士林败类，屏不许入龙泉籍。其父颇知悔过，自请捐赀修椟星门，都士人因稍稍礼之。侥幸青一衿，虎而冠，威势百倍，遂武断乡曲，与人结讼无宁日。其家因以暴富，前清光绪时，高腾米价，为合乡所攻击，势稍杀。"

21 参见李盛唐等《先父李镜蓉生平》，《龙泉文史资料》第7辑，政协龙泉县委，1988年。

22 参见《浙江省长公署批第一百二十八号（蒋葆蓉等为吴嘉彦侵食学款请准开私塾由）》，《浙江公报》1916年第1604号，第12页；《本司支批龙泉县学界毛之麟等控吴嘉彦勒捐渔利禀》，《浙江教育官报》1909年第7期，第32页。

23 参见《吴绍唐社谷案之省长指令及被控辩诉状》，《丽水法院志》，北京：人民法院出版社，2014年，第460页。

24 参见《批浙江龙泉县李陈氏呈控吴绍唐陈蔚一案文（二月二十四日）》，《内务公报》1914年第6期，第151页；《浙江省长吕批（八月一日）高审厅呈复龙泉李镜蓉控前知事陈蔚吞欹一案由》，《浙江公报》1916年第1580期，第22页。

25 参见《浙江省政府志》，杭州：浙江人民出版社，2014年，第368页。

26 参见陈文浩《我所知道的浙江都督朱瑞》，《浙江文史集粹》第2辑，杭州：浙江人民出版社，1996年。

27 辜孝宽《浙江省禁烟史略》，杭州：杭州青白印刷公司，1931年；参见上海市禁毒工作领导小组办公室、上海市档案馆编《清末民初的禁烟运动和万国禁烟会》，上海：上海科学技术文献出版社，1996年；王宏斌《民国初年禁烟运动述论》，《民国档案》1996年第1期。

28 《龙泉县禁烟罢市》，《申报》，1912年12月8日6版。

29 龙泉司法档案M003-01-14764。

30 龙泉司法档案M003-01-1327、14764。

31 《汉民日报》1912年4月17日。

32 龙泉司法档案M003-01-9996、13393。

33 龙泉司法档案M003-01-15046。

34 龙泉司法档案M003-01-1961、4892、11440。

35 参见朱仲玉《屈映光：从追求革命到静心研佛》，《世纪》2006年第4期；青筼《三朝老臣屈映光》，陈文浩《我所知道的浙江都督朱瑞》，《浙江文史集粹》第2辑，杭州：浙江人民出版社，1996年；屈映光《屈映光自订年谱》，民国间稿本，上海图书馆藏。

36 任林豪、马曙明《临海文物志》，北京：文物出版社，2005年，第450页："辛酉夏初，积雨新霁。偶登巾子山访翠微阁遗址，烟峦耸翠，松径盘云，古寺藏间，境绝幽邃。因思唐人有'曲径通幽处，禅房花木深'之句，爰题斯石曰'通幽'。盖亦仿佛山寺禅院之胜境焉。题之者邑人屈映光，书之者同邑王弢，偕游诸子：则杨熨锦、杨毓琦、李惠人、周厥初也……时中华民国十年浴佛前二日。"

37 张绍文、周惠人《龙泉平民习艺所始末记》，《龙泉文史资料》第2辑，政协龙泉县委1985年。

38 丁文江、赵丰田编著《梁启超年谱长编》，上海：上海人民出版社，2009年，第445页。

39 清廷强调变法不分新旧，直接针对1898年1月29日康有为《应诏统筹全局折》所谓"守旧诸国，削灭殆尽"之类"伪辩纵横，妄分新旧"言论。那时光绪帝颁"明定国是"诏书宣告变法，9月慈禧太后自颐和园返回紫禁城发动政变，将光绪帝囚禁于中南海瀛台，戊戌变法失败，康有为、梁启超逃亡日本。1898年12月，梁启超在横滨创办《清议报》，鼓吹"斥后保皇"，继续宣扬政治改良。

40 梁启超《过渡时代论》，汤志钧、汤仁泽编《梁启超全集》，北京：北京出版社，1999年，第一卷，第465页："人民既愤独夫民贼愚民专制之政，而未能组织新政体以代之，是政治上之过渡时代也；士子既鄙考据词章庸恶陋劣之学，而未能开辟新学界以代之，是学问上之过渡时代也；社会既厌三纲压抑虚文缛节之俗，而未能研究新道德以代之，是理想风俗上过渡时代也。……科举议变矣而无新教育，元凶处刑矣而无新人才，北京残破矣而无新都城。"

41 孙中山《民报发刊词》，中国社会科学院近代史研究所编《孙中山全集》，北京：中华书局，1981年，第1卷，第288-289页。

42 丁文江、赵丰田编著《梁启超年谱长编》，第445页。

43 追溯梁、袁两人的政治经历与思想轨迹，前者或许隐藏着他对政治失败的深刻恐惧，后者更多显露出对共和政体及民权法律的鄙薄与抗拒。今天的研究者以为，囿于政治经验与教育背景，袁世凯无法理解"共和"真义，致使其在民初急欲建立威权政治以恢复社会秩序。袁世凯当时发表政论，大言不惭地宣称，"余历访法、美各国学问家，而得共和定义曰：共和整体者，采大众意思，制定完全法律，而大众严守之。若法律外之自由，则耻之……孔子喜言大同，吾国现行共和"，把共和政体视为孔子的大同理想。所以洪宪快要结束时，法学家伍廷芳安信袁世凯说，"我公于共和政体诸多膈膜"。不过"膈膜"未必是不理解，也可能只是不接受。

44 参见吴铮强杜正贞、张凯《龙泉司法档案晚清诉状格式研究》，《文史》2011年第4辑。

45 《申报》1913年1月15日第8张。

46 李盛唐等《先父李镜蓉生平》，《龙泉文史资料》第7辑，政协龙泉县委，1988年。

47 龙泉司法档案 M003-01-2425。

48 龙泉司法档案 M003-01-9699。

49 寺田浩明《"拥挤列车"模型——明清时期的社会认识和秩序建构》，《权利与冤抑：寺田浩明中国法史论集》，王亚新等译，北京：清华大学出版社，2012年，第417页。

50 龙泉司法档案 M003-01-2425。

51 龙泉司法档案 M003-01-8553。

52 《申报》1923年11月26日："法官于此书之应用：本书所列各案首尾完全，一气贯通。凡控辩各状、命令、物证，以及大理院、高审厅、地方厅等判词，无不搜罗完备，法官常备此书，尽可研考引证，资为根据。律师于此书之应用：本书所列各状，系全国著名法律家得意之作，驰骋雄辩，无一不尽辩护之能事。律师常备此书，可以撷取众长，汇为己用。法政学生于此书之应用：读书贵在实习，本书每案皆有实事，每事皆有特异之点。法政学生置备此书，比读各种法政书收效尤速。诉讼当事人于此书之应用：诉讼当事人置备此书。可以自作诉状，无须请教他人，可以熟悉诉讼情形，不致受人欺蒙，可以考证某案何以失败、某案何以取胜而知趋避。可以于一字一语之中得转败为胜之诀。公民于此书之应用：本书各案情真事实。较之小说尤多兴味。公民常备此书，可以增进法律上之常识，可以酒后茶余作为消闲之书。"

53 参见凌善清编《全国律师民刑诉状汇编》甲编，上海：大东书局，1923年。

54 龙泉司法档案 M003-01-8553。

55 凌善清的《全国律师民刑诉状汇编》涉及的案件几乎都启动上诉程序，而且只有少数案例保留第一审诉讼文书，所选诉讼文书原件显然出自省级高等审判厅或大理院。比如同样由代理律师吴华撰状，爱新觉罗氏的第一审诉状采用传统模式，郭陈氏的上诉状采用现代三段式结构，说明法律界很清楚基层与上诉审判机构实行不同的诉讼制度，三段式状词只适用于上诉程序。这就意味着李镜蓉的三段式状词从一开始就是为上诉而准备的，也只有上诉阶段才能达到令他满意的结果。至于第一审时，杨毓琦将"和稀泥"让他放弃利息，这对于李镜蓉应该不难预料。而当时的上诉机构，即各级高等审判厅，已经形成了新的诉讼规则。晚清司法变革进程中提出司法独立，曾经试办各级审判厅，并计划移植西方各种法律。辛亥革命前夕，京城及各省级高等审判厅多已成立，《大清民律草案》《大清民事诉讼律草案》也制定完成，法政学界已基本掌握西方诉讼规则。只是民律及诉讼律未及施行，暂行的《各级审判厅试办章程》依据袁世凯 1907 年（光绪三十三年）主持修订的《天津府属试办审判厅章程》简化而成，由此形成了一种不中不西、不新不旧的特别审判制度，其特点是否定传统诉讼的"情理"及调解原则，但未采用西方民事诉讼的当事人主义原则，形成了完全依官府职权推进的民事诉讼规则。然而多数县级行政区划并未设置审判厅，延续传统诉讼模式。因此在清末民初，特别是 1914 年撤销审检所之后，中国形成了三级层叠的民事诉讼制度。最高级是只有法政学界掌握的西方当事人主义诉讼规则，中间是依据《各级审判厅试办章程》等暂行法规形成的职权主义诉讼制度，最低级是基层审判机构保留着传统细故审理模式。三级规则之间存在明显冲突，特别是《各级审判厅试办章程》明文规定上诉与缺席审判制度，将传统诉讼陷于无效的境地——这就为李镜蓉这样的"健讼家"提供了"逞其刁健惯技"而"莫不披靡"的舞台。

56 胡先骕《浙江采集植物游记》，《胡先骕文存》，南昌：江西高校出版社，1995年，第 167 页。

57 参见乾隆《龙泉县志》，《中国地方志集成》本第 1 编第 72 册，南京：凤凰出版社，2014 年。

58 参见光绪《处州府志》，《中国地方志集成》浙江府县志辑第 63 册，上海：上海书店出版社，2011 年。

59 参见康熙《衢州府志》，南京：江苏古籍出版社，1993 年。

60 光绪《严州府志》，南京：江苏古籍出版社，1993 年。

61 侯杰《瓯江水源林之调查》，《浙江建设月刊》1936 第 9 卷第 2 期。

62 参见《龙泉文史资料》第 8 辑《浙江大学龙泉分校建校五十周年专辑》，政协龙泉县委，1989 年。

63 参见家楠、南连《张雨亭与山林管理》，《龙泉文史资料》第 12 辑，政协龙泉市委，1992 年。

64 参见张露《清例贡生天池罗公传》、吴嘉彦《罗天池公家传》，《盖竹罗氏宗谱》卷八，1923 年刻本，龙泉市竹垟乡盖竹村罗雷来家藏。

65　季忠寅案均见龙泉司法档案 M003-01-12139、12166。

66　袁世凯《袁世凯奏报天津地方试办审判情形折》，《清末法制变革史料》上卷，北京：中国政法大学出版社，2010 年，第 399 页。

67　《大总统命令》，《浙江公报》1914 年 1 月 9 日，第 681 册第 1-3 页。

68　佐藤铁治郎：《一个日本记者笔下的袁世凯》，孔祥吉、村田雄二郎整理，天津：天津古籍出版社，2005 年。

69　江庸原籍福建省长汀县，因祖父江怀廷在四川充任县知，1878 年生于四川省璧山县。江庸的父亲江瀚是近代著名学者，曾任京师图书馆馆长、故宫博物院理事等职。江庸幼学制艺、诗词，20 岁入成都中西学堂习英文。22 岁时赴京应顺天乡试，遇义和团运动，考试不成经西安返回成都。次年由四川选派赴日留学，先后在成城学校（陆军士官学校预备学校）、早稻田大学法制经济科法学专业学习。日本留学期间，江庸结识了梁启超、秋瑾、蔡锷、蒋方震等人。辛亥革命以前还由修律大臣沈家本派充为修订法律馆专任编修，兼法律学堂教习。1907 年任大理院详谳处推事，1908 年考中法政科举人，1909 年又参加留学生廷试，以第一等第四名受大理院正六品推事。

70　江庸《五十年来中国之法制》，申报馆编《最近之五十年：申报馆五十周年纪念（1872—1922）》，上海：上海书店出版社，2015 年。

71　也有学者认为属于"司法解释"，即只是审判范例，而不构成法源。

72　杨立新主编《中国百年民法典汇编》，北京：中国法制出版社，2011 年，第 169-170 页。

73　郭卫《大理院判决例全书》，上海：会文堂新记书局，1931，第 182 页。

74　张振五《民国时期龙泉警察机构》，《龙泉文史资料》第 4 辑，政协龙泉县委，1986 年。

75　龙泉司法档案 M003-01-10106。

76　龙泉司法档案 M003-01-10106。

77　杨立新主编《中国百年民法典汇编》，第 169-170 页。

78　郭卫《大理院判决例全书》，第 182 页。

79　龙泉司法档案 M003-01-5311、10106、11741、12895、14949。

80　怀效锋主编《清末法制变革史料》，上卷，第 685 页。

81　陈布雷《陈布雷回忆录》，长沙：岳麓书社，2018 年，第 47 页。

82　吕公望是浙江永康人，出生于 1879 年。1898 年中秀才，原本在父母的规划下以训蒙为生，因读梁启超《新民丛报》而激发求学之志。为脱离父母，1902 年吕公望跑到县城"大嫖大赌大吸鸦片"，逼迫父母放行。1905 年，经吕逢樵等人引见，吕公望面见秋瑾，加入光复会。但吕公望不愿听从秋瑾安排到上海《女学报》当主笔，立志学军事从事革命，对秋瑾利用亡命之徒也不以为然。吕公望遂呈文浙江巡抚张曾敭，称"揆之初度，本日桑弧蓬矢而来；念厥前途，还当马革裹尸而去"，要求投军抚署卫队。张曾敭激赏吕公望的文采，安排其进入随营学生并考送陆军大学。1906 年，吕公望与蒋介石同时报考保定陆军速成学堂。当年徐锡麟、秋瑾遇害，蒋介石由保定选送日本士官学校，吕公望则考入第一班习炮科。1909 年，吕公望毕业，前往广西谋划革命未成，经香港会见黄兴、胡汉民之后赴沪，随后入浙军充职。1911 年结识浙军中朱瑞等光复会员，但吕公望革命党身份早已显露，被迫从浙军辞职，1911 年 6 月离浙至京，继续从事革命活动。武昌首义后，吕公望回浙参与杭州起事。杭州光复后，吕公望任浙江攻宁支队参谋长。民国成立后，吕公望任浙军第十一协协统、嘉湖镇守使。1916 年 5 月浙江宣布独立，吕公望出任都督兼省长。6 月袁世凯去世，黎元洪就任大总统。8 月，吕公望在杭州先后迎来康有为、孙中山。10 月，可能参与 1916 年浙江独立运动的黄兴在上海病故。12 月，因省长人选，浙军各派内讧，吕公望辞职。1917 年 1 月，黎元洪任命皖系军阀杨善德为浙江督军、旧官僚齐耀珊为省长，北洋势力控制浙江政局，主张"浙人治浙"的浙江各派激烈抵制。吕公望虽是光复会员，与北洋势力、同盟会都有结交。他在浙江去职后，先受段祺瑞之召到北京，获授怀威将军衔，1918 年又应孙中山广东护法军政府之邀，任护法军援闽浙军总司令。此后主要从事商业活动，但 1926 年北伐战争、1946 年浙江参议会均有参与。杭州解放前夕，吕公望拒往台湾，毛泽东在《关于占领杭州、上海问题致总前委等电》中，点名杭州由"已经成立的治安委员会（以救济委员会名义出现）地方绅士吕公望等维持，以待我方干部之到达"。新中国成立后，吕公望曾任浙江政协委员，1954 年在杭州病逝。参见吕公望《我前半生的革命经历》，《中华文史资料文库》第 9 卷，北京：中国文史出版社，1996 年。

83 浙江是光复会的大本营，民国初年浙江政坛人士与光复会多有密切关系，包括都督蒋尊簋、朱瑞，省民政长屈映光。光复会与同盟会关系微妙，朱瑞、屈映光依附袁世凯，于浙省保境安民固然有利，但政治上不免保守，与孙中山领导的同盟会势力格格不入。宁波的革命党人主要属于同盟会系统，辛亥功臣范贤方始终坚持反袁。范贤方 1877 年（光绪三年）出生于宁波鄞县的士绅家庭，父亲是举人。1902 年范贤方与王仁铎同榜中举。1906 年入宁波法政学堂，据说因意气太盛，受人排挤，才被宁绍道喻兆藩保举留学日本。在王仁铎卒业归国时，范贤方也进入东京法政大学速成科学习。1908 年范贤方回国，初任浙江巡警道兼洋务总办王丰镐的秘书。1909 年在四明法政学堂（即原宁波法政学堂）任教，不久被推举为宁波自治所所长。1911 年组织鼓吹革命的宁波国民尚武分会并任副会长。武昌首义，范贤方受人推举，邀集宁波士绅及各界领袖组织民团，谋得同情革命的宁波新军与巡防营的双重支持。宁绍台道文溥见大势已去，弃印逃亡上海。范贤方召集各界成立保安会，11 月 5 日保安会召开会议，至深夜决定成立宁波军政分府，范贤方任执法部长。浙江省军政府成立后，范贤方出任浙江高等法院院长、司法筹备处长。参见毛翼虎、洪可尧《宁波辛亥革命人物范贤方》，《宁波文史资料》第 4 辑，政协宁波市委，1986 年。

84 龙泉司法档案 M003-01-76。

85 龙泉司法档案 M003-01-76。

86 怀效锋主编《清末法制变革史料》，上卷，第 462 页。

87 龙泉司法档案 M003-01-12166。

88 龙泉司法档案 M003-01-76。

89 王施海《连灼照先生墓碣铭》，《龙泉文史资料》第 5 辑，政协龙泉县委 1986 年。

90 在理学史上，黄榦得岳丈朱熹亲传，黄榦后学何基、王柏、金履祥、许谦号称"北山四先生"。许谦之后，有所谓"金华三先生"柳贯、黄溍与吴莱，以及"四先生"宋濂、王祎、胡翰与戴良。黄榦以下十一位先生均为金华人，因此"金华学派"历来被视为朱学之嫡传正宗。朱元璋打下浙东后，又刘基与宋濂、章溢、叶琛一起召往身边，并称"浙东四先生"。王毅许谦亲炙，往谒许文懿公谦于金华山中，公为详陈理一分殊之旨，先生豁然如梦斯觉。由于宋濂等人的学源并不限于朱学一系，而王毅倾心程朱，因此有学者提出，就金华朱学一系而论，王毅较之宋濂等人，学源更纯。元代是程朱理学成为正统并且践行于地方社会的关键时刻，关系到明清时期社会形态的演变方向。因此夸张地讲，理学史上纯之又纯的王毅，几乎是宋以来中国历史演进的坐标级人物。

91 宋濂《王先生小传》，罗月霞等点校《宋濂全集》，杭州：浙江古籍出版社，1999 年，第 2058 页。

92 王彦珣《廷聘表略》："明洪武十五年，以贤人君子征。疏辞略曰：臣本穷乡田夫，下里贱子，祖为布衣，父以隐居著述儒生自老，御寇有功，受嫉功害能之祸，死于非命。当元之末造，臣甫三岁，寡母抚豆，十年以外，稍有知识。悯其考死难，怀无求之志，有终焉之思。一旦遭时圣明，市井草莽，恭逢舜日，普天率土，快睹尧天。当此之时，罔不思罄竭其愚。窃臣终鲜兄弟，幼多疾病，臣母以得免鬼录为万幸，未尝教以读书，但粗识字，实未通经。手足胼胝，不赡膳养，以致老母衰年婴疾，不离床第，不孝之罪，罔避雷霆。兹太学新成，遣使诏求经明行修之士，府县谬以臣名充贡，而廷臣宋濂、王祎、章存道等九人又交章荐之。臣即欲勉就升斗，以为禄养，第臣以孤独之子，奉老病之母，不能远涉京师，臣身又以臣父难死为憾，宁欲正于首丘。于是窃效李密妄陈事刘之情，愧非俗庶恐方寸之乱，敢昧死陈词，傥俯从垂鉴，则臣之母子虽殁之日，犹生之年也。"《盖竹村琅琊王氏宗谱》卷首。

93 《敕旌义民》："敕浙江处州府龙泉县民王蕡蒥：国家施仁，养民为首。尔能出稻谷一千一百二十石，用助赈济，有司以闻，朕用嘉之。今特赐敕奖谕，劳以羊酒，旌为义民，仍免本户杂泛差役三年，尚允蹈忠厚，表励乡俗，用副朝廷褒嘉之意。钦哉，故敕。"《盖竹村琅琊王氏宗谱》卷首。

94 雍正《浙江通志》卷一百《风俗下》（北京：中华书局，2001 年，第 2319 页）引崇祯《处州府志》称，龙泉县风俗"民力耕种，尚俭啬。商旅惮于远出，贸迁不越邻封。积书教子，宦业相望"。不清楚这是断章取义还是沿袭宋人旧文，然而雍正《处州府志》卷五《风俗志》（雍正十一年刻本，第6页）引该条文字时，"积书教子，宦业相望"之后，还有一句"惜今不古若，岂教化之未淳，抑山川气运之否塞"。顺治《龙泉县志》卷一《舆地志·风俗》（顺治十二年刻本，第8页）更直指："当日之衣冠文物甲于诸邑，而今儒术稍衰，或亦盛极则敝，剥而未复欤？"冗长的贡生名单并不意味着清代的龙泉县是儒学的乐土，乾隆《龙泉县志》卷十一《风俗志·习尚》（同治二年刻本，第1页）综述当时鄙俗漶漫、心不在焉的学风："四民之家，先衣食而后诗书，于子弟学业，罕能培植，延师简薄，课督不勤，甚者有列名黉序而分营农圃，文风不振，率由乎此，更或学业不成，窜名胥吏，以庇门户，至巨奸大憨罕有闻者。"当然耕读相伴仍是乡绅主要的生活方式："平屋里巷弦诵相闻，重本力穑，董董自足，其士则绍先启后，操觚较艺，好学而尚文。"

95　刘起龙谱序，《盖竹村琅琊王氏宗谱》卷首。

96　王施海谱序，《盖竹村琅琊王氏宗谱》卷首。

97　鲁迅《热风》，北京：人民文学出版社，1978年，第112页。

98　京梨猕猴桃，学名 Actinidia callosa Lindl. var. henryi Maxim，硬齿猕猴桃（学名 Actinidia callosa Lindl.）的一个变种。

99　龙泉司法档案 M003-01-10106。

100　罗献环述、罗建功书：《盖竹罗氏始迁太祖述略》，《盖竹罗氏宗谱》卷五；李镜蓉：《豫章罗氏宗谱序》，《盖竹罗氏宗谱》卷首。

101　罗献环《房伯积宝公传》："伯、仲兄虽饶裕，不削削（屑屑）与革一钱、市一粟，并（胼）手涂足，以耕稼自给，及壮而厕身廛市中。""易农而商，建巨昌店号于竹里之上游，贩贵买贱，别有心计。"《盖竹罗氏宗谱》卷八。

102　张露《清例贡生天池罗公传》，吴嘉彦《罗天池公家传》，《盖竹罗氏宗谱》卷八。

103　罗德裕、罗献环《蒋黄二孺人捐租兴学事略》，《盖竹罗氏宗谱》卷七。

104　马建石、杨育棠主编《大清律例通考校注》卷八，北京：中国政法大学出版社，1992年，409页。

105　龙泉司法档案 M003-01-1084。

106　龙泉司法档案 M003-01-13202。

107　周南、徐起佳《忆吴梓培先生》，《龙泉文史资料》第12辑，政协龙泉市委1992年。

108　《省议员朱文等人的质问书》，沈自强主编《浙江一师风潮》，杭州：浙江大学出版社，1990年，第541页。

109　《武林留别》全文为："凄迷如梦复如烟，十里苏堤草色连。曾是空桑三宿后，忍攀垂柳六桥边。菊花细雨重阳节，莼菜秋风一叶船。征马已嘶人尚醉，思量去住两拳拳。""三年揽辔此驰驱，驽马追随骥尾趋。自喜西湖容载酒，深渐南郭滥充竽！谈天有侣借邹衍，骂座无猜任灌夫。百五十人云散去，他时还得盍簪无？""岁月骎骎记及瓜，一时棋局更搏沙。漫聊藿食思谋国，未许纤儿浪破家。两浙河山开秦运，八方风雨护中华。新亭涕泪名流会，幻影长留镜里花。""几人酬唱共金樽，文字因缘待细论。仙侣一舟欣握手，阳关三叠黯销魂！虎溪此日成憨笑，鸿雪他年认旧痕。酒醉日斜人影散，梦魂萦萦武林门。"吴嘉彦《武林留别》，《括苍》1926 年第 6 期，第 19-20 页

110 叶有麟《武林留别附识》，《括苍》1926 年第 6 期，第 19-20 页。

111 吴嘉彦等《修建北京处州会馆募捐启》，《括苍》1924 年第 3 期，117-118 页。

112 参见蔡文水《解放前龙泉筹建公园梗概》，《龙泉文史资料》第 2 辑，政协龙泉县委，1985 年；周南、徐起佳《忆吴梓培先生》，《龙泉文史资料》第 12 辑，政协龙泉市委 1992 年。

113 吴嘉彦《豫章罗氏宗谱序》，《盖竹罗氏宗谱》卷首。

114 今天仍然可以找到连城罗氏其他后裔的族谱，比如 1913 年罗筱坡编的《罗氏宗谱》（1913 年刻本）。罗筱坡的始祖是迁居后浦铺的连城罗氏第二十五世孙罗希魏。该谱仅记录直系祖先，开篇又收录两篇历史人物的传记，分别是宋代理学家、南剑（今福建南平）人罗从彦（1072—1135），以及元代连城亨子堡的草莽英雄、至正六年（1346）举兵反元的罗天麟。谱中并没有说明他们与连城罗氏的关系，从籍贯讲，罗天麟有可能是连城罗氏的祖先之一，而罗从彦的出现或许只是有意无意的"妄攀他族，远引豪宗"。罗筱坡的《罗氏族谱》十分简陋，即使直系祖先也只记录葬地，而无生卒婚配等信息，记载事迹者更为罕见，科举功名几乎绝迹。第十八世祖世礼公是一个例外，谱中记载"嘉靖间土寇猖獗，公率六子于石旗峰堵御，开仓赈济，全活甚众，事载邑志"。罗筱坡修谱时曾请连襟卓孝复（1855—1930）撰写谱序，其中又记载罗筱坡口述的后浦铺祖先商海沉浮的经历，包括始迁祖罗希魏经商致富、祖父罗佳森败落、其父罗端坡复兴、罗筱坡再次巨富的过程："二十五世祖希魏公由连城子身襆被，至省垣经商，不数年积累巨万，治宅于南台之后浦，遂家焉。三传为吾祖佳森公，不事生产，家计日绌，鬻宅于他姓。吾父端坡公复能世商业起家。今吾父已殁，吾二弟未壮，内政主诸吾母，吾席先生之余荫，惟致力于商，罔敢稍替也。"盖筱坡已于钱业中负盛名，经营储蓄，视昔尤雄厚，曑所鬻宅，恢复旧物。从罗天麟、罗世礼、罗希魏、罗佳森、罗端坡、罗筱坡等人的事迹来看，连城罗氏的杰出人物多是地方豪强、富室，擅长经商，有武力，但乍贫乍富，有豪纵习气而不善守成。

115 吴嘉彦《罗天池公家传》，《盖竹罗氏宗谱》卷八《传》，第 63-65 页。

116 参见《省署呈报教育部龙泉县士绅李镜蓉捐银一千元为旧处属十县办学基金请予奖励奉核准颁金色三等褒章以昭激励》，《时报》1919 年 2 月 8 日。

117 参见李一瑛《八都义仓积谷侵吞之案始末》，《龙泉文史资料》第 7 辑，政协龙泉县委，1988 年。

118《吴绍唐社谷案之省长指令及被控辩诉状》，《丽水法院志》，北京：人民法院出版社，2014 年，第 460 页。

119 龙泉司法档案 M003-01-5384、15846。

120 有为、斐然、太一、振才《军阀孙传芳军队践踏龙泉》,《龙泉文史资料》第6辑,政协龙泉县委,1987年;《龙泉文史资料》第8辑《浙江大学龙泉分校建校五十周年专辑》,政协龙泉县委,1989年。

121 杨寿南《旬宣留政绩 事业有工场——追念蔡龄先生》,《龙泉文史资料》第12辑,政协龙泉市委,1992年。

122 《〈民事诉讼条例〉先就东省特别区域施行令》:"据司法部呈拟'《刑事诉讼条例》及《施行条例》,请先就东省特别法院区域施行,并据请将前次公布之《民事诉讼法草案》改称《民事诉讼条例》'等语,应准将《刑事诉讼条例》及《施行条例》自民国十一年一月一日起,先就东省特别法院区域施行,其前次公布之《民事诉讼法草案》并着改称《民事诉讼条例》,该草案所有'本法'字样均改为'本条例',其施行条例中'本法'字样均改为'民事诉讼条例,仍于国会成立时提交议决,以主法典。此令。"陈刚主编《中国民事诉讼法制百年进程》民国初期第2卷,北京:中国法制出版社,2014年,第544页。

123 《〈民事诉讼条例〉自民国十一年七月一日全国一律施行令》:"《民事诉讼条例》《刑事诉讼条例》,前经明令公布,先就东省特别法院区域施行,兹据司法部呈请颁布全国,应准自民国十一年七月一日全国一律施行。此令。"陈刚主编《中国民事诉讼法制百年进程》民国初期第2卷,第544页。

124 董康是江苏武进人,出生于1867年(同治六年),1890年(光绪十六年)登进士第,授刑部主事。不久丁忧南返,曾在上海筹营新闻业。1898年(光绪二十四年)戊戌政变后入京复职。1900年(光绪二十六年)八国联军进占北京,时任刑部郎中的董康应北京城南士绅之请,设"协巡公所"维持治安。1902年(光绪二十八年),董康任修订法律馆提调,1905年(光绪三十一年)伍廷芳、沈家本上《删除律例内重法折》,奏请废除凌迟等刑法,该奏折由董康代撰。1906年(光绪三十二年),董康以刑部候补郎中身份赴日本,撰《调查日本裁判监狱报告书》进程,接受司法独立、监狱以感化犯人为目的等现代法治理念,回国后任新成立的大理院推丞。1908年(光绪三十四年),董康代撰中国第一部宪法性文件《钦定宪法大纲》。民国成立之前,董康已是著名法学家,清末司法变革的中坚力量,移植日本法律的代表人物。1911年(宣统三年)辛亥革命爆发,董康东渡日本,专研法律。1914年回国,任法律编查会副会长、大理院院长,同时在北京法源寺寓所编撰《诵芬室读曲丛刊》。1918年任修订法律馆总裁,1920年任司法总长,1921年12月梁士诒组阁,司法总长王宠惠未到任,仍由董康代理。1922年6月,董康任财政总长,提议裁员。7月,政府职员八百余人因索薪在国务院哄闹,董康被殴受伤。8月辞职,赴欧美考察,在法国国家图书馆敦煌室研究并抄录唐代法律史料。1924年董康移居上海,在东吴大学等讲授法律,1926年任上海法政大学校长。1926年11月,国民革命军北伐进入江西,孙传芳战败,董康被推为"皖苏浙三省联合会"主席，反对奉鲁军南下，遭孙传芳通缉"格杀不论"。董康避居日本，隐名访求古书，著《书舶庸谭》（又名《董康东游日记》，1930年出版）。1927年重返上海，此后在上海、北京等地教授法律、担任律师等，主持国民党法官训练班，又多次赴日讲学，著有《前清法制制度》《民法亲属继承两编修正案》等。中日战争爆发后，由于好友的邀请以及长期以来与日本的密切联系，董康1937年出任华北伪"中华民国临时政府"常务委员，1940年在汪伪"国民政府"任"华北政务委员会"委员、大理院首席法官，遭重庆国民政府通缉。不久董康辞职，因病住进东交民巷德国医院治疗，1947年在医院病卒。除了长期研究法律、从事法律相关的政务以外，董康也是著名学者，精于古代曲剧版本目录学研究，撰有《曲海总目提要》46卷，刻《诵芬室丛刊》两编100册等。

125　晚清以来，沙皇俄国把吞并中国东北地区作为既定国策，19世纪80年代开始酝酿建设一条穿越中国东北地区的铁路，把远东重镇符拉迪沃斯托克（海参崴）与国境内的西伯利亚铁路东段连接在一起。东清铁路以哈尔滨为中心，分东、西、南部三线呈"T"字形，1898年8月正式动工，全长2500多公里，分布在中国东北广大地区。

126　董康与王宠惠在立法及收回治外法权等工作上可谓志同道合，配合默契。但两人教育背景不同，董康是亲日的前清官员，王宠惠是倾向革命的留美博士，最终的命运也大相径庭。王宠惠是广东东莞人，父亲王煜初是香港第一间华人自立教堂道济会堂的牧师，也是中文标点及注音符号的首倡者，与香港求学时代的孙中山相熟。王宠惠是王煜初的第四子，1881年出生于香港道济会堂。1895年重阳节王宠惠参加二哥在广州举办的婚礼时，正值孙中山、陆皓东策动广州起义，孙中山借出席婚礼避开清廷缉捕，逃往日本。1896年，王宠惠就读于由美国人丁家立担任总教习的天津北洋大学堂法科班，1900年获"钦字第一号考凭"，成为中国首位新式大学毕业生。1900年4月八国联军入侵前，王宠惠回到香港，就职于中国日报馆，不久从教于上海南洋公学（上海交通大学前身）。1901年到日本留学，参与创办宣传革命的《国民报》。1902年，王宠惠被官派至美国留学。1903年获得耶鲁大学法律硕士学位。1904年10月与孙中山共同起草《中国问题的真解决》的宣言，为其以后长期执掌国民党外交理下伏笔。1905年以论文《住所：一个比较法的研究》获得耶鲁大学民法学博士学位。学成之后，王宠惠转赴欧洲从事法学研究，在伦敦获得律师资格，并结识顾维钧。1906年，王宠惠最先将具有里程碑意义的德国民法典译成英文并在英国出版，奠定其在国际法学界的地位。1907年，修订法律大臣沈家本注意到王宠惠并举荐给光绪帝。1911年，清廷电召王宠惠回国参与宪法修订，但王宠惠回国后未赴京就职，而是南下加入同盟会。辛亥革命爆发后，先后担任广东军政府司法部长、南北议和南方代表伍廷芳参赞、南京临时政府外交总长、北京政府司法总长。1912年7月，王宠惠辞去司法总长，8 月当选刚改组的中国国民党理事，此后在上海为国民党党报《国民月刊》撰稿，参与复旦大学早期建设，在中华书局从事编辑工作，出版《中华民国宪法刍议》。1916 年，王宠惠参加护国运动，任广东肇庆军务院外交副使。1918 年回北京担任法律编查会会长、修订法律馆总裁，开始大量修订法律工作，并与蔡元培发起国民制宪倡导会。1920 年出任大理院院长，次年出任华盛顿会议中国全权代表。巴黎和会与华盛顿会议期间，亲美及外交系人士在政坛上显得举足轻重。1922 年 5 月王宠惠参与胡适发起的《我们的政治主张》联署活动，主张组建"好人政府"，被认为是近代中国自由主义知识分子的第一篇参政宣言。不久外交系的颜惠庆及王宠惠先后组阁，但两届"好人政府"昙花一现，王宠惠内阁历时仅两个月零六天。1923 年，王宠惠等四人受北京政府委派往上海与孙中山会商统一，失败后王宠惠旅居欧洲。1925 年回国后再次担任修订法律馆总裁，接待国际司法调查团来华考察，以图尽早收回治外法权。1927 年王宠惠出任南京国民政府司法部长，主持立法工作并部分收回治外法权。1937 年出任外交部部长，向国际社会揭露日军暴行。1941 年改任国防最高委员会秘书长，先后陪同蒋介石出访印度、出席开罗会议，1945 年出席旧金山会议，代表中国在《联合国宪章》上签字。1946 年，王宠惠就宪法草案向国民大会作完整阐述，使《中华民国宪法》得以通过。1947 年主持制定选举法，并再次出任司法院院长。1948 年王宠惠当选中央研究院院士，1949 年赴台，一直担任在台司法机构最高首长，直至 1958 年去世。由于与孙中山的密切关系，王宠惠法律事业的巅峰出现在南京国民政府时期。但 1922 年初华盛顿会议上提出收回领事裁判权的主张，直接促进《刑事诉讼条例》《民事诉讼条例》在全国施行。中国的诉讼制度从此脱离袁世凯主持修订《天津试办审判厅章程》以来的混乱局面，实现走向现代化关键一步。即使龙泉县这样仍然实行县知事兼理的基层审判机构，也因 1923 年修正《县知事审理诉讼暂行章程》，规定除与章程抵触外，一律准用新施行的诉讼条例。这就意味着即使司法不能完全独立于行政事务，诉讼程序往往因陋就简，也必须最低限度承认民事诉讼的当事人主义原则，以及刑事诉讼的检、审分离原则。

127 龙泉司法档案 M003-01-7625。

128 参见《浙江省长公署训令第二七六七号（中华民国十三年十二月十二日）：据龙泉县呈报溃兵解放监犯造表请通缉由》，《浙江公报》1924 年第 4513 期，第 6-8 页。

129 参见《省署据福鼎公民代表谢作霖等电控、卸任福鼎知事吴涛侵吞公款、潜行入浙、经代表等呈》，《时报》1924 年 12 月 19 日；《司法部文官普通惩戒委员会议决书十六年第五号（中华民国十六年三月四日）查该厅十五年五月七日呈开案查上年十月十三日据龙泉县知事吴涛呈称》，《政府公报》1927 年第4011 期 6-7 页。

130 龙泉司法档案 M003-01-7625。

131 其间，12 月孙传芳回杭州，赞同褚辅成等人提出的《浙江省自治法》。1926 年 1 月，256 人的中国国民党第二次全代表大会在广州召开，与会代表中有共产党员 100 名左右。大会决定继续贯彻孙中山的三大政策，维护国共革命统一战线，通过《弹劾西山会议决议案》，制裁国民党右派。6 月 5 日，广州国民政府特任蒋介石为国民革命军总司令。8 月 7 日，孙传芳封禁中国国民党浙江省党部，缉拿党员。19 日，孙传芳致电五省，呼吁联防自保，抵制国民革命军。

132 龙泉司法档案 M003-01-9996、13393。

133 罗建功状词称："窃被告人（郭吉光）其叔父郭辉瑜于前清光绪年间开设有郭泰号店铺，因光绪三十二年间向民家揭借本洋七十五元，当日监听口头订定，其洋利息依照乡例习惯行息每元当年加二利息……民随赴该店向被告人质问履行该项债务，乃被告人满口承认，无如被告人日推月逶，阳奉阴违，民于本年七月初间曾投乡警李富生向伊理论，责其违抗，而终置不理。按查大理院判例解释第二十节保证栏内首段，'债权关系如于设定担保物权而外并立有保证人者，该主债务不清偿其债务，自应先尽担保物拍卖充偿'（六年上字四○三号）；又第三节不动产质权栏内，'以质权担保之债权，债务人于清偿有迟滞者，应听凭质权人按照时价将质物变卖以供清偿'（三年上字六○号）。本案被告人既受其叔父委任为全权之代理人，自应负担履行债务之责任。即让一步论，以其叔父回籍江西为借口者，是显有迟滞之恶意，揆厥现行之法例，亦应质权人声请变卖，以清偿其债务。然此不得不依照督促程序第五百九十六条规定，请求钧署迅发支付命令，勒令被告人郭吉光清偿本利，并令负担讼费，或则准饬假扣押，先将市店标封，以免多生机变。"龙泉司法档案 M003-01-11814。

134 郭吉光辩诉称："本案原告人罗建功所诉之债务，系辩诉人之叔辉瑜所借，已为原告所自认，则辉瑜为债务主体，毫无疑义……辩诉人即非债务主体者，又非立于担保人地位，是则原告人对于辩诉人绝无主张债务之理由，辩诉人更无代辉瑜偿还之义务。原告状称被告人（即辩诉人）既受其叔父（即辉瑜）委任为全权之代理人，自应负担履行债务之责任云云，殊不思辩诉人与主债务人辉瑜于前清光绪乙未年（即光绪二十一年）分财异居后，即各自独立营业，原告所称为全权之代理人，不知何所据而云。"龙泉司法档案 M003-01-11814。

135 龙泉司法档案 M003-01-1812。

136 吴振之、张绍文《国民革命军经过龙泉》，《龙泉文史资料》第 6 辑，政协龙泉县委，1987 年。

137 "不干涉主义"即"当事人主义"，指由当事人推动诉讼的程序，审判机构不得干预当事人的诉讼意志，是现代民事诉讼的基本原则。

138　其中有些属于教科书或考试用书一类。郑爰诹编纂法律图书的开端应该是1923 年《民事诉讼条例》的施行，1923 年至 1924 年世界书局出版的图书包括《民事诉讼条例汇览》《公司条例详解》《不动产登记条例详解》《市乡自治制释解释》。南京国民政府成立之后，法律现代化的进程迅速确立，郑爰诹也迎来编纂法律图书的高峰，1928 年除了出版《〈现行律〉民事有效部分集解》，还有《刑事诉讼法集解》。1929 年出版的《监狱学概要》《法院编制法概要》似乎是教科书或考试用书。随着《民法》开始修订，1929 年郑爰诹还迅速编写了《民法总则集解》。在《民法》尚未编制完成之前，郑爰诹已经意识到国民党的法律体系将发生重大变化，并依据对司法实践已经产生影响的国民党党纲，迅速出版了《〈现行律〉民事有效部分新解释》（上海：上海法政学社，1929 年）与《现行女子继承权法令释义》（上海：世界书局，1929 年）两部图书。

139　《现行女子继承权法令释义》，上海：世界书局，1929 年。

140　参见潘志升、周文《罗黄氏独资建造盖竹"坤德桥"记》，《龙泉文史资料》第 6 辑，政协龙泉县委 1987 年。

141　龙泉司法档案 M003-01-2677。民国十六年借口建筑盖竹村坤德桥之名目，向民等议商将水碓坑山内杉木出拚万余金，以为桥工费用之需。民以为造桥慈善事业，又以民建之胞弟罗南阳系蒋氏、黄氏择立为嗣子，更因罗蒋氏、黄氏出立合同，议约择民两房日后承继嗣孙之情谊，故仅允诺其出拚一次，以成其造桥善举。嗣后该共有山场产出利益，均归三房平分无异。

142　龙泉司法档案 M003-01-2675。

143　《盖竹罗氏宗谱》记载："德乾：清附生。名献环，字受西，号瑞池，乳名日桂。生光绪丙戌年十一月十七日吉时。前第一届西近乡自治乡董，历任学务委员。现充全国道路会会员。凡与办地方学务以及桥梁道路，力不辞劳。王前知事亲赐'当仁不让'四字匾额以彰其门。配八都国子监吴声公长女，法政毕业生吴嘉善、大学士吴嘉祺胞姊，名淑娇，生光绪癸未年七月十六日吉时。生二子绵联、绵绍。女一，芝兰，许八都现任省参议员李镜蓉公五子盛唐为室。"

144　龙泉司法档案 M003-01-2675。

145　当时的中国并非完全没有民事方面的实体法，不过名称很特别，叫作《〈现行律〉民事有效部分》。1902 年，时任直隶总督袁世凯、两江总督刘坤一、湖广总督张之洞联衔会奏，建议从速修订法律，并保举沈家本主持修律工作。沈家本认为"各法之中，尤以刑法为切要"，始终以制定新刑律为主要任务，并于 1907 年制定了《大清新刑律草案》。结果由于大量引进西方刑法文化，遭到张之洞为首的礼教派激烈攻击，称沈家本"用夷制夏"，违背中国传统礼制与民情，新刑律修订工作被迫延缓。在这种情况下，沈家本提出先局部调整旧刑律作为过渡，"旧律之删订，万难再缓"。于是按照"总目宜删除也""刑名宜厘正也""新章宜取也""例文宜简易也"四原则，通过对《大清刑律》的删订，于 1909 年编成了《大清现行刑律》，并于 1910 年颁行。同时《大清新刑律》的修订工作并未中断，并且聘请日本法学博士冈田朝太郎"帮同考订，易稿数四"，于 1911 年 1 月颁布了《大清新刑律》，并议定于 1913 年施行。结果辛亥革命爆发，1912 年 3 月 10 日，前清直隶总督就任中华民国临时大总统，当日宣布"现在民国法律未经议定颁布，所有以前施行之法律及新刑律，除与民国国体抵触各条应失效外，余均暂行援用，以资遵守"。于是，经过删改的《大清新刑律》便以《暂行新刑律》的名义，于 1912 年 4 月 30 日提前施行。依据袁世凯的命令，除刑律以外，其他法律仍援用"以前施行之法律"。清廷在编订《大清新刑律》的同时，也在起草《大清民律草案》。1911 年初《大清民律草案》完成初稿后，又反复详为核阅，逐条添附按语，说明立法理由，历时八月完成，复核上奏时已是宣统三年九月初五日，也就是公元 1911 年 10 月 26 日，当时武昌起义已爆发半月有余。但这部《大清民律草案》并不被包含在袁世凯要求援用的"以前施行之法律"之内。传统中国并没有成文的民法，少数民事相关的律条也在刑律中出现，依据援用"以前施行之法律"的命令就是指《大清现行刑律》中民事相关的部分，这就是所谓的"《现行律》民事有效部分"。

146 《大理院复浙江高等审判厅函（统字第五百七十六号）附来函（中华民国六年一月三十一日）》，《政府公报》1917 年第 390 期 22—24 页。

147 比如 1918 年杭州武林印书馆出版沈尔乔、熊飞编辑的《〈现行律〉民事有效部分》，是沈尔乔好不容易从图书馆借得《核订现行刑律》一书，将其中民事有效各门"抉而出之，并撮辑大理院判旨，借资参证，都为一集"，其篇目依原门类分为《服制》《户役》《田宅》《婚姻》《钱债》，并附有《户部则例》。1919 年，上海共和书局又出版史文编辑的《〈现行律〉集解》，是编者从《现行律》中自行检阅继续有效部分，编目分为《户役》《田宅》《婚姻》《仓库》《钱债》《市廛》《礼制》《厩牧》《贼盗》《斗殴》《犯奸》《河防》，编辑体例则包括律文、例文、律意（阐释主旨）、笺释（篡取吉同钧《现行刑律讲义》）、解释（大理院法令解释）、判例（大理院民事判决例）、余论（比较新、旧法律，附以己意）七个部分。1919 年，大理院庭长余棨昌、李祖虞及司法部次长余绍宋又有感于"民国以来八年矣，《民律》犹未颁定。而《大清现行律》关于民事部分，何者应适用，何者不应适用，迄未见诸明文"，又重新辑订，作为《实用司法法令辑要》的一种，由《司法公报》发行所出版。1928 年，又有杭县（今杭州）人郑爱诹以余绍宋等辑订版为基础，以《民律草案》理由及大理院判例、解释例加以注释，重新编成一部《〈现行律〉民事有效部分集解》，其篇目也参照现代民法重新排列为《婚姻》《承继》《亲属》《亲子》《家制》《财产》《钱债》《买卖》《损害赔偿》《礼制》等。

148 沈尔乔、熊飞、史文、郑爱诹编辑《〈现行律〉民事有效部分集解四种》，陈颐点校，北京：法律出版社，2016。

149　马建石、杨育棠主编《大清律例通考校注》卷八，中国政法大学出版社，1992年，409页。

150　参见沈尔乔、熊飞、史文、郑爱诹编辑《〈现行律〉民事有效部分集解四种》。

151　胡汉民年轻时任广州《岭海报》记者，才气纵横，词锋锐利。时广州有女医师张竹君开设南福医院与贤女学堂，为全粤女学之先声，有"妇女界之梁启超"之称，粤中名士为之倾倒。胡汉民是张竹君座上宾，多有揄扬张竹君之文字发布。1901年，胡汉民因贫，欲为人捉刀筹集留学费用，参加清廷最后一次八股乡试并中举。次年为某氏兄弟捉刀得六千余金，遂与吴稚晖等一同留学日本，与吴嘉彦一样在弘文学院速成师范科学习，与黄兴、杨度同学。胡汉民对留学课程及留学生情形比较失望。不久，清驻日公使蔡钧拒保自费生入成城学校习陆军，吴稚晖率学生闹公使馆，胡汉民愤而退学回国。回国后胡汉民继续从事记者、教学工作，并于1904年冬再次赴日留学，进入东京法政大学速成法政科学习。

152　1912年1月南京临时政府成立，孙中山就任临时大总统，胡汉民任总统府秘书长。孙中山让权后，胡汉民回广州复任广东都督。

153　1914年7月孙中山在东京成立中华革命党，胡汉民任政治部长。1917年孙中山在广州成立护法军政府，胡汉民任交通部长。1921年、1923年孙中山在广州就任非常大总统、大元帅，胡汉民均任总参议。

154　《立法院委员就职纪》，《申报》1928年12月6日。

155　胡汉民《社会生活之进化与三民主义的立法》，《胡汉民先生文集》第4册，中国国民党中央委员会党史委员会1978年，第799页。

156　蒋永敬《民国胡展堂先生汉民年谱》，台北：台湾商务印书馆，1981年，第499页。

157　龙泉司法档案M003-01-2005。

158　土地陈报的程序，一般由村里委员会按户发给土地陈报单，收取陈报费，业主根据管有土地的实际情况，自行填写户名、地名、四至、面积、地价、产量、所有权证明文件、佃户及租额等信息，交到村里委员会审查、整理、编造土地清册，再呈报县政府造总册。

159　龙泉司法档案M003-01-16312。

160　《浙江省机构编制志》，杭州：浙江人民出版社，2014年，第778页。

161　林桓《龙泉县政府二十年三月份政治工作报告》，《浙江民政月刊》1931年第44期。

162　龙泉司法档案M003-01-12381。

163　龙泉司法档案M003-01-1390。

164　《浙江高等法院检察处批示具状人龙泉张雨亭状一件为诉该县县长林桓等违法逮捕等一案请函民政厅撤职讯办并令龙泉县法院将被勒各款扣留由（八月二

日）》，《浙江司法半月刊》1930年第1卷第15号，第28页。

165　参见《浙江省政府批秘字第四三七八号（中华民国二十年七月十八日）批龙泉余学琪呈为请将县长林桓迅予撤职惩办由》，《浙江省政府公报》1931年第1262期，第26-27页；《浙江省政府批秘字第二八一〇号（中华民国二十年六月十一日）批龙泉县民人张省三呈为县长林桓惨无人道戕父被勒巨款赍恨而逝冒渎再叩恳令发还勒款平反冤抑由》，《浙江省政府公报》1931年第1279期，第32页；《浙江省政府批秘字第四一一号（中华民国二十年二月二十五日）批龙泉县东平区跃龙联合村农民余学琪呈为民父余希月被县长林桓派队捆缚私莉监禁以致毙命迫请撤职法办由》，《浙江省政府公报》1931年第1154期，第39页；《浙江省政府财政厅训令字第九八七号（中华民国二十一年四月十一日）令前龙泉县县长林桓将龙泉任内交代欠欤克日加数补解清楚由》，《浙江省政府公报》1932年第1485期，第10-11页。

166　参林桓《如何扑灭汉奸》，《保安周刊》1937年第1卷第22期。

167　陶慕予《林桓和广东国民军事训练委员会》，《广东文史资料存稿选编》第6卷，广州：广东人民出版社，2005年，第242页。

168　黎泽济《文史消闲录三编》，南昌：百花洲文艺出版社，2008年，第227页。

169　龙泉司法档案M003-01-2772。

170　《最高法院二十三年度吴刚等因其父吴绍唐侵占声请案刑事裁定》，《法令周报》1935年第40期。

171　龙泉司法档案M003-01-17004。

172　龙泉司法档案M003-01-17004："本院查《民法》第一千一百四十八条载，继承人自继承开始时，除本法另有规定外，承受被继承人财产上之一切权利义务，但权利义务专属于被继承人本身者不在此限云云。细绎原判所载系责成吴绍唐督同原放董事催缴归仓，其权利义务当然属于吴绍唐之本身。今吴绍唐既已死亡，按诸上开法条但书之规定，其子吴纲等即无继承负督同原放董事催缴之义务。至吴嘉彦既非本案之当事人，万无对其声请执行之必要。基上论结本件声请委无理由，应予驳回，特为裁定如主文。"

173　龙泉司法档案M003-01-17256。

174　龙泉司法档案M003-01-12864、12995、14905、17004、4608。

175　隆正文《龙泉县律师公会》，《龙泉文史资料》第7辑，政协龙泉县委，1988年。

176　龙泉司法档案M003-01-2677。

177　龙泉司法档案M003-01-2677。

178　1933年12月4日龙泉县法院判决："……理由：查民事在《民法总则》施行前发生者，如有特别规定，仍应适用之。又《民法总则》施行前，依《民法总则》之规定'消灭时效'完成后至《民法总则》施行时已逾民法总则所定时效期间二分之一者，不得再为行使请求权，此为《民法总则施行法》第一条及第十六条但书所明定。本件原告以'护德公遗产曾于民国三年作福、禄、寿三房分析，立有拍单为据。惟以土名水碓坑、净信（即郑信）、平溪儿（即坪溪儿）、白岩陇、赤鸡礁、小窖屋后、柘坑双桥（即下坞）、吴九山、西牛望月等山场不在拍单之内，系属未经分析之共有山场'为确认共有权之主张。姑无论被告不认上开山场为共有产，即使原告有共有权之证明，而民国三年福、禄、寿三房立有拍单，各执一纸（原告等当庭呈阅已发还），已为两造所不争之事实，则自民国三年立据拍单、知有其余山场尚未分析之日起，至本年八九月间原告声请调解及起诉之时日止，已历十九年。按诸《民法总则》第一百二十五条所定请求权消灭时效及《民法总则施行法》第十六条但书之规定，原告于此时对于被告确认山场为共有权之诉追其时效既已经过。而又任被告于民国十六年出拚水碓坑山木为万余金并无争议，更不能证明其间有中断之事由，依照上开法条，'消灭时效'业已完成，原告实无请求确认共有山场之权。复查所有权之取得时效'以所有之意思，十年间和平继续占有他人未登记之不动产，而其占有之始为善意并无过失者，得请求登记为所有人'，又为《民法》第七百七十条所规定，是被告对于上开山场以占有而论，亦逾十年，应取得所有权。矧察阅被告提出水碓坑、郑信（即净信）、白岩陇赤鸡礁、下坞（即柘坑双桥）、平溪儿各山契均系被告之夫罗大池受买，原告殊无共有权之证明。其水碓坑既非共有山场，且因时效而消灭，则原告对于山内杉木之拚价部分尤属无所附丽，何有请求分析之可言。其余小窖屋后、吴九山、西牛望月，原告既无事实之立证，被告亦称并无是项山契，且未管业，则原告对于此部分之山场确认为共有权已无真正事实之存在，更属空言主张，不足凭信。基上论结，原告之诉极无理由，合依《民事诉讼法》第八十一条判决如主文。"龙泉司法档案 M003-01-2677，第 155-167 页。

179　杨立新主编《中国百年民法典汇编》，第 401 页。

180　龙泉司法档案 M003-01-2675："复查民国二十二年罗建功、罗烈等争夺福房所有土名水碓坑、马鞍山、郑信、平溪儿、白岩陇、西牛望月等处山场，对原告姑黄氏提起确认共有权之诉。自蒙钧院判决驳回后，罗建功等提起上诉，廿三年托出亲友和解，经黄氏将福房所有之马鞍山、郑信二处山场分与罗建功等寿禄两房共有，其余仍是福房己业。"

181　《国民政府指令京字第三一号（二十一年十二月十日）令行政院呈据内政部呈为受褒扬人金关氏请援案由府另行题颁匾额一案查此案既据该部核明与褒扬条例相符拟请题颁匾额转呈鉴核施行由》，《国民政府公报》，1932 年第 1001 期第 5 页。

182　龙泉司法档案 M003-01-2627。

183　龙泉司法档案 M003-01-2005

184　《坤德桥碑（龙泉县政府谕建字第二八八号）》，盖竹村坤德桥西侧。

185　乃权、叶清、月明《解放前的龙泉慈善事业》，《龙泉文史资料》第 6 辑，政协龙泉县委，1987 年。

186　龙泉司法档案 M003-01-12004。

187　龙泉司法档案 M003-01-2675。

188　龙泉司法档案 M003-01-2005。

189　龙泉司法档案 M003-01-2005。

190　龙泉司法档案 M003-01-7964。

191　龙泉司法档案 M003-01-2675。

192　龙泉司法档案 M003-01-12715。

193　龙泉司法档案 M003-01-2675。

194　龙泉司法档案 M003-01-12715。

195　杨立新主编：《中国百年民法典汇编》，北京：中国法制出版社，2011年，第519页。

196　龙泉司法档案 M003-01-2005。

197　龙泉司法档案 M003-01-2005。

198　《盖竹罗氏宗谱》卷五。族谱记载："长昇：高等毕业生。字子文，号启章，乳名善根，生光绪戊申年（1908）正月十三日吉时。配岭根村故附生吴友兰公第四女名竹枝，生光绪甲辰年五月二十日吉时。生一子，永清。"

199　龙泉司法档案 M003-01-2005。

200　龙泉司法档案 M003-01-12715。

201　龙泉司法档案 M003-01-1084。

202　吴文楠《吴驰缃先生生平》，《龙泉文史资料》第7辑，政协龙泉县委，1988年。

203　参见吴驰缃《关于上海民众反日救国联合会的成立和活动》，上海社会科学院历史研究所编《"九·一八"—"一·二八"上海军民抗日运动史料》，上海：上海社会科学院出版社，1986年。

204　"民反"开展的主要工作包括：（1）1931年12月13日在南市公共体育场召开"民反"成立后的第一次市民大会，通电全国停止内战、一致抗日，会后还进行三四小时的示威游行。（2）1932年1月10日，召开追悼被国民党政府杀害的抗日烈士杨桐恒的市民大会。（3）1932年1月17日，在南市公共体育场召开第三次市民大会，通过十四条反日决议，并组织示威游行。（4）出版不定期会刊《反日民众》，"一·二八"事变后一期的发行量达一万份以上。（5）组织群众支援十九路军抗战。（6）组织募捐队，支援沪西日商纱厂等大罢工。

205　吴文楠《吴驰缃先生生平》，《龙泉文史资料》第7辑，政协龙泉县委，1988年。

206　李盛唐、吴文楠《郭骥传略》，《龙泉文史资料》第12辑，政协龙泉市委，1992年。

207　龙泉司法档案 M003-01-2613。

208　《盖竹罗氏宗谱》卷五。

209　《盖竹罗氏宗谱》卷五。

210　《盖竹罗氏宗谱》卷五。

211 李钧《判语录存》，杨一凡、徐立志主编《历代判例判牍》第 10 册，北京：中国社会科学出版社，2005 年，第 14 页。

212 龙泉司法档案 M003-01-6115。

213 龙泉司法档案 M003-01-2677。

214 龙泉司法档案 M003-01-2005。

215 龙泉司法档案 M003-01-6115。

216 龙泉司法档案 M003-01-2675。

217 龙泉司法档案 M003-01-2675。

218 1938 年 1 月 27 日罗吴素兰民事状："缘氏夫罗绵昌早年承继罗福房天池公为嗣子，取得罗福房所有财产。不幸氏夫故世，氏为夫守志，合承夫分，与氏姑蒋氏、庶姑黄氏相依为命。嗣氏姑蒋氏又去世，只剩氏与黄氏同居。至民国廿三年四月，因氏生母远赴首都，邀氏伴同前往，家务暂托庶姑管理。万不料氏出门后，庶姑黄氏于是年十一月间染病，竟致不起。被告罗日桂为氏庶姑最亲信之一人，乘氏庶姑黄氏病笃昏瞆之时，与内亲外戚串谋朋分。除假名遗赠罗善根之妻吴竹枝俵分外，其余则假托买卖者有之，假托造桥需款抵债者有之，亦有假托捐助者，甚至有起稿人或代笔人、在见人俱赠送遗产内田或山场酬其劳，是年罗福房财产豆剖瓜分，丝毫无存。迨氏闻知，始委托律所代理，对占产被告人罗善根、吴竹枝等诉追，业经初、二两审，判定罗黄氏系天池公之妾，对已定继承遗产人之嗣产实无权处分，所有被占财产应返还氏自管。"M003-01-2675，第 17-19 页。

219 参见毛志成等《清正廉明　关心民瘼——记唐巽泽先生二三事（续）》，《龙泉文史资料》第 5 辑，政协龙泉县委，1986 年。

220 龙泉司法档案 M003-01-12004。

221 龙泉司法档案 M003-01-12004。

222 龙泉司法档案 M003-01-2675。

223 龙泉司法档案 M003-01-16482。

224 龙泉司法档案 M003-01-16482。

225 龙泉司法档案 M003-01-12004。

226 龙泉司法档案 M003-01-7949。

227 龙泉司法档案 M003-01-12715。

228 龙泉司法档案 M003-01-6115。

229 龙泉司法档案 M003-01-7964："罗善根等串谋朋分罗福房罗天池公遗产事在二十三年八月间已有成议。现经原告代理人检呈雷巽峰代笔之点契单内称，产业分别赠与，契据各别分包封存，黄林佑保管。是八月间所有罗福房罗天池公财产契据早已封存，乃被告谓于是年十月二十九日受买，显非罗黄氏自卖。被告又称先是罗善根来问有钱借没有，足见系事后罗善根盗卖倒填年月，尤不发生效力。"

230　龙泉司法档案 M003-01-2675。

231　龙泉司法档案 M003-01-12004。

232　杨立新主编《中国百年民法典汇编》，第 510 页。

233　龙泉司法档案 M003-01-1086。

234　参见《龙泉文史资料》第 8 辑《浙江大学龙泉分校建校五十周年专辑》，政协龙泉县委，1989 年。

235　参见蔡文显等《龙泉竞选"国大代表""立法委员"内幕》，吴太一《忆龙泉县参议会》，《龙泉文史资料》第 4 辑，政协龙泉县委，1986 年。

236　参见吴辉《解放前龙泉木材运销合作社》，《龙泉文史资料》第 6 辑，政协龙泉县委，1987 年；《龙泉文史资料》第 8 辑《浙江大学龙泉分校建校五十周年专辑》，政协龙泉县委 1989 年。

237　参见蓝克利（Christian lamouroux）主编《中国近现代行业文化研究》，北京：国家图书馆出版社，2010 年。

238　参见吴文楠《吴驰缃先生生平》，吴琏《吴驰缃先生在嵊县》，李盛唐等《先父李镜蓉生平》，《龙泉文史资料》第 7 辑，政协龙泉县委，1988 年。

239　参见马小红《礼与法：法的历史连接——构建与解析中国传统法》，北京：北京大学出版社，2004 年；张伟仁《天眼与天平：中西司法者的图像和标志解读》，《法学家》2012 年第 1 期。

240　参见梁治平《寻求自然秩序中的和谐：中国传统法律文化研究》，北京：商务印书馆，2013 年；梁治平《清代习惯法：社会与国家》，北京：中国政法大学出版社，1996 年。

241　参见俞江《规则的一般原理》，北京：商务印书馆，2017 年。

242　参见鲁西奇《谁的历史》，桂林：广西师范大学出版社，2019 年；刘志伟、孙歌《在历史中寻找中国：关于区域史研究认识论的对话》，上海：东方出版中心，2016 年。

附录一：盖竹罗氏世系表

（1）盖竹罗氏祖纹公派世系表

第一世	第二世	第三世	第四世	第五世	第六世	第七世	第八世	第九世
绍弼	旻艺	祖纹	炳瑞	积钿				
			炳荣	积估				
				积俐	德润			
					德焕			
					德标			
			炳华	积禧	德忠			
				积祥				
			炳富	积财	德隆	绵远		
					德星	绵林	长光	
					德阶	绵荣	长鸣	
				积源				
				积广	德昌	绵正		
				积进	德让			
					德仁			
				积宝	德辉	绵永	长财	
							长源	
							长茂	
							长盛	
						绵祺	长兴	
						绵发		
						绵达		
					德耀	绵长		
						绵寿	长春	
								长夏
						绵成	长安	
						绵球	长庆	
						绵祥		
						绵通		
						绵信		
					德俊	绵全	长远	
						绵和		
					德施	绵龄	长森	
					德裕	绵贵		
						绵泽		
						绵颐		

237

（2）盖竹罗氏祖绂公派世系表

第一世　紹弟
第二世　旻艺
第三世　祖绂
第四世　炳贵　炳辙　炳光　炳奎
第五世　积珍　积金　积玉　积善　积铨　积全　积明　积诚　积训
第六世　德溢　德彭　德壮　德愈　德诰（献琛、国水）　德备（献球、国森）　德豹（献琳、国华）　德大（献琐、国荣）　德顺　德乾（献环、日桂）　德元　德亨（献瑜、日照）　德利　德贞
第七世　绵昌（勋）　绵延（建廷）　绵奎（建功、西湖）　绵昌（勋）　绵琴　绵联　绵绍　绵经　绵纶
第八世　长明（烈）　长异（焕、善根）　长鹏
第九世　永音　永清
第十世

238

附录二：罗黄氏公证遗嘱案相关文书录文

（1）1928年10月坤德桥包批契约：立包批

立包批

陶茂松、郑立雪、林裕兴、陶方旺等，今承罗百福堂黄氏主母自发慈愿，于盖竹水口建造大桥。招工包砌溪心桥顿及两端桥头，均须采取坚石，照依后开所订条件运石砌筑成全。当经茂松等亲自看定桥基，勘明取石地点，切实估计，当面议定共作工食银币六千三百六十元正，其银币陆续应付。自包之后，当即鸠工采取石料，限定明年冬砌筑完竣。此工价系茂松等亲自议定，无加无减。工程亦不得稍有延宕，先言后定，各无翻异。欲后有凭，立包批存照。

一，订溪心建筑桥顿一座，墙面高二丈，宽一丈八尺，撇水刀（即老鹰嘴）高二丈，两边各宽一丈三尺，背后高二丈，宽一丈二尺，其石料均须有长条牵入肚中，所订高度均由水而起量。

一，订两端桥头墙面高二丈，宽一丈六尺，撇水高二丈，宽一丈九尺，其石料亦须有长条牵入肚中。

一，订两端桥头将军墙，须用大粗石双面砌筑。

一，订桥头下面须砌水埭上面以青石砌筑，撇水外须用大粗石补砌至桥头，路面踏步统须砌填成全。

订桥头踏步各头须有十一级，用长条光沿石砌筑，每级长一丈六尺。

订桥头与桥顿均须□下由岩脚起基砌上。

订采石、运石所有一切用需均由承包人自备。

订挖基及砌筑所有畚箕、铁器及一切用器，由承包人自备。

订采石搭厂由东家补贴大洋廿元正。

中华民国十七年十月初九日立包批 陶茂松（押）

仝包：郑立雪（押）

　　　林裕兴（章）

陶方旺（押）

见中：王庆昇（押）

王润村（押）

代笔：吴梓培（签）

（龙泉司法档案 M003-1-2675）

（2）1933年9月28日罗建功、罗烈诉罗黄氏民事状

兹将本案事实及理由并请求目的陈述于左：

甲，本案事实：缘民等先祖护德公遗下有财产甚巨，向由故伯罗天池经理收益，共财同居，未曾分析……向无异议。不幸天池公于民国二年间亡故……讵料被告人听信族叔罗瑞池煽惑，招至家中，充当司账总经理，串唆侵占共有物权，曾于民国十六年借口建筑盖竹村坤德桥之名目，向民等议商将水碓坑山内杉木出拚万余……殊不料罗黄氏听罗瑞池之唆而罗瑞池果受罗黄氏之委，串固一气，假借坤德桥之名，操纵一切，以致利欲熏心，较计百出，竟敢串唆罗黄氏（即被告人）于前月间私将水碓坑内共有杉木三千余枝背拚与山佃钱马焕计价大洋壹千式百元余，佃息洋四百八十元外，净存大洋柒百式十元，按照三股分配，每股合分洋式百四十元，氏等两房共应分四百八十元，迭向罗黄氏索取均遭抗拒，毫不给付，并声称将各处共有契据作为私产变卖以供浪费之用，亦无奈何等语。民等以罗黄氏听唆图占财产，侵吞木价，隐匿众契，其居心侵害民等共有法益，莫此为甚。曾经具书声请钧院调解因被告情虚不到，致调

解不成立，蒙庭谕五日后依法起诉等示，此本案事实也。

乙，起诉理由：查各共有人按其应有部分对于共有物之全部有使用收益之权，又共有人之一人管理共有物所收取之收益，应交还共有人全体，不能独自利得，此为《民法》物权编第八百十八条及历届判例所明定，本案被告罗黄氏出拚之水碓坑木，原系民等所共有，其收之杉木拚价依法应交民等共有人全体均分，已经民等迭向罗黄氏收取应分木价及索追共有契据，均遭抗拒不付，依照上开法则，亟应提起确认共有物权之诉，以资法律救济，此本案起诉之理由也。

丙，请求目的：（一）确认被告罗黄氏私拚水碓坑杉木之拚批无效，应由民等共有人共同出拚并判令被告返还民等二、三两房杉木枋洋四百八十元正。（二）判令被告应将藏匿水碓坑净信等处共有山场并各处小土名未分之山契及护德公祭祖田契一并交与民等保存并责令负担讼费，实为德便。

（龙泉司法档案 M003-1-2677）

（3）1934 年 7 月龙泉县政府谕建字第二八八号（坤德桥碑）

龙泉县政府谕建字第二八八号

为谕饬事。案据第四区竹田乡盖竹村前清故贡生罗献琛之妻罗黄氏书称，缘氏前在治下本第四区竹田乡盖竹村建筑石桥一所，名曰坤德桥，由民国十七年冬经始，至民国十九年告成，共费银一万九千元有零。是桥工告成，纵有移款（奏？）付之亏累，尚须变产偿还，犹属量力而行，自无中止之叹。事前经过之情形，依依如昨，无所虑更无所惜。然建筑石桥，上盖瓦屋，桥头随造桥夫栖住房屋三间，人无病涉，为一时权宜，固属差幸，然难必其一劳永逸也。按该桥形势，一端抵岩壁，一端抵田畈，桥墩叠石，上架巨

木，以及桥屋、桥夫住屋，凡属木质，年久保无糜烂之虞。一经颓
坏，修葺需洋动以千计，修费烦杂，匪伊人任。氏则战战兢兢，诚
恐二十一年交乡长，呈报山场一处，土名铜山源，于地偏小，出息
微薄，不济于事。寻思善后完全之一法，合再增拨大山二处，地坐
本区水袱郑西乡地袱内后坞地方，总土名水碓坑，四址另开粘单。
氏查故无手遗，惟该山为最巨。前清原置契价一千余元，董事收管
以后，如能竭心整理，涓滴归桥，不克薪水，数十年后对于该桥，
不但糜烂修葺有资，即使不幸蛟水肆虐，桥梁倾塌，重行建复，不
患无银。又拔田粮二十五石，年收租息给与桥夫管桥之费，前年乡
长报案已到。氏今年迈无子，一如朝露，来日无多，故夫福房遗下
一份家产，趁此生存时提拔、遗赠以及折偿，一一处置清楚，免得
身后贻訾。仰恳钧府俯念弱草微尘，准予将上列田山按照粮号四址
书明，谕令本桥氏所选择董事十四人等收受产权契据繁多，氏自对
董直接点交，一面责成该董等日后对于本项山场出息专为保存本桥
开用，无论其它何项公事，不得妄动分毫。再者氏今家财散尽，只
剩余年口食、死葬费不缺，如愿已足，凡从前地方摊派捐户，有罗
福房名字，务乞蠲免，生生世世，感佩不忘。等情。附粘田山粮号
四址清单一纸前来。除批示照准外，合行抄附原送清单一纸，谕
仰该坤德桥桥董等点收接管生息，专作日后修葺该桥费用，不得
擅自挪移，以重专款，而利修葺。此谕。右谕仰第四区坤德桥桥
董罗献环、周尚能、王得人、李盛唐、雷一声、蒋建藩、黄张发、
黄云、范企山、王叙华、罗献□、罗献瑜、王启人、罗绵寿等。
准此。

　　中华民国二十三年七月　日　县长何浩然

　　一：田一标，虞字四百四十号，土名上祖，坐粮八分八厘，计

租二石四斗，叶遇文出卖。又一标，陶字二百二十九号，土名真武井，坐粮一亩六分六厘八毫，计租四石。又一标，让字二百二十号，土名布袋坞，坐粮五分三厘七毫，计租十五石，梅树昌出卖。又一标，坐落陶字五百六十号，土名垟坞尾，拍粮八分四厘四毫，计租三石一斗，张沈氏出卖。以上共计租二十五石。

一：山一处，坐落龙西十二都住溪庄地袱原内后坞地方，总土名水碓坑，东至坞大源林家山大岗直上山顶，直下到地袱门前溪为界，南至一派山顶为界，西至后坞大岗分水直上山顶、直下大溪为界，北至大溪为界，计垦地山粮四亩正。又一处，果子盒、木子窑、大墙衕、小墙衕等处，东至水碓坑口直上山顶、直下到溪为界，南至一派山顶从大、小墙衕山顶起直入磨盘石山顶为界，西至磨盘石猪章、天师山人行路猪章尽头为界，北至山脚溪直出水碓坑地袱门前溪为界，计垦地山粮十二亩。又一处土名铜山源，夫人殿后，东至荒坪直下到田，南至杨家山，西至岗顶黄竹，北至塝直下到田为界。

（碑立于龙泉市竹垟乡盖竹村坤德桥西）

（4）1934 年 10 月 4 日律师练公白代撰罗黄氏公证遗嘱声请状

为年老病笃成立公证遗嘱声请赐准令派资深书记官到场公证事。

窃民配夫罗献琛暨前室蒋氏均于民国元年暨民国十四年先后逝世，所有先夫福房遗产由氏承受管业已久，膝下乏嗣，平日好兴公益事业，为先夫争光，独资创造坤德桥，办理育婴，以及资助其它地方公共事业，费金数万，曾蒙

中央政府、浙江省政府暨高等法院迭加褒奖有案，奈兹日暮西山，一病不起，年逾花甲，自思难以延寿，顾现有福房薄产，除抵

拆亏债外，尚有残余，虽属无几，亦须孝者承受，俾得含笑九泉而
安先人，盖氏夫命运不乖，既乏直系卑亲属之人，而父母兄弟复先
后去世，苦无相当者以继承遗产，前室蒋氏生前暨氏平日其能殷勤
侍奉助理家务，十年如一日，历久不厌省，其惟房孙媳吴氏竹枝，
曾于本年七月廿九日召请亲族集议，并得众人赞许，共同在场，爰
即成遗嘱，拟将氏福房残余田山屋宇会股以及轮流福房名下祭产，
一并立书遗赠与孙媳吴氏竹枝及其子等，永远管业，祗以成立公证
遗嘱，须有公证人之在场，而本乡缺乏是项人材，查无公证人之地，
得回法院书记官行之，是为民法继承编第壹千壹佰九十一条第二项
前半段所明文规定，为此备陈缘由，具状声请，伏乞

察核俯赐，准予迅派声誉素着而办事干练之资深书记官一员为
遗嘱公证人，克日到场担任公证职务，于遗赠书补行签名盖章，并
令去员将办理情形，具报备案，以昭慎重，再本件遗赠财产价额为
壹万元未满，遵缴非讼事件声请费洋陆元，合并声明，谨呈

龙泉县法院 公鉴

派书记官长前往作公证人。十月五日（批示）

律师练公白撰

民国廿三年十月四日

具状人罗黄氏

（龙泉司法档案 M003-1-2005，第 1-7 页）

（5）1934 年 12 月 8 日罗黄氏公证遗嘱抄件

立遗赠书。罗黄氏噫时运不齐，命途多舛，年廿遭适罗门配
夫罗献琛，夫君先娶蒋氏，艰于子而再娶氏为嗣续计，氏遵依父母
之命，允许从行，自谓择配得人，不期氏又终身不育，灯前膝下无

彩无人，于民国元年先夫弃世，十四年蒋氏又相继而亡，只剩氏子然一身，倍形凄惨，良以不能相从下，苟延残喘者，连年送死丧葬救生保婴耗费不计□□□□及蒋氏临终所嘱之事件未遂也，金谓此生□□□□身后余光，民国十七年倾囊造桥，以致家财□□□非所以民自福房拍单内及续置全产家产通盘预□□□保全钱财，由积而散固易，再由散而复积难乎□□□□□□财产而无子孙，直不畜以财产为子孙，氏□□□□□□区区财产，择其善者而予之，又必以□□□□□□以及周急不继富为主义，所以宗祧继承□□□□□为法所不许也，氏家自蒋氏去后，形影相吊，氏翁派下之人而肯日日侍奉于氏近十年如一日，历久不厌者，其惟房孙媳罗吴氏竹枝一人而已，门祚寒微，亦惟吴氏竹枝一家为最迫，氏今逾六十而兼多病，日满西山，朝不保夕，于今之举，爰请亲戚里邻父老商议询谋，金同合计，民自福房全部家产，除早先变卖开拆急债，又拨助坤德桥基金，又拨本祠办学基金，又助金田桥基金，又助铜山源夫人殿香火，又拨上代仁禄公后绵行起轮祀田，又遗赠夫叔积德公后裔扶养，又蒋氏侄暨氏黄姓侄辈报恩劳资，又夫弟献环医诊劳资，又提出清理债款山场伍处，又提存氏自生为口膳、死后丧葬费山场叁处，田租肆拾石等项，均另立证据作凭外，其余残剩田山屋宇会股以及应轮福房名分祭产悉数遗与禄房派下孙媳罗吴竹□□□□□边劳瘁衣食之资，俾尔抚养幼子供奉，氏与先夫蒋氏坟墓亦应专□□□□□□咨尔竹枝应自善抚子女，俾其成立，不得溺爱情深狗由尔夫罗善根越权处分，即尔竹枝母子祗能收益管业，亦不得变卖所有权，如有前情，任民收回，另□□□□□愿我孙媳母子谨听属言，即氏死后，当亦□笑九泉。竹枝母子其勉之，遗受两愿，欲后有凭，愿立遗赠书永远为据。

一批，□□交有分拍单贰纸，又诉讼后和解约抄白壹纸，与孙媳边收拾，此订一批。另附遗产清册壹本，交缴与孙媳边照，此订。

一批，遗书内产业多有与禄寿两房相连，其契存本房而产拍与别房者，或契存别房而产拍有与本房者，仰或另契在而产落在别房，又产在而契无着，各种契据繁多，不能备载，孙媳边依照分拍单及继置契据执管。此订。

一批，遗书内第陆行于也氏二字以下自蒋氏以上改循壹家字，以便阅者知之，此订。

中华民国贰拾叁年七月廿九日立遗赠书罗黄氏 章

在见

族长夫弟德裕 签字

房长夫弟德乾 签字

夫弟德元

夫弟德亨 章

夫侄绵远 签字

胞兄黄张发 签字

蒋侄蒋翠屏 签字

黄陈相 签字

王尚寀 章

林尚华 签字

刘息寿 签字

吴其芳 签字

徐迪斋 章

代笔雷巽峰 签字

公证人龙泉县法院书记官黄家楣 章

十二月八日

右遗嘱系罗黄氏事前倩人缮就，经公证人讲解，罗黄氏承认无异，特为记明。章

（龙泉司法档案 M003-1-2005，第 14-20 页）

（6）1938 年 1 月 17 日吴素兰与罗日桂财产纠纷民事状（起诉）

原告人：罗吴素兰，三十八岁，龙泉，现住城西吴梓培宅。

被告人：罗日桂。

为谋占财产假造买卖依照载定起诉，请求饬被答辩并请饬吊被告所执假托罗黄氏名义买卖契据到案涂销，追还上手老契，俾维前确定判决效力、保全遗产事。

起诉事实：缘氏夫罗绵昌早年承继罗福房天池公为嗣子，取得罗福房所有财产。不幸氏夫故世，氏为夫守志，合承夫分，与氏姑蒋氏、庶姑黄氏相依为命。嗣氏姑蒋氏又去世，只剩氏与黄氏同居。至民国廿三年四月，因氏生母远赴首都，邀氏伴同前往，家务暂托庶姑管理。万不料氏出门后，庶姑黄氏于是年十一月间染病，竟致不起。被告罗日桂为氏庶姑最亲信之一人，乘氏庶姑黄氏病笃昏聩之时，与内亲外戚串谋朋分，除假名遗赠罗善根之妻吴竹枝俵分外，其余则假托买卖者有之，假托造桥需款抵债者有之，亦有假托捐助者，甚至有起稿人或代笔人、在见人俱赠送遗产内田或山场酬其劳，至是罗福房财产豆剖瓜分，丝毫无存。迨氏闻知，始委托律所代理，对占产被告人罗善根、吴竹枝等诉追，业经初、二两审，判定罗黄氏系天池公之妾，对已定继承遗产人之嗣产实无权处分，所有被占财产应返还氏自管。被告罗日桂亦谋占有土名下坞儿山场，竟乘氏与罗善根等诉讼中，即擅砍山场树木，图放运销售，氏即依法声请

假扣押，旋由被告提供保证金，被其放运，氏以前案未结，延未诉追。兹被告反呈催起诉，遵奉裁定，诉请审判，求吊销假买卖契约，借保遗产。

　　理由：查被告在声请假扣押庭曾由其代理律师持出罗黄氏名义卖契一纸，查系民国廿四年投税已在罗黄氏亡故之后，亦即所有罗福房财产契箱及罗黄氏图章俱被被告与罗善根朋谋侵占之时，除前案确定、后经钧院派员执行，由罗善根缴出一部分财产契据外，被告罗日桂谋占最多，亦经追缴交出契据多纸，此足为被告朋占遗产积极之证明。再查盗用罗黄氏名义图章出卖田山多起，均系罗长昇代笔，以罗长昇收藏有罗福房财产契箱及罗黄氏图章，即非串同假卖，亦系罗长昇盗卖。凡以罗黄氏名义处分罗福房遗产，业经两审认定无权处分，而其死后之盗名假卖，或由罗长昇串同得赃盗卖者更属根本不生物权移转效力，纵使被告借口其倒填年月成契之时期指为罗黄氏生前出卖，依上开确定判决无权处分，亦不能生效，况依其税契时期，实在罗黄氏已死之后，更足为串同假卖之铁证。

　　基上起诉意旨，请求通知被告答辩外并饬吊被告所执假买卖契据到案，求予判决涂销无效，追还是项上手老契，俾维前案判决效力而保遗产，诚为恩便，并遵章缴纳审判费玖元。谨呈

龙泉地方法院民庭公鉴。

　　　　　　　　　　　　　　　　撰状律师季观周
　　　　　　　　　　　　　　中华民国二十七年一月廿七日
　　　　　　　　　　　　　　　　　具状人罗吴素兰
　　　　　　　　　　　　　　中华民国二十七年一月廿七日

（龙泉司法档案 M003-01-2675，第 13-18、23 页）

（7）1938 年 3 月 7 日罗日桂与吴素兰财产纠纷民事状（答辩）

被告：罗日桂，假住吉林巷六号。

原告：吴素兰。

为被罗吴素兰告诉谋占财产假造卖买契约一案，依法答辩，以明真相，而保产权事。

缘原告之姑罗黄氏生前，因举办公益慈善事业需款应用，曾将土名月兜边即下坞儿山场于民国廿二年经中出卖与民管业，并经催工栽培，历年管理无异。讵原告妇道无知，听信夫兄罗建功唆弄，突以谋占财产告诉，核其告诉理由，不外以无权处分、串同假卖两点是已。兹将两点谨具答辩意旨论列如下：

按原告之先姑罗黄氏生前，素抱慈爱为怀，如养育婴、修道路、办学校、葺寺院等，历年所费不赀，未闻原告有所异议，即民国十七年独赏建造坤德桥费用贰万余元，桥工之包批字处，系原告之嫡叔吴梓培代笔，且包批字据内称：一则曰罗有福堂（系天池公堂号）黄氏主母，再则曰黄氏自发慈愿（有吴樟培亲笔可证）之语，并未提及原告。再民国廿二年原告之夫兄罗建功为水碓坑、马鞍山、净信等处山场涉讼，均状诉原告之姑罗黄氏，又未涉及原告（有原判决可证），足证罗天池公遗产尚在守志之妇罗黄氏手中，自行管理处分，已为原告之嫡叔吴梓培与夫兄罗建功所明认，是天池公守志之妇罗黄氏基于慈善公益事业所需之费用，而杜卖下坞儿山场尤属不成问题矣。

更有进者，原告之姑罗黄氏生前未履行之债务，钧院依法判决尚需原告负清偿之责，则罗黄氏生前基于公益需用所杜卖之产业，更难任其以无权处分借资抵赖者矣。此应答辩者一。

原告状称盗用罗黄氏名义图章出卖田山多起，均系罗长昇代笔，以罗长昇收藏有罗福房财产契箱及罗黄氏图章即非串同假卖亦系罗长昇盗卖云云，尤属空言无据。查民受买罗黄氏下坞山场，在民国廿二年六月间暨十二月间，并非罗长昇代笔，又非罗长昇在见，系原告嫡姑罗蒋氏之嫡侄蒋翠屏及外甥李孕槐在见，前任竹垟乡长王庆新代笔，是否合法受买，抑系假卖，一经传质，自不难立判。且民安分守己，阖境周知，今原告听信谗言，以断子绝孙之事以为诬捏，不特有伤阴骘，且有损吴门令德。此应答辩者二。

总之天池公守志之妇罗黄氏生前自发慈愿，举办地方慈善公益事业，而所负欠之债务，为后嗣者自应激发天良，竭力设法清偿，以竟先姑未竟之志。乃原告不此之图，对于先姑罗黄氏生前未履行之债务，从而图赖之，对于先姑罗黄氏生前因负债出卖之产业，从而否认之，其为丧心昧良，莫此为甚。为此缮具答辩意旨，叩请鉴核，迅予讯明，驳回原告之诉，并令负担讼费，实为德便。谨状

龙泉地方法院民庭公鉴。

计缴假住所声请费七角五分，又预缴费伍元。

中华民国廿七年三月七日

具状人罗日桂

代递人廖文善

（龙泉司法档案 M003-01-2675，第 48-53、56-57 页）

（8）1938 年 8 月 29 日罗日桂与吴素兰契约无效案二审判决

永嘉浙江高等法院第一分院民事判决（二十七年度上字第六四号）

上诉人：罗吴素兰，住龙泉西街吴樟培家。

诉讼代理人：江 辑律师。

被上诉人：罗日桂，住龙泉西乡盖竹。

诉讼代理人：罗日聪，住同上。

陈 卓律师。

右当事人间请求确认买卖契约无效事件，上诉人对于中华民国二十七年四月二日龙泉地方法院第一审判决提起上诉，本院判决如左：

主文：

原判决废弃。

确认罗黄氏与被上诉人所缔结之买卖契约为无效，并将上手老契一并返还上诉人收执。

两审讼费由被上诉人负担。

事实：

上诉人及其代理人声明主求为如主文所记载之判决。被上诉人声明请求维持原判，驳回上诉。本判决应记载之事实核与第一审判决记载相同，依民事诉讼法第四百五十一条引用之。

理由：

本件上诉人罗吴素兰之夫罗绵昌，于民国二年入继罗天池公为嗣子，因而取得罗天池公遗产。嗣罗绵昌病故无子，上诉人为守忠之妇，依当时之法例，应合承夫分承受其遗产。罗黄氏系罗天池公之姜，为上诉人之庶姑，其处分上诉人取得罗天池遗产即不能生效。前于罗吴素兰与罗吴竹枝为确认公证遗嘱无效及返还遗产案，经一二两审判决，罗黄氏所立公证遗嘱证书无效，并确认罗天池公遗产归上诉人所有，命罗吴竹枝将遗产证据、罗黄氏图章箱箧什物返还上诉人，确定在案，是罗黄氏在生前所处分罗天池之遗产除得上诉人追认或同意外，根本不发生效力。

本件被上诉人罗日桂于民国二十二年六月二十九日向罗黄氏受当下坞儿山场，并于同年十二月间受买下坞儿山场（即月儿边），均未有上诉人在契内具名签押，显见未得上诉人之同意，则被上诉人所举出之证人李孚愧供称出卖山场已得上诉人同意云云，即难采信。至罗黄氏出卖系争山场所得山价是否为偿还债款正当需用，系属另一问题，不能与处分权混为一谈，尤可不言而喻。虽据被上诉人辩称罗吴素兰在与范企山债款涉讼案内曾到庭供称"正当借来我承认的"，据此供词则罗黄氏出卖系争山场作为正当还债之用，即不能为无效云云。然查上诉人在范企山债款案内所供"正当借来我承认的"一语，系指该案罗黄氏所欠债款而言，与处分山场系属两事，本案自不受其拘束。又被上诉人代理人提出之内政部褒扬证书、高等法院题褒、陶茂松包批、罗黄氏不起诉处分书、张福生与罗黄氏佃息涉讼判决书、罗黄氏拚批等证件，仅能证明罗黄氏有捐助款项、与人诉讼及出拚树木之事实，并不能为上诉人同意或追认出卖系争山场之凭证，被上诉人代理人据此为抗辩理由，亦无可采。复查被上诉人提出之罗黄氏当契、卖契（原契阅后发还）在罗黄氏死后始行投税，且该当卖契罗黄氏名下仅盖用图章，而该图章又经另案判决由罗吴竹枝返还上诉人收执在案，现罗黄氏已经死亡，该契图章是否为其本人生前所盖又属无从对证，则上诉人谓被上诉人所执罗黄氏当契、卖契显有事后串造情事，尚非无据。即退一步言之，被上诉人向罗黄氏受买系争山场系属真实，但依照前案确定判决意旨，其买卖契约亦不能认为有效。兹据上诉人请求确认罗黄氏与被上诉人所缔结之买卖契约为无效并将上手老契一并返还上诉人收执，均不能谓非正当。原审未注意及此，遽将上诉人之诉驳回，尚有未合。上诉人就此提起上诉，请求废弃改判，即非无理。

据上论结，本件上诉为有理由，爰依民事诉讼法第四百四十七条、第八十七条第二项、第七十八条，判决如主文。

中华民国二十七年八月二十九日

永嘉浙江高等法院第一分院民庭

审判长、推事：刘燕嘉

推事：祝宗海

推事：穆长山

本件证明与原本无异。

书记官：（陈正寅印）

中华民国二十七年（九）月（卅）日

（龙泉司法档案 M003-01-2627，第27-32页）

附录三：罗建功诉讼案件文件索引

（1）1914 年罗建功与季忠寅山场纠纷

序号	诉讼文书	卷宗号、页
1	1914年9月15日罗建功诉状初	14309：26–29
2	附罗契约抄件（证据）	14309：30–31
3	1914年9月26日罗建功诉状	14309：5–9
4	印契抄件	14309：10–12
5	1914年10月5日（批）	14309：14–16
6	1914年10月16日季樟德辩状	14309：17–23、25
7	1914年10月6日罗建功诉状	14309：1–2、4
8	1914年10月26日罗建功诉状	4213：2–8
9	附遗书	4213：9
10	1914年10月29日罗建功、季忠寅查理票	4213：11
11	1914年10月29日查理票之禀复	4213：12
12	1914年11月5日季忠寅辩状	10052：12、14–15
13	1914年11月（14日批）诉状	10052：2–4、6
14	1914年11月18日季徐氏辩状	10052：22–25、27
15	附辩状稿	10052：26
16	1914年11月20日罗林养辩状	10052：29–32、35
17	附罗林养领字	10052：33
18	1914年11月23日季忠寅辩状	10052：36–40、42
19	时间不详罗建功供词	10052：19
20	1914年12月3日罗建功诉状	10052：8–9、11
21	附状稿	10052：10

续表

序号	诉讼文书	卷宗号、页
22	1914年12月5日季徐氏辩状	10052：17-18、16
23	附状稿	10052：13
24	1914年12月法警许年东、王高廷报告	12166：38-40
25	1914年12月11日	12166：41
26	1914年12月23日罗建功诉状	12166：43-48
27	附季忠宸收字	12166：49
28	1914年12月24日季忠寅辩状	12166：30-35
29	1914年12月31日罗建功状	12166：50-53、55
30	1915年1月季忠寅辩状	12166：56-59
31	1915年2月1日罗建功辩状	12166：11-14、17
32	1915年2月2日罗建功交结状	12166：15
33	附季忠寅借字	12166：18
34	附田粮清单	12166：60
35	1915年4月9日罗建功、季忠寅传票	12166：20
36	1915年4月承发吏卢子美、法警许年东报告	12166：21-23
37	供词	12166：61-64
38	1915年4月17日罗建功诉状	12166：65-68、70
39	1915年5月3日罗建功诉状	12166：24-27
40	1915年5月法警吴升报告	12166：28-29
41	1915年7月罗建功领状	1889：53
42	1915年7月15日罗建功诉状	12166：2-3、5
43	1915年8月1日到罗建功领状	1889：38-43
44	1915年8月季徐氏诉状	1889：32-34、37、51-52
45	1915年8月12日到季徐氏领状	1889：44-49
46	1915年10月季忠寅交状	12139：29-33

续表

序号	诉讼文书	卷宗号、页
47	1915年11月罗建功诉状	12139：35–39
48	1916年12月罗建功诉状	12139：13–18、20
49	1917年1月罗建功诉状	12139：21–25、27
50	1917年1月季忠寅辩状	12139：1–5、9
51	附叶姓宗谱抄页	12139：6
52	附合约抄件	12139：7
53	1917年1月16日点名单	12139：10
54	1917年1月16日供词	12139：11
55	时间不详调查票及报告	12139：12
56	1917年1月罗建功诉状	12352：1–5、7–8
57	1917年2月24日点名单	5002：1–2
58	1917年2月24日供词	5002：3
59	附纳户执照	5002：4–7
60	附拚批	5002：8–9
61	附领字	5002：10
62	附承领抄件	5002：11–12
63	附领字抄件	5002：13
64	附山图	5002：14、16–17
65	附世系抄件	5002：15

（2）1918年罗建功与叶有芳诉佃权纠纷

序号	诉讼文书	卷宗号、页
1	1918年2月叶有芳诉状	10106：14–20
2	1918年2月罗建功辩状	10106：23、25–27、29
3	1918年2月16日县公署训令稿	10106：24
4	1918年2月21日到警佐张沉呈	10106：30–32

附录五：民国时期龙泉县的审判官

（1）1911—1929 年龙泉县兼理司法行政长官

到任时间	职别	姓名	籍贯	备注
1911 年 11 月	民事长	李为蛟	龙泉	
1912 年 4 月	知事	陈蔚	丽水	
1912 年 9 月	知事	朱光奎	青田	
1913 年 6 月	知事	黄黻		
1914 年 3 月	知事	杨毓琦	临海	
1915 年 5 月	知事	王宗海		
1916 年 1 月	知事	张绍轩		
1916 年 9 月	知事	范贤礽	宁波	
1917 年 4 月	知事	王施海	湖南湘乡	
1919 年 9 月	知事	~赖丰煦	福建	1921 年 1 月卸任
1920 年 3 月	知事	喻荣华		赖丰煦生病期间代理
1921 年 1 月	知事	习艮枢	江苏南通	
1922 年 10 月	知事	黄丽中	湖北随县	
1924 年 5 月	知事	彭周鼎	丽水	
1924 年 9 月	知事	蔡龄	龙泉	
1924 年 11 月	知事	彭周鼎	丽水	
1924 年 12 月	知事	吴涛	福建闽侯	任期内病故
1926 年 1 月	知事	陈电祥		暂代
1926 年 3 月	知事	陈毓璇		
1926 年 5 月	知事	许之象	福建	
1927 年 1 月	知事	王文勃	江西	

续表

到任时间	职别	姓名	籍贯	备注
1927 年 5 月	县长	端木彧	丽水	
1927 年 7 月	县长	方炜	临安	
1928 年 1 月	县长	黄榫贤	杭州	至 1929 年 10 月在任

（2）1912—1929 年龙泉县承审员（帮审员、专审员）

时间	姓名	时间	姓名
1912年	程步云	1921年	范耆生
1913年	金蕴岳、侯继翻（帮审员）	1922年	吴载基
1914年	姚熙绩	1923年	吴载基
1915年	姚熙绩	1924年	陈祯、陈继昌
1916年	沈宝璩、张济演（专审员）	1925年	李传敏、王允中、陈继昌
1917年	张济演	1926年	吴允中
1918年	谢伯熔	1927年	杜思衍、宋思景
1919年	谢伯熔、刘则汤	1928年	宋思景
1920年	刘则汤	1929年	宋思景、蔡锐

（3）民国时期龙泉县历任法院院长

姓名	籍贯	学历	到任时间
高维浚	杭州	浙江公立法政专门学校法律科毕业	1929 年 10 月底
李素	东阳		1931 年 5 月
吴泽增	嘉兴	浙江公立法政专门学校法律科毕业	1932 年 5 月
金平森	东阳	国立北京大学法律系毕业	1936 年 9 月
杨益民			1941 年 9 月
郑式康	天台	浙江公立法政专门学校毕业	1941 年 12 月
谢诗	温岭	国立北京大学法律系毕业	1943 年 4 月
杜时敏	东阳	浙江公立法政专门学校毕业	1945 年 6 月

参考文献

一 档案、族谱、碑刻、文史资料

1 《龙泉民国法院民刑档案卷》(1912—1949)，全宗号 M003-01，浙江龙泉档案馆藏。

2 《龙泉司法档案选编》第一至五五辑，中华书局 2012、2014、2018、2019 年。

3 《淡新档案》，台湾大学图书馆 2006 年。

4 《清代巴县档案汇编（乾隆卷）》，北京：档案出版社，1991 年。

5 《清代乾嘉道巴县档案选编》，成都：四川大学出版社，1996 年。

6 《黄岩诉讼档案及调查报告》，北京：法律出版社，2004 年。

7 《盖竹罗氏宗谱》卷八，1923 年刻本，龙泉市竹垟乡盖竹村罗雷来家藏。

8 《盖竹村琅琊王氏宗谱》，1919 年重修本，龙泉市竹垟乡盖竹村王传回家藏。

9　《福建连城罗氏宗谱》，1913 年刻本。

10　《坤德桥碑（龙泉县政府谕建字第二八八号）》，龙泉市竹垟乡盖竹村坤德桥西。

11　《丽水文史资料》，政协丽水县委。

12　《龙泉文史资料》，政协龙泉县委。

13　《宁波文史资料》，政协宁波市委。

二　法令

14　《官箴书集成》，合肥：黄山书社，1997 年。

15　《大清律例》，北京：法律出版社，1999 年。

16　《大清律例汇辑便览》，台北：成文出版社，1980 年。

17　《读例存疑重刊本》，台北中文研究资料中心，1970 年。

18　《唐明律合编》，北京：中国书店，2010 年。

19　《大清律例通考校注》，北京：中国政法大学出版社，1992 年。

20　《大清新法令（1901—1911）》，北京：商务印书馆，2011 年。

21　《天津府属试办审判厅章程》，《天津府属试办审判厅章程理由书》，清末刊本。

22　《法律草案汇编》，台北：成文出版社，1980 年。

23　《中华六法大全》，上海：世界书局，1923 年。

24　《最新六法全书》，上海：中国法规刊行社，1948 年。

25　《司法公报》（1912—1948），民国司法部、司法院。

26　《司法例规》（初编、续编、改订、改订补编等），民国司法部。

27　《国民政府司法例规》（正编、增订、增订补编、新订、补编等），民国司法院。

28　《浙江官报》（1901—1911），浙江官报编辑部。

29 《浙江军政府公报》(1912)，浙江都督府印铸局。

30 《浙江公报》(1912—1949)，浙江行政公署。

31 《浙江辛亥革命史料集》，杭州：浙江古籍出版，2014年。

32 唐吉祥编：《司法重要法规汇编》，北京：教育书社，1914年。

33 黄荣昌编：《司法法令判解分类汇要》(民例之部)，上海：中华图书馆，1921年。

34 凌善清编：《全国律师民刑诉状汇编》，上海：大东书局，1923年。

35 凌善清编：《民刑诉状菁华》，上海：大东书局，1924年。

36 王尹孚编：《国民政府颁行法令大全》，上海：上海法学编译社，1928年。

37 刘燡元等编：《民国法规集刊》，上海：民智书局，1929年。

38 郭卫编：《大理院判决例全书》、《大理院解释例全文》，上海：会文堂新记书局，1931、1932年。

39 蔡鸿源主编：《民国法规集成》，合肥：黄山书社，2000年。

40 陈刚、邓继好主编：《中国民事诉讼法制百年进程》(清末3卷，民初2卷)，北京：中国法制出版社，2004、2009、2014年。

41 怀效锋主编：《清末法制变革史料》，北京：中国政法大学出版社，2010年。

42 陶百川等编：《最新综合六法全书》，台北：三民书局，2011年。

43 杨立新主编：《中国百年民法典汇编》，北京：中国法制出版社，2011年。

44 沈尔乔等编：《"〈现行律〉民事有效部分"集解四种》，北京：法律出版社，2016年。

三　报刊

45 《申报》。

46 《全浙日报》。

47 《东方杂志》。

48 《浙江教育官报》。

49 《内务公报》。

50 《浙江公报》。

51 《民报》。

52 《汉民日报》。

53 《越铎日报》。

54 《时报》。

55 《法令周刊》。

56 《浙江司法半月刊》。

57 《浙江民政日刊》。

58 《浙江省政府公报》。

59 《浙江民政月刊》。

60 《国民政府公报》。

61 《法令周报》。

62 《保安周刊》。

63 《浙江保卫月刊》。

64 《华侨评论》。

65 《括苍》。

四　史志、文集、方志、年谱

66　司马迁:《史记》,北京:中华书局,1959年。

67　宋濂:《宋濂全集》,杭州:浙江古籍出版社,1999年。

68　沈家本:《沈家本全集》,北京:中国政法大学出版社,2010年。

69　康有为:《康有为全集》,姜义华、张荣华编校,北京:中国人民大学出版社,2007年。

70　梁启超:《梁启超全集》,北京:北京出版社,1999年。

71　袁世凯:《袁世凯全集》,骆宝善、刘路生主编,郑州:河南大学出版社,2013年。

72　孙中山:《孙中山全集》,北京:中华书局,1981年。

73　顺治《龙泉县志》,顺治十二年刻本(1655)刻本。

74　乾隆《龙泉县志》,同治二年(1863)刻本。

75　光绪《龙泉县志》,光绪四年(1878)刻本。

76　《民国龙泉新志稿》,1948年,龙泉市图书馆藏。

77　《龙泉县志》,上海:汉语大词典出版社,1994年。

78　《龙泉法院志》,上海:汉语大词典出版社,1996年。

79　《龙泉县交通志》,北京:海洋出版社,1993年。

80　《丽水法院志》,北京:人民法院出版社,2014年。

81　雍正《处州府志》卷五,雍正十一年(1733)刻本

82　雍正《浙江通志》,北京:中华书局,2001年。

83　《浙江续通志稿》,浙江省通志局编,1914年,浙江图书馆藏。

84　《浙江省政府志》,杭州:浙江人民出版社,2014年。

85　万历《嘉定县志》,台北:学生书局,1987年。

86　《新安文献志》,台北商务印书馆影印文渊阁四库全书本,

1986 年。

87　正德《松江府志》，台北：成文出版社，1983 年。

88　屈映光《屈映光自订年谱》，民国间稿本，上海图书馆藏。

五　研究论著

89　敖海静：《民初大理院判例制度创设论略》，《天中学刊》2018 年第 3 期。

90　边笑非：《1909—1911 年的袁世凯研究》，郑州大学 2018 年博士论文。

91　曹凤萧：《民事审判实务》，上海：世界书局，1933 年。

92　陈刚：《中国民事诉讼法制百年进程》（民国初期第一卷），北京：中国法制出版社，2009 年。

93　陈刚：《中国民事诉讼法制百年进程》（清末第一卷），北京：中国法制出版社，2004 年。

94　陈和平：《民国法律与佃俗中欠租与撤佃关系之辩》，《中国农史》2015 年第 4 期。

95　陈首崔：《上海民众反日救国联合会述略》，《上海革命史资料与研究》第 7 辑，上海：上海古籍出版社，2007 年。

96　陈益轩：《浙江制宪史》，杭州：浙江制宪史发行所，1921 年。

97　陈婴虹：《民国前期浙江省议会立法研究（1911—1926）》，华东政法大学 2015 年博士学位论文。

98　陈煜：《清末修订法律馆修律技术及其得失》，《法律文化研究》2009 年。

99　程郁：《清至民国蓄妾习俗之变迁》，上海：上海古籍出版社，2006 年。

100 春杨：《略评胡汉民之立法主持活动》，《法学评论》2000 年第 6 期。

101 崔兰琴：《分离与牵制：民初县执法科的功能分析——以浙江为例》，《政法论坛》2016 年第 5 期。

102 董浩编：《民刑诉讼撰状方法》，上海：会文堂新记书局，1934 年。

103 段晓彦：《大清现行刑律与民初民事法源——大理院对"现行律民事有效部分"的适用》，《法学研究》2013 年第 5 期。

104 冯筱才：《理想与利益——浙江省宪自治运动新探》，《近代史研究》2001 年第 2 期。

105 复旦大学历史地理研究中心、哈佛大学哈佛燕京学社编：《国家视野下的地方》，上海：上海人民出版社，2014 年。

106 傅澜：《诉讼实务》，上海：大东书局，1941 年。

107 顾维钧：《顾维钧回忆录》，中国社会科学院近代史研究所译，北京：中华书局，1987 年。

108 辜孝宽：《浙江省禁烟史略》，杭州：杭州青白印刷公司，1931 年。

109 郭海霞、曲鹏飞：《东省特别区域法院诉讼制度研究》，《北方文物》2009 年第 4 期。

110 郭正怀：《民国时期审判制度研究》，湘潭大学 2010 年博士学位论文。

111 韩久龙：《胡汉民法律思想述论》，《河南社会科学》2008 年第 4 期。

112 韩秀桃：《民国时期兼理司法制度的内涵及其价值分析》，《安徽大学学报》2003 年第 5 期。

113 韩延龙：《中国近代警察史》，北京：社会科学文献出版社，2000 年。

114 何勤华：《中国近代民事诉讼法学的诞生与成长》，《法律科学（西北政法学院学报）》2004 年第 2 期。

115 何志辉：《外来法与近代中国诉讼法转型》，北京：中国法制出版社，2013 年。

116 侯鹏：《清末浙江地方新政筹款》，《华东师范大学学报》2011年第 2 期。

117 侯强、戴显红：《辛亥革命与民初浙江省宪运动的兴起》，《西南交通大学学报》2013 年第 4 期。

118 侯欣一：《清末法制变革中的日本影响——以直隶为中心的考察》，《法制与社会发展》2004 年第 5 期。

119 胡雪涛：《近代天津寓公群体研究（1912—1937）》，华中师范大学 2014 年博士论文。

120 胡玉鸿：《民国时期法律学者"法理"观管窥》，《法制与社会发展》2018 年第 5 期。

121 黄力之：《新文化运动后中国话语分流态势论略》，《江苏行政学院学报》2019 年第 3 期。

122 黄源盛：《中国法史导论》，桂林：广西师范大学出版社，2014 年。

123 黄宗智、尤陈俊主编：《从诉讼档案出发：中国的法律、社会与文化》，北京：法律出版社，2009 年。

124 霍晓玲：《清末地方自治经费来源、管理使用考》，《史学月刊》2019 年第 10 期。

125 季金华：《广州武汉国民政府时期的司法发展及其意义》，《广西社会科学》2012 年第 8 期。

126 贾德威:《安福国会研究》,吉林大学 2014 年博士论文。

127 江湄:《"新史学"之"新"义——梁启超"人群进化之因果"
    论中的儒、佛思想因素》,《史学月刊》2008 年第 4 期。

128 蒋秋明:《南京国民政府审判制度研究》,北京:光明日报出版
    社,2011 年。

129 金普森等编:《浙江通史·民国卷》,杭州:浙江人民出版。
    2005 年。

130 荆月新:《体制内之殇——论近代地方自治对绅权的损害》,
    《华东政法大学学报》2012 年第 5 期。

131 孔祥吉、村田雄二郎:《大火焚烧后遗留的珍贵史料——评佐
    藤铁治郎的〈袁世凯〉》,《福建论坛》2005 年第 7 期。

132 蓝克利(Christian lamouroux)主编《中国近现代行业文化研
    究》,北京:国家图书馆出版社,2010 年。

133 雷荣广、姚乐野:《清代文书纲要》,成都:四川大学出版社,
    1990 年。

134 雷颐:《面对现代性挑战:清王朝的应对》,北京:社会科学文
    献出版社,2012 年。

135 李斌:《废约运动与民国政治(1919—1931)》,湖南师范大学
    2011 年博士论文。

136 李贵连:《沈家本评传》,北京:中国民主法制出版社,
    2016 年。

137 李浩贤:《地方自治的主张与实践》,复旦大学 2004 年博士
    论文。

138 李洪祥:《我国民法典亲属法编立法构建研究》,吉林大学 2013

年博士论文。

139　李慧英：《近代浙江鸦片问题研究》，宁波大学 2009 年硕士论文。

140　李培林：《中国早期现代化：社会学思想与方法的导入》，《社会学研究》2000 年第 1 期。

141　李启成：《民事权利在近代中国的生成——以大理院审理祭田案件为中心的实证考察》，《比较法研究》2010 年第 6 期。

142　李启成：《晚清各级审判厅研究》，北京：北京大学出版社，2004 年。

143　李倩：《民国时期契约制度研究》，北京：北京大学出版社，2005 年。

144　李世安：《现代化能否作为世界近现代史学科新体系的主线》，《历史研究》2008 年第 2 期。

145　李文军：《物权逻辑与社会本位——民国永佃权制度的价值意蕴与规则展开》，《近代法评论》第 4 卷，北京：法律出版社，2012 年。

146　李显冬：《从〈大清律例〉到〈民国民法典〉的转型——兼论中国古代固有民法的开放性体系》，北京：中国人民公安大学出版社，2003 年。

147　李相森：《近代民事立法中的男女平等》，《妇女研究论丛》2010 年第 3 期。

148　李逸民：《李逸民回忆录》，长沙：湖南人民出版社，1986 年。

149　李永胜：《摄政王载沣罢免袁世凯事件新论》，《历史研究》2013 年第 2 期。

150　李在全：《变动时代的法律职业者：中国现代司法官个体与群

体（1906—1928）》，社会科学文献出版社 2018 年。

151 李政：《中国近代民事诉讼法探源》，《法律科学》2000 年第 6 期。

152 梁治平：《礼教与法律：法律移植时代的文化冲突》，桂林：广西师范大学出版社，2015 年。

153 林孝文：《浙江省宪研究》，西南政法大学 2009 年博士论文。

154 刘坤轮：《埃利希：无主权的制序》，哈尔滨：黑龙江大学出版社，2010 年。

155 刘猛：《法学家王宠惠的思想与学术》，《政法论坛》2019 年第 3 期。

156 刘绍唐：《民国人物小传》，北京：生活·读书·新知三联书店，2014 年。

157 刘思达：《法律移植与合法性冲突——现代性语境下的中国基层司法》，《社会学研究》2005 年第 3 期。

158 刘铁群：《现代都市未成型时期的市民文学》，河南大学 2002 年博士论文。

159 刘伟、苏明强：《清末两级地方自治中的官治与自治模式》，《安徽史学》2015 年第 3 期。

160 刘晓：《镇戍八闽：元福建地区军府研究》，《历史研究》2017 年第 2 期。

161 刘昕杰：《法律近代化中的民事习惯——民国基层社会租佃制度的法律实践》，《近代法评论》第 3 卷（2010 年），北京：法律出版社，2011 年。

162 刘昕杰：《民法典如何实现》，北京：中国政法大学出版社，2011 年。

163 刘昕杰：《王宠惠评传》，《政治法学研究》2014 年第 1 期。

164 刘秀明：《民事缺席审判制度研究》，西南政法大学 2010 博士学位论文。

165 刘秀明：《我国古代民事被告不出庭考析》，《广西社会科学》2010 年第 8 期。

166 刘学在：《民事诉讼辩论原则研究》，武汉：武汉大学出版社，2007 年。

167 刘玉华：《民国民事诉讼制度述论》，北京：中国政法大学出版社，2015 年。

168 刘铮云：《档案中的历史：清代政治与社会》，北京：北京师范大学出版社，2017 年。

169 龙长安：《近代中国联邦制运动研究》，浙江大学 2008 年博士论文。

170 陆建洪：《清末地方自治剖析》，《探索与争鸣》1991 年第 6 期。

171 罗海燕：《金华文派研究》，上海：东方出版中心，2015 年。

172 罗毅：《好政府主义·好人政府·外交系——1920 年代初北京政治生态一瞥》，《史林》2013 年第 2 期。

173 罗毅：《外交系与北京政治：1922—1927》，复旦大学 2013 年博士论文。

174 吕公望：《我前半生的革命经历》，《中华文史资料文库》第 9 卷，北京：中国文史出版社，1996 年。

175 吕克军：《清末浙江咨议局的创设与运行》，《浙江学刊》2017 年第 3 期。

176 吕燮华：《妾在法律上地位》，北京：政民出版社，1934 年。

177 马方方：《20 世纪初新知识界的"国民"话语与新女性建构》，

《史学月刊》2012 年第 12 期。

178 马鸿谟：《民呼、民吁、民立报选辑》，郑州：河南人民出版社，1982 年。

179 马珺：《清末民初民事习惯法对社会的控制》，北京：法律出版社，2013 年。

180 蒙光励：《何香凝与大革命时期的妇女运动》，《暨南学报》1986 年第 3 期。

181 聂鑫：《民初议会政治的困境——北京国民政府时期的国会札记》，《华东政法大学学报》2009 年第 2 期。

182 乔丛启：《北洋政府大理院及其判例》，《中外法学》1990 年第 6 期。

183 青筠：《三朝老臣屈映光》，陈文浩：《我所知道的浙江都督朱瑞》，《浙江文史集粹》第 2 辑，杭州：浙江人民出版社，1996 年。

184 瞿骏：《清末新政在地方推行之困境》，华东师范大学 2004 年硕士论文。

185 瞿骏：《入城又回乡——清末民初江南读书人社会流动的再考察》，《华东师范大学学报》2014 年第 5 期。

186 瞿骏：《小城镇里的“大都市”——清末上海对江浙地方读书人的文化辐射》，《社会科学研究》2016 年第 5 期。

187 瞿同祖：《中国法律与中国社会》，北京：中华书局，2003 年。

188 曲玉梁：《民初大理院及其民事判解制度研究》，华东政法大学 2011 年博士论文。

189 任剑涛：《现代性、历史断裂与中国社会文化转型》，《厦门大学学报》2001 年第 1 期。

190 上海社会科学院历史研究所编:《"九·一八"—"一·二八"上海军民抗日运动史料》,上海:上海社会科学院出版社,1986年。

191 上海市禁毒工作领导小组办公室,上海市档案馆编:《清末民初的禁烟运动和万国禁烟会》,上海:上海科学技术文献出版社,1996年。

192 沈尔乔、熊飞、史文、郑爱诹编辑:《〈现行律〉民事有效部分集解四种》,陈颐点校,北京:法律出版社,2016年。

193 沈航:《辛亥革命后的剪辫与留辫问题研究——以浙江省为例》,《浙江学刊》2013年第3期。

194 沈航:《浙江辛亥革命再研究》,天津师范大学2014年博士论文。

195 沈晓敏:《处常与求变:清末民初的浙江咨议局和省议会》,北京:生活·读书·新知三联书店,2005年。

196 沈晓敏:《也谈浙江省自治运动——兼与冯筱才先生商榷》,《史学月刊》2003年第10期。

197 沈自强:《浙江一师风潮》,杭州:浙江大学出版社,1990年。

198 苏力:《纠缠于事实与法律之中》,《法律科学》2000年第3期。

199 苏力:《送法下乡——中国基层司法制度研究》,北京:北京大学出版社,2011年。

200 孙良国:《关系契约理论导论》,北京:科学出版社,2008年。

201 孙伟:《从居正法治思想看法治的变革与现代性运动》,《西南政法大学学报》2018年第1期。

202 谭志云:《抗战前十年间民事诉讼中的女性权利与家庭关系》,南京:南京出版社,2013年。

203　谭志云：《民国南京政府时期妾的权利及其保护——以江苏高等法院民事案例为中心》，《妇女研究论丛》2009 年第 3 期。

204　汤能松等：《探索的轨迹：中国法学教育发展史略》，北京：法律出版社，1995 年。

205　唐洪森：《中国工农红军抗日先遣队史》，北京：海洋出版社，2018 年。

206　唐仕春：《北洋时期的基层司法》，北京：社会科学文献出版社，2013 年。

207　陶水木：《浙江省宪自治运动述论》，《杭州大学学报》1994 年第 2 期。

208　田海林：《辛亥革命前后儒家文化的命运——对清末民初"尊孔读经"问题的考察》，《山东师范大学学报》2003 年第 2 期。

209　汪楫宝：《民国司法志》，北京：商务印书馆，2013 年。

210　汪林茂：《浙江辛亥革命史料集》，杭州：浙江古籍出版社，2013 年。

211　王代莉：《五四前后文化调和论研究》，中国社会科学院研究生院 2009 年博士论文。

212　王笛：《袍哥：1940 年代川西乡村的暴力与秩序》，北京：北京大学出版社，2018 年。

213　王浩：《清末诉讼模式的演进》，中国政法大学 2005 年法制史博士学位论文。

214　王宏斌：《民国初年禁烟运动述论》，《民国档案》1996 年第 1 期。

215　王新宇：《近代女子财产继承权的解读与反思》，《政法论坛》2011 年第 6 期。

216　王新宇：《民国时期婚姻法近代化研究》，中国政法大学 2005
　　年博士论文。

217　王兴文、徐蒙蒙：《官府、士绅与赌风治理——以晚清温州为
　　例》，《浙江社会科学》2017 年第 9 期。

218　王亚新：《民事诉讼与发现真实——法社会学视角下的一个分
　　析》，《清华法律评论》1998 年第 1 期。

219　王也扬：《五四运动后"山东问题"的解决》，《同舟共进》2019
　　年第 12 期。

220　王志强：《辛亥革命后基层审判的转型与承续——以民国元年
　　上海地区为例》，《中国社会科学》2012 年第 5 期。

221　吴瑞书：《诉状新程式》，上海：正气书局，1949 年。

222　吴永明：《民国前期新式法院建设述略》，《民国档案》2004 年
　　第 2 期。

223　吴泽勇：《大清民事诉讼律修订考析》，《现代法学》2007 年第
　　4 期。

224　吴泽勇：《清末修律中的民事诉讼制度变革》，《比较法研究》
　　2003 年第 3 期。

225　吴铮强：《龙泉司法档案所见县知事兼理审判程序及其意义》，
　　《浙江社会科学》2014 年第 7 期。

226　吴铮强：《双轨制时期（1913—1929）龙泉司法档案民事裁断
　　文书的制作》，《中国古代法律文献研究》第 13 辑，北京：社
　　会科学文献出版社，2019 年。

227　吴铮强：《秘密调查：龙泉司法档案所见民事诉讼程序研究》，
　　《浙江社会科学》2020 年第 8 期。

228　吴铮强：《传统与现代的互嵌：龙泉司法档案民事状词叙述模

式的演变（1908—1934）》,《史学月刊》2020 年第 12 期。

229　吴铮强：《近代中国基层民事传讯制度的演变——以龙泉司法档案为例》,《文史》2019 年第 1 期。

230　吴铮强：《信牌、差票制度研究》,《文史》2014 年第 1 辑。

231　肖伊绯：《孤云独去闲：民国闲人那些事》, 杭州：浙江大学出版社, 2012 年。

232　谢冬慧：《民国审判制度现代化研究——以南京国民政府为背景的考察》, 北京：法律出版社, 2011 年。

233　谢冬慧：《政法精英与民国民法典编纂》,《私法研究》2017 年第 2 期。

234　谢一彪：《浙江近代会党史》, 北京：中国社会科学出版社, 2013 年。

235　熊达云：《松冈义正与京师法律学堂的民法学教育》,《南开日本研究》2014 年。

236　徐朝阳：《中国古代诉讼法：中国诉讼法溯源》, 北京：法律出版社, 2012 年。

237　徐静莉：《民初寡妇立嗣权的变化——以大理院立嗣判解为视角》,《政法论坛》2011 年第 2 期。

238　徐立望：《留日学生与清末浙江变革》,《浙江学刊》2013 年第 4 期。

239　徐望之：《公牍通论》, 上海：商务印书馆, 1947 年。

240　许纪霖：《五四新文化运动中"旧派中的新派"》,《华东师范大学学报》2019 年第 1 期。

241　颜军：《"自治"与"官治"：从地方自治改革看清朝的灭亡》,《广东社会科学》2014 年第 6 期。

242 杨剑：《缺席审判的基本法理与制度探索》，厦门：厦门大学出版社，2016年。

243 杨念群：《梁启超"过渡时代论"与当代"过渡期历史观"的构造》，《史学月刊》2004第1期。

244 杨天宏：《革故鼎新：民国前期的法律与政治》，北京：生活·读书·新知三联书店，2018年。

245 叶启政：《社会理论的本土化建构》，北京：北京大学出版社，2006年。

246 殷亚迪：《从"理"到"理性"——杜亚泉与新文化运动领袖论争背后的转型思想》，浙江大学2017年博士论文。

247 尹航：《浅析清末城镇乡地方自治制度》，《社会科学战线》2005年第2期。

248 尹田：《民事主体理论与立法研究》，北京：法律出版社，2003年。

249 应星：《村庄审判史中的道德与政治：1951—1976年中国西南一个山村的故事》，北京：知识产权出版社，2009年。

250 尤陈俊：《清代讼师贪利形象的多重建构》，《法学研究》2015年第5期。

251 游欢孙：《清末民初江南县以下地方自治区域的划分——以吴江县为例》，《中国历史地理论丛》2015年第1期。

252 俞江：《规则的一般原理》，北京：商务印书馆，2017年。

253 袁哲：《法学留学生与近代上海（清末—1937年）》，复旦大学2011年博士论文。

254 翟海涛：《法政人与清末法制变革研究》，华东师范大学2012年博士论文。

255　张大为等编:《胡先骕文存》,南昌:江西高校出版社,1995 年。

256　张德美:《从公堂走向法庭——清末民初诉讼制度改革研究》,北京:中国政法大学出版社,2009 年。

257　张德美:《探索与抉择——晚清法律移植研究》,北京:清华大学出版社,2003 年。

258　张华腾:《新政、革命与清末民初社会研究》,郑州:河南人民出版社,2010 年。

259　张亮、杨清望:《民国时期永佃制的结构与功能新探》,《学术界》2014 年第 12 期。

260　张培田、李胜渝:《中国近代诉讼审判机制转型初期的折中变通》,《中西法律传统》(第五卷),北京:中国政法大学出版社,2006 年。

261　张勤、毛蕾:《清末各省调查局和修订法律馆的习惯调查》,《厦门大学学报》2005 年第 6 期。

262　张勤:《法律精英、法律移植和本土化:以民国初期的修订法律馆为例》,《法学家》2014 年第 4 期。

263　张仁善:《礼·法·社会——清代法律转型与社会变迁》,天津:天津古籍出版社,2001 年。

264　张少筠、慈鸿飞:《清至新中国建立初期政府永佃权政策的演变——以国家和福建地方互动为中心的考察》,《中国农史》2011 年第 1 期。

265　张生:《民国初期民法的近代化》,北京:中国政法大学出版社,2000 年。

266　张生:《中国近代民法法典化研究》,北京:中国政法大学出版社,2004 年。

267 张卫平：《转换的逻辑——民事诉讼体制转型分析》，北京：法律出版社，2007 年。

268 赵蓓红：《近现代上海妇女报刊史（1898—1949）》，华东师范大学 2019 年博士论文。

269 赵金康：《胡汉民立法思想述论》，《史学月刊》2002 年第 12 期。

270 赵诗情：《合作与分歧："五四新文化运动"与地方的互动——以永嘉新学会及〈新学报〉为中心（1919—1920）》，《汉语言文学研究》2019 年第 3 期。

271 郑大华：《论"东方文化派"》，《社会科学战线》1993 年第 4 期。

272 郑兢毅：《法律大辞书》，北京：商务印书馆，2012 年。

273 郑爰诹：《现行女子继承权法令释义》，上海：世界书局，1929 年。

274 中共龙泉县委党史资料征集小组编：《龙泉县革命斗争史资料》1983 年第 9 期。

275 中国法学会研究部：《马克思恩格斯论法》，北京：法律出版社，2010 年。

276 中国社会科学院近代史研究所：《中华民国史》，北京：中华书局，2011 年。

277 中国社会科学院近代史研究所中华民国史组编：《中华民国史资料丛稿·大事记》，北京：中华书局，1978 年。

278 中国人民政治协商会议全国委员会文史资料研究委员会编：《辛亥革命回忆录》，北京：文史资料出版社，1963 年。

279 周伯峰：《民国初年"契约自由"概念的诞生——以大理院的言说实践为中心》，北京：北京大学出版社，2006 年。

280 周孝伯：《诉状新程式》，上海：大达图书供应社，1936年。

281 周作仁：《龙泉民国档案辑要》，北京：中国档案出版社，2010年。

282 朱英：《试论清政府地方自治政策及其影响》，《史学月刊》1989年第5期。

283 朱颖：《民国时期妾的法律地位研究》，华东政法大学2014年博士论文。

284 朱勇：《中国法制通史》（第9卷），北京：法律出版社，1999年。

285 朱仲玉：《屈映光：从追求革命到静心研佛》，《世纪》2006年第4期。

286 庄有为：《广州国民政府法律制度概述》，《上海师范大学学报》1995年第4期。

287 邹亚莎：《从一田二主到永佃权——清末民国民法对永佃制的继承和改造》，《政法论坛》2010年第6期。

288 千叶正士：《亚洲法的多元性构造》，赵晶、杨怡悦、魏敏译，北京：中国政法大学出版社，2017年。

289 日本法政大学大学史资料委员会编：《清国留学生法政速成科纪事》，裴敬伟译，桂林：广西师范大学出版社，2015年。

290 寺田浩明：《权利与冤抑：寺田浩明中国法史论集》，王亚新等译，北京：清华大学出版社，2012年。

291 小熊英二：《活着回来的男人：一个普通日本兵的二战及战后生命史》，黄耀进译，桂林：广西师范大学出版社，2017年。

292 滋贺秀三等：《明清时期的民事审判与民间契约》，王亚新等译，北京：法律出版社，1998年。

293 中国政法大学法律史学研究院编：《日本学者中国法论著选译》，北京：中国政法大学出版社，2012 年。

294 佐藤铁治郎：《一个日本记者笔下的袁世凯》，孔祥吉、村田雄二郎整理，天津：天津古籍出版社，2005 年。

295 埃马钮埃尔·勒华拉杜里 (Emmanuel Le Roy Ladurie)：《蒙塔尤：1294—1324 年奥克西坦尼的一个山村》，许明龙、马胜利译，北京：商务印书馆，2007 年。

296 白凯（Kathryn Bernhardt）：《中国的妇女与财产（960—1949）》，上海：上海书店出版社，2003 年。

297 戴维·辛克莱（David Sinclair）：《镜厅：巴黎和会内幕》，钟天祥等译，北京：世界知识出版社，2003 年。

298 蒂莫西·加顿艾什（Timothy Garton Ash）：《档案：一部个人史》，汪仲译，桂林：广西师范大学出版社，2015 年

299 卡尔·波兰尼（Karl Polanyi）：《大转型：我们时代的政治与经济起源》，刘阳、冯钢译，杭州：浙江人民出版社，2007 年。

300 康德（Immanuel Kant）：《法的形而上学原理——权利的科学》，沈叔平译，北京：商务印书馆，1997 年。

301 克利福德·吉尔兹（Clifford Geertz）：《地方性知识：阐释人类学论文集》，北京：中央编译出版社，2000 年。

302 理查德·波斯纳（Richard A.Posner）：《法官如何思考》，苏力译，北京：北京大学出版社，2008 年。

303 罗伯特·埃里克森（Robert Ellickson）：《无需法律的秩序——邻人如何解决纠纷》，苏力译，北京：中国政法大学出版社，2003 年。

304 罗斯科·庞德（Roscoe Pound）：《通过法律的社会控制》，沈

宗灵译，北京：商务印书馆，2008 年。

305 马歇尔·伯曼（Marshall Berman）:《一切坚固的东西都烟
消云散了：现代民性体验》，徐大建译，北京：商务印书馆，
2018 年。

306 皮特·恩格伦 (Peter Englund):《美丽与哀愁：第一次世界大战
个人史》，陈信宏译，北京：中信出版社，2017 年。

307 任 达（Douglas R. Reynolds）:《新 政 革 命 与 日 本：中 国，
1898—1912》，李仲贤译，南京：江苏人民出版社，2006 年。

308 沈艾娣（Henrietta Harrison）:《梦醒子：一位华北乡居者的人
生》，赵妍杰译，北京：北京大学出版社，2013 年。

309 Carlo Ginzburg, *The Cheese and the Worms: The Cosmos of a
Sixteenth-Century Miller*, trans. John Tedeschi, Anne C. Tedeschi,
Baltimore：The Johns Hopkins University Press, 1992.

后记

2018 年 7 月 10 日，我主要依据龙泉司法档案撰写的书稿《罗建功的诉讼史》最初成形时，曾邀请多位专家在杭州小聚，向他们征求修改意见。当时还在澎湃新闻网工作的饶佳荣先生记录了会议的情形：

> 围绕一部尚未出版的著作，来自法学界和史学界的十几位专家在肯定其成绩的同时，也"不吝批评"，对书稿进行了暴风骤雨般的"评审"，乃至提出"毁灭性建议"。（澎湃新闻网 2018 年 7 月 16 日私家历史版，https://m.thepaper.cn/newsDetail_forward_2265458 ）

"毁灭性建议"其实来源于我自己的困惑。本来为了讨论近代中国民事诉讼模式变迁而引入龙泉司法档案中涉案时间跨度最长的罗建功的相关案例，结果对罗建功个案的梳理构成了一个独立的叙事脉络。于是，诉讼模式与罗建功个案是否应该分拆为两部独立的书稿，成为我征询各位专家的一个具体问题，结果又形成了针锋相对的意见……

会后我犹豫了相当长一段时间，最终决定拆分，所以就形成了现在看到的《龙泉司法档案职权主义民事诉讼文书研究》《罗建功打官司（1914—1940）：乡绅权势、宗祧继承和妇女运动》两部书稿。

这里我要追述那次会议对之后重新撰写书稿影响最大的四位专家的意见。第一位是由梁治平教授帮我邀请的王亚新教授。王亚新是著名的民事诉讼法与法史专家，他与梁治平教授合作编译的《明清时期的民事审判与民间契约》是我进入法史研究领域的启蒙读物。会议之前我陪王亚新教授在西湖边散步，王教授谈起他对罗建功微观史的兴趣，但关于诉讼史的专业意见需要留待会上正式提出。会上王教授的意见直截了当：书稿揭示的近代中国民事诉讼在强制调解、职权主义、当事人主义三种模式之间变迁，与当代中国民事诉讼变革的逻辑完全一致。王教授既对我的发现感有兴趣，同时指出我显然不了解当代中国民事诉讼制度的变迁，提醒我参照后者丰富与深化书稿讨论的主题。会后我按王教授的指点阅读相关论著，并直接向他索要著作，恶补当代中国诉讼制度的相关知识，由此也确认三种民事诉讼模式在中国法律现代化进程中形成一种流动性的结构。

第二位是赵世瑜教授。记得很早就跟赵教授谈论起我试图利用龙泉司法档案开展微观社会史研究的计划。赵教授善于对历史现象展开理论性的阐述，会上他关注到那部初稿中试图讨论的现代性冲击下中国社会时间形态的问题。赵教授尝试把我捉摸不定的观点转化为某种图示，这让我印象尤为深刻：现代性时间观如一支离弦之箭射入如圆靶般的相对静态、循环的传统时间形态中，结果箭未必射破圆靶，而可能是嵌入圆靶，甚至让圆靶如鲠在喉。坦率讲我已记不清赵教授的原话，但这是他发言时我脑海中浮现的清晰的图景，也为这个话题引起关注而感到兴奋，并促进我在《龙泉司法档案职权主义民事诉讼文书研究》中深化这个主题的讨论。

以上两位老师的意见主要帮助我修改拆分后的第一部书稿，而触动我重写现在这部《罗建功打官司》的意见主要来自冯筱才与鲁西奇教授。冯筱才是近现代史的专家，他对史料与地方社会史脉络十分敏感，我对他在会议上的表现只能用叹为观止来形容：他即时搜索我书稿中涉及的诉讼双方的社会关系网络，并直截了当地告诉我：罗建功的诉讼涉及当地两股乡绅势力的较量，这个脉络在我书稿中若隐若现，并没有交待清楚。冯教授指出的就是现在这部书稿中涉及的李镜蓉与吴嘉彦两大乡绅集团，两者的冲突有一条重要线索，正是包老师（包伟民教授）之前讨论过的龙泉司法档案的一桩特大案件——吴绍唐积谷案。正是在冯教授的指点下，我不但完整梳理了两大乡绅的恩怨情仇，也接续了包老师有关积谷案的讨论。更让我意外的是，很久以后我才发现，学生曾晓祺当时正在梳理的龙泉县长林桓土地陈报案，竟然也是两大乡绅集团斗争的重要组成部分。可以说这个过程刷新了我对县域社会史的认识，并且意识到龙泉司法档案所呈现的不只是大量的诉讼个案，从中有可能还原出整体的县域社会关系网络。

最后一位是鲁西奇教授。我知道他当时已与罗新教授约定各自撰写一部个人生命史的书稿，所以他首要关注的是罗建功作为个体生命在社会历史中的遭遇的问题。让我印象特别深刻的是鲁教授对个体命运打了一个比方，提出了蜘蛛网这样一个异常生动、极富想象力的意象，实在让人浮想联翩：易被风吹雨打的脆弱的网，以及偶然或必然为网所捕获的蜘蛛的猎物及其自身……我无法形容这是怎样精妙的比方，即便这不是我试图呈现的罗建功的命运，后来重写书稿时脑海中却无数次浮现出那张蜘蛛网，促使我反思微观社会史讨论的主题。

我对罗建功个案的浅薄感想已经在书稿中尽可能地做了交待，这里并没有更多的补充。只是有时自己也会困惑《罗建功打官司》到底是怎样的一种叙述或讨论。比如我是在记述一段个体生命史吗？罗建功是一个普通人吗？与梁启超这样的大人物相比，罗建功当然名不见经传，但他的伯父与岳父可都属于当地首富这一阶层，所以"普通"两字的标准在哪里？我们到底能不能以"等量齐观"的态度对待历史中出现过的无数的人？与其把所谓的小人物放大，是不是也可以尝试把所谓的大人物放到与小人物同等的叙述模式中？（书稿以各层级人物作为章节题目正是出于这种考虑。）

可以肯定的是，罗建功不是秋菊，这不是一个《秋菊打官司》式的故事。在梳理档案与搜索史料过程中不断拓展罗建功社会关系网络，可能是我撰写这部书稿的主要乐趣，即便这样会让我的工作显得像一只蜘蛛。如果让我定位这样的微观社会史的主题，我宁愿回到马克思的那个论断——"人的本质是社会关系的总和"。这样讲有一个特定的含义，就是我确信这部书稿根本没有还原罗建功或者任何人的生命史。我必须意识到诉讼文书的表述与日常生活根本不同，也丝毫不会觉得我因为这部书稿而认识了罗建功这个人。事实上我根本无法通过档案想象日常生活中的罗建功，但在田野访问时我接触过两位罗氏的族人，分别是为我们提供罗氏族谱的罗雷来（音）与罗善根的孙子罗庆宗，前者是温厚长者，后者略带几分豪侠不平之气。如果一定要想象，我宁愿相信罗建功也有豪侠不平之气，或许还带着几分现代人特有的焦虑不安，毕竟他卷入了那样不确定的法律现代化的进程——当然这根本是我无端的想象。

两部书稿是可以互文的一个整体，至少也是在同一个过程中完成，因此这篇也是前一部没有后记的书稿的补记。至于需要感谢的诸多师友已在前一部书稿中交待，这里不再重复。

这个故事讲完了，如果这算一个故事的话。

吴铮强

2022 年 8 月 19 日